# 柏拉图四书释义

李革新 著

同济大学出版社

**图书在版编目(CIP)数据**

柏拉图四书释义 / 李革新著. -- 上海：同济大学出版社,2018.6

ISBN 978-7-5608-7697-9

Ⅰ.①柏… Ⅱ.①李… Ⅲ.①柏拉图(Platon前427-前347)—哲学思想—研究 Ⅳ.①B502.232

中国版本图书馆CIP数据核字(2018)第016796号

**柏拉图四书释义**

李革新 **著**

**责任编辑** 丁会欣 **责任校对** 徐春莲 **封面设计** 陈益平

**出版发行** 同济大学出版社 www.tongjipress.com.cn
(地址:上海市四平路1239号 邮编:200092 电话:021-65985622)

**经　　销** 全国各地新华书店

**印　　刷** 江苏句容排印厂

**开　　本** 889 mm×1240 mm 1/32

**印　　张** 9.75

**字　　数** 262 000

**版　　次** 2018年6月第1版 2018年6月第1次印刷

**书　　号** ISBN 978-7-5608-7697-9

**定　　价** 38.00元

# 目 录

## 文以载道——《斐德若》释义



## 大悲哲人心——《斐多》释义

# 导 言

柏拉图哲学是西方哲学的基础和源头。西方后来的大部分哲学概念和思想都来自于柏拉图哲学。但是这并不意味着柏拉图哲学真正被正确地理解和接受了。或者说，西方人在研究和接受柏拉图哲学的时候，大多是按照自己的需要来理解的。在中世纪以来的基督教传统中，他们都是基于信仰的需要而理解柏拉图，这样一来，柏拉图哲学就被神学化地理解了。而且他们也没有真正看到柏拉图对话，柏拉图对话重新传到西方已经是十二三世纪的事情了。近代哲学则是依据现代政治意识形态需要来理解古希腊哲学，只是到了德国古典哲学时期，他们才真正重视柏拉图对话，但是他们采取了古为今用的态度，根据自己的现代性理想来理解柏拉图对话，所以柏拉图对话的真正含义也并未被揭示。而在尼采和海德格尔等后现代主义的解读中，柏拉图被看作是现代性和极权主义的罪魁祸首，于是柏拉图哲学又淹没在甚嚣尘上的一片声讨浪潮中。因此，纵观历史，西方哲学家对柏拉图哲学的理解都是各取所需，为我所用。他们都没有兴趣严格按照哲学的基本精神来理解柏拉图对话。所以，虽然柏拉图对话源远流长，但是西方对柏拉图哲学的如实研究并未出现过。

随着我们反思西方现代性的深入，我们开始重新重视柏拉图对话，以便对古今之争和中西之争等重要问题有深入的理解，对认识和反思现代性危机有所帮助。新世纪以来，对我国柏拉图的研究影响较大的应该说是施特劳斯及其学派。他的研究没有局限于主流西方研究思路，而是从哲学和政治的角度讨论柏拉图对话，注重柏拉图对话中的文学因素，提出了隐微和显白的区分，虽然他的争议还是比较大，但是对于我们理解柏拉图对话仍然是非常有启发性的。刘小枫先生也重新组织翻译出版柏拉图的一系列对话，对于我们理解和研究柏拉图对话是功莫大焉。

2015 年，刘小枫先生翻译和选编出版了《柏拉图四书》，包括《普罗塔戈拉》《会饮》《斐德若》《斐多》四篇非常有名的对话。他认为这四篇对话是最富有文学色彩的，而且也可以构成四联剧，称之为“苏格拉底爱欲四书”。这四篇对话主要意图是对爱欲问题的揭示，他侧重从民主制和爱欲的关系来理解。在自由民主时代，因为我们缺乏引导，爱欲问题成为困扰我们的重要问题，在温和专制的政体中，人的爱欲是有所引导和限制的，但是在开放、自由、平等的社会中，这种限制和引导是缺乏的。他认为《柏拉图四书》可以和朱子的《四书》遥相呼应，共同对我们的政治文化和生命意义有所启发。

为了配合刘小枫先生的《柏拉图四书》，我从拙著《哲学的颂歌——柏拉图对话的现代解读》中选取了这四篇对话的解读，希望有助于莘莘学子更好地理解柏拉图对话。在《柏拉图四书》前言中，刘小枫先生已经从文学和政治方面对这四篇对话进行了说明，在此我重点从哲学方面说明一下。

《普罗塔戈拉》主要展示了苏格拉底和普罗塔戈拉的对话。普罗塔戈拉是古希腊时期最著名的智者。智者是古希腊礼崩乐坏背景下的民主运动的产物。苏格拉底和柏拉图与智者进行了长久的辩论。在他们看来，智者是通过出卖知识而获取名利的人。智者占有智慧之名，又败坏智慧之名。所以他们试图和智者进行论战，以维护哲学和智慧之名。从这篇对话中，我们可以看到哲人和智者的巨大差别。当代有人认为苏格拉底也是智者，还有人想要为智者翻案，这都表明了我们时代思想的混乱，以及智者思想的深远影响。因此在今天阅读这篇对话仍然是极为有意义的。

这篇对话的主题非常复杂，我们可以尝试从三个方面进行说明。第一，美德是可教还是不可教。在对话一开始，苏格拉底向普罗塔戈拉请教美德是不是可教的。普罗塔戈拉是传授知识的智者，是美德的教师，他当然认为美德是可教的。但是苏格拉底却质疑美德是可教的。苏格拉底对美德可教的质疑，一方面是在质疑普罗塔戈拉美德教育的正当性，即普罗塔戈拉本人是不是具有美德。苏格拉底认为只有具有美德的人才能教授美德。如果一个人没有美德，却教授美德，那就是可笑的。另一方面，苏格拉底也借此暗示美德教育须依据个人的自然天赋。我们应该根据不同的人传授不同的美德。如果我们忽视了学习者的自然天赋，就不可能真正进行美德教育，有可能适得其反，得不偿失。这表明苏格拉底是坚持因材施教的。而普罗塔戈拉宣称美德是可教的，一方面是出于对自己的职业和收入的辩护，否则自己的教育活动就是不正当的。另一方面也表明他并不关心学生的自然天赋，他更加关心的是学生的财富水平，只有富家子弟才能成为他的学生。这暗示了普罗塔戈拉对财富的贪欲。

但在对话的后面，苏格拉底又反过来说美德是可教的，似乎和一开始的观点相矛盾。其实并不矛盾。当他认为美德是可教的时候，他主要是表明人的自然是需要接受道德教育的。人的自然不同于其他动物，其他动物的自然不需要美德的教育，但是人的自然却需要美德的教育，否则人就不能成为人。而普罗塔戈拉后来的观点也转向了自己的反面，即认为美德是不可教的。这表明他认为人的自然和其他动物是一样的，人的自然并不需要教育。在他看来，道德、宗教、文明之类的东西都是反人性的。所以他在讨论人的教育的时候，更多提到的是惩罚，认为只有通过惩罚才能进行教育。由此可见，他对人性是持一种悲观主义的态度，或者说，他对人性自然的认识仍然是自然哲人的观点。

第二，美德和智慧的关系。在对话的中间，苏格拉底和普罗塔戈拉讨论美德是一还是多。这个问题涉及对美德的本质的认识，是对美德是否可教的问题的深化。如果我们对美德一无所知，我们怎么讨论美德是否可教呢？普罗塔戈拉首先认为美德是不同的，就像人的五官各不相同一样。苏格拉底反问如果美德各不相同，那么我们为什么把它们都称为美德，这些美德之间肯定存在共同点。于是，普罗塔戈拉又认为各种美德其实差不多，都有相同点，他进一步认为万物都有相同点。这表明了普罗塔戈拉的相对主义立场。而苏格拉底指出，如果各种美德都是相同的，我们没有必要给予它们不同的名称。因此道德相对主义是错误的。

可以说，对美德的本质的讨论涉及美德和智慧的关系。虽然我们往往把智慧和其他美德并列，把智慧看作是美德的一种。但其实，智慧在各种美德中具有更加根本性的意义。智慧和其他美德的关系在于，智慧是体，美德是用；智慧是一，美德是多。真正的美德就是智慧，没有智慧就没有美德。其他美德奠基于智慧之中。哲人拥有智慧，所以哲人才真正拥有美德。苏格拉底就是集四种美德于一身的哲人。俗人只有意见，所以俗人只是美德的模仿者，他们对于美德的遵守只是出于恐惧或者无知。这样我们可以区分两种美德，一种是智慧层面上的美德，一种是习俗层面上的美德。智慧层面上的美德表明美德就是知识，习俗层面上的美德表明美德就是意见。亚里士多德对道德德性和理智德性的区分也是继承了这种区分。根据这种区分，我们再回应美德是否可教的问题，作为习俗的美德是可教的，作为知识的美德是不可教的。因为习俗是可以通过模仿训练学会的，所以习俗意义上的美德是可教的，而智慧是回光返照、自证自知的，不能像水一样从一个瓶子流入另一个瓶子，所以知识意义上的美德是不可教的。当苏格拉底和普罗塔戈拉讨论美德是一还是多的时候，本质上就是要表明智慧才是真正的美德。但是普罗塔戈拉不能认识到这一点，他没有智慧，也没有美德，不能是美德的教师。

第三，在这篇对话中，苏格拉底或者柏拉图还批判了作为智者领袖的普罗塔戈拉本人。在对话一开始，普罗塔戈拉表示自己不再隐藏自己的智者身份，他似乎认为自己具有勇敢的美德。在后面的对话中，他还表明，勇敢是一种比较特殊的美德，是离知识最远的美德。于是，这篇对话也蕴含了关于勇敢作为美德的讨论。在对话中间部分，苏格拉底谈到了斯巴达的勇敢。他指出，斯巴达最早的立法者的真正秘密是智慧。他们以智慧成功地为斯巴达制定了优秀的法律。但是斯巴达立法者并不喜欢展示自己的智慧，为了掩盖自己的智慧，他们在立法中推崇勇敢，让后人以为斯巴达只是推崇勇敢而已。这样苏格拉底就把智慧置于勇敢之上，勇敢同样奠基于智慧。在后面的讨论中，苏格拉底进一步表明勇敢和智慧的关系。他首先对勇敢进行定义。他区分了大胆和勇敢。大胆并不是勇敢，胆小鬼也是大胆的，是在无耻的事情上大胆。勇敢并不仅仅是大胆，而在于敢于追求正确的事情。这意味着如果我们不认识正确和错误，我们就不可能是勇敢的。他还进一步指出，勇敢不仅是抵抗不怕牺牲的恐惧，也是面对快乐的诱惑而能够抵抗。如果一个人不能抵抗快乐的诱惑，那他也不是勇敢的人。所谓“富贵不能淫、威武不能屈、贫贱不能移”。真正的勇敢是大丈夫的美德。这已经是在暗示普罗塔戈拉并不是勇敢，而是大胆和无耻了。在这篇对话中，苏格拉底揭示了普罗塔戈拉的真实嘴脸。他虽然以智者自居，但是根本没有智慧和美德。他的勇敢只是大胆，只是利欲熏心的表现。所以我们不能跟随智者，而要跟随哲人。

反观当代的哲学文化，智者其实离我们并不遥远。当代仍然有很多人以智者自居，他们善于哗众取宠、兴风作浪，对我们时代的思想文化产生了很大影响。很多懵懵懂懂的学子也前呼后拥地追随他们，心智和灵魂被他们裹挟而去。如果我们不能区分哲人和智者，就可能被他们的思想或者言辞所蒙骗。所以我们应该善于区分智者和哲人，正如苏格拉底所说，我们在选择饮食的时候都非常小心，我们在选择自己的灵魂导师的时候就应该更加谨慎，因为灵魂的利益远远高于身体的利益。这是对于自己的灵魂的关爱。我们应该关心灵魂甚于关心肉体。

《会饮》的主题是爱欲，这是一个很刺激的话题。因为每个人都有爱欲，如何理解和管理自己的爱欲也是每个人都面临的重要问题。在《理想国》中，柏拉图区分了三种爱欲，即对钱财的爱欲、对名誉的爱欲和对智慧的爱欲。当然对智慧的爱欲才是最重要的，因为尘世间的一切事物都是变化无常的，所以不值得追求。对智慧的爱欲就是对永恒不变的实体的认识。如果我们能够认识永恒不变的实体，我们就能够获得智慧，我们的爱欲也就可以在这种智慧中获得最高的满足。所以柏拉图表明哲人是最快乐最幸福的。这里柏拉图已经表明了他关于爱欲的基本立场。

在《会饮》中，柏拉图对爱欲进行了更加深刻和充分的讨论。他分别展示了斐德若、泡赛尼阿斯、厄里克希马库斯、阿里斯托芬、阿伽通、苏格拉底等人的颂辞。他们的颂辞分别表明了爱欲和利益、爱欲和道德、爱欲和技术、爱欲和自然、爱欲和文明、爱欲和至善的关系。斐德若的颂辞表明了爱欲和利益的关系，他对爱欲的理解是功利主义的，他希望在爱情中获得好处，这和他的被爱者的身份是一致的。当然他也推崇爱欲中的牺牲，这种推崇也表明他希望超越这种功利主义立场。泡赛尼阿斯是一个典型的好色之徒，他沉迷于男童恋，又希望消除男童恋带来的道德焦虑。所以他区分了属天的爱欲和属人的爱欲，应该支持属天的爱欲，而禁止属人的爱欲。他要求为爱欲立法，以确立男童恋的正当性，以此解除自己的道德焦虑。厄里克希马库斯是一个技艺高超的医生，他本人其实对男童恋没有兴趣，只是出于赶时髦才搞男童恋。他的颂辞表明他以技术的眼光来对待爱欲，希望以技术控制爱欲，即消除坏的爱欲，而保留好的爱欲。这体现了他对爱欲的无知和敌视。阿里斯托芬是一个善于嬉笑怒骂的喜剧家，据说是柏拉图最喜欢的戏剧家，但阿里斯托芬其实是一个酒色之徒。他看到了人生中的痛苦和丑陋，他也看到了爱欲是对完满的追求，是对整体性的追求。但是他没有看到人的精神和理性的本质，所以他把爱欲理解为一个单纯肉体的自然的问题，并且试图在肉体中实现这种完满性。他也意识到这种完满性的无意义，所以他最终沉迷于酒色之中，以麻痹自己，所以他骨子里是一个悲观主义者。他的颂辞一言以蔽之就是反文明。阿伽通的颂辞则揭示了爱欲和文明的关系，他主要表达了对美和名誉的爱欲，这种爱欲是和文明相关的爱欲。他的颂辞是理性的和华丽的，充满了对美的追求和模仿。但他的唯美主义颂辞的内容是空洞的、浅薄的，那种轻飘飘的美是无法支持人生的。他没有看到人间生活中的苦难和丑陋，这也表明了希腊悲剧的堕落。

我们看到，他们每个人都是出于自己的片面角度来歌颂爱神。这是苏格拉底对他们不满的原因。他们并没有真正揭示爱欲的本质，或者没有达到为爱欲辩护的目标。苏格拉底首先对爱欲的本质进行了界定，即爱欲是介于匮乏和圆满之间的状态。然后他列举了对生命的爱欲，对名誉的爱欲和对智慧的爱欲。这和《理想国》的划分基本是一致的。通过蒂俄提玛之口，他表达了爱欲的上升和净化过程。借此他表明爱欲的本质是对至善至美的追求，爱欲只有在至善至美中才能获得最高的满足。通过揭示爱欲的本质，他表明爱欲是神圣的，这是对爱欲最好的赞美和辩护。

可以说，苏格拉底的颂辞回应了前面所有人的颂辞，并且都以扬弃的方式包含在自己的颂辞中。他以此表明，哲人不是无情之人，而是充满了最强烈爱欲的人。他们的爱欲不能在人世间的事物中获得满足，只有在至善至美中才能获得满足，只有体验到了深刻的爱欲满足的人才是幸福的。而一般人的爱欲只知道追求有形有相的事物，但是他们的爱欲又不可能在这些事物中完全获得满足。所以世人都是痛苦的、可怜的，哲人才是真正幸福之人。苏格拉底的颂辞本质上就是对哲学生活的辩护和赞美。

但是会饮并没有在苏格拉底的颂辞之后结束，政治家阿尔喀比亚德加入了会饮。他以醉酒者的口吻讲述了他和苏格拉底的交往史，表达了对苏格拉底又爱又恨的复杂情感。他的颂辞看似和前面的颂辞没有关系，但其实是对哲人苏格拉底的歌颂。他的颂辞深刻地揭示了只有哲人苏格拉底才是真正的爱神。苏格拉底亲近年轻人的目的并不是出于卑劣的肉欲，而是出于对年轻人的教化，也就是引导年轻人去热爱智慧，而不是热爱世俗的财富和权力。但是他们却无能听从和践行苏格拉底的教诲，所以他们对苏格拉底充满了又爱又恨的情感。可以说，阿尔喀比亚德的颂辞展示了哲人苏格拉底的爱欲教化活动。这种教化活动是哲人爱欲的下降之路。哲人不但自己过美好的哲学生活，他也试图引导其他人过哲学生活。这是哲人的悲悯情怀和尘世使命。

可以说，自古以来，还没有哪一篇文章如此深刻而充分地讨论爱欲问题。柏拉图的智慧在这篇对话中表现得淋漓尽致。如果我们要认识爱欲的奥秘，我们就应该好好研究这篇对话。在当代哲学文化和现实生活中，爱欲问题也是非常重要的。但是现代人对爱欲的认识显然没有达到《会饮》的水平。大多数人仍然是在一种非理性的意义上理解爱欲，把爱欲作为反对理性的力量。这是非常狭隘和片面的。所以我们应该好好阅读柏拉图对话。

《斐德若》的主题是修辞学的问题，也就是如何写文章的问题。对话首先以吕西阿斯的一篇关于爱情的文章开始。这篇文章的主题是建议美少年应该接受不爱自己的人，而不应该接受爱自己的人。因为有爱情的人会做出各种非理性的事情，而心中无爱的人则会有礼有节，不会伤害美少年。其言下之意就是说爱欲是可怕的、有害的东西，年轻人应该远离爱欲。斐德若非常喜欢这篇文章，这表明他已经完全转向了功利主义立场。而苏格拉底则认为这篇文章并不好，辞藻华丽而言之无物，缺乏对爱欲的理性认识。于是斐德若要求苏格拉底同样以这个主题口占一篇文章。于是苏格拉底立刻口占了一篇文章，认为美少年应该接受没有爱的人的请求，而拒绝有爱情的人的请求。但是苏格拉底立刻表明这种观点是渎神的、错误的。所以他要立刻重新写一篇文章。

苏格拉底从爱欲的典型表现迷狂开始。他认为迷狂是神圣的，是神对人的加持的礼物，那种认为迷狂是非理性的、疯癫的观点是错误的。他列举了四种迷狂，不同的迷狂由不同的神加持。他重点描述的是哲人的迷狂。哲人的灵魂在前世曾经看到至美理念，深深沉浸于其中，感到了极大的福乐。当今世哲人看到美少年之后，就会回忆起那种福乐，但是他的灵魂因为肉体的限制不能真正看到理念，所以哲人就显得疯疯癫癫，陷入了迷狂。苏格拉底表示，如果两个相爱的人能够一起学习哲学，而不是满足卑劣的肉欲，他们就能够超出轮回，往生天界，再次看到理念，体验到至乐。否则就会沉溺在轮回中没有尽头。

这一篇文章可以说是“为爱正名”。一般人都对爱欲持警惕的态度，认为爱欲会使人变得非理性，会扰乱正常的秩序，损害个人的利益。这是一种狭隘的功利主义观点。相反，现代有些人则非常推崇爱欲，认为爱不需要理由，爱本身就是正确的、正义的。他们同样把爱欲作为一种非理性的东西，他们对爱欲的推崇也是非理性的。这两种观点都把爱欲看作是非理性的，都没有揭示爱欲的真正本质。苏格拉底为爱正名，就是要揭示爱欲中的理性，并且把爱欲和至善联系起来。爱的本质是对至善至美的爱。这和《会饮》的观点是一致的。从这篇对话中，我们也可以看出柏拉图对爱的深刻认识。

通过这篇文章的示范，接下来，苏格拉底开始讨论写文章或者“立言”的原则问题。苏格拉底认为，写文章要以对事物的本质的认识为前提，这种认识就是哲学或者辩证法。辩证法就是通过分析和综合的方法，如实地认识事物本身，既不增加也不减少。这种认识就是中道智慧。只有在我们对事物的本质有所认识之后，我们才能写文章或者搞修辞术，否则就可能害人害己。所以修辞学应该是以哲学辩证法为基础的。苏格拉底还指出，搞修辞学写作不但要对对象有真实的认识，还要尽可能考虑阅读者的自然差异性。每个人的自然天性都是不同的，应该因材施教，给不同的人以不同的教育，这样才能达到自然的正义。一种高超的写作技艺应该可以让不同的读者各取所需，使他们的灵魂分别受到良好的引导，而又避免不必要的误导。这就是传统的“微言大义”的写作技艺。这种技艺同样来自于中道辩证法的智慧。正是基于中道智慧，柏拉图认为写作低于对话。因为著作不能识别阅读者，也不能回答读者的疑问。如果一个人看了他不应该看的书，然后灵魂受到了毒害，那就是不正义的。而在对话中，老师可以随语应答，应病与药，根据学生的具体情况而给出合理的回答，所以对话既有原则性又有灵活性。即使对于同一个问题，哲人也会针对不同的人而给予不同的回答。而书本的回答则是千篇一律的。所以古代的哲人都不喜欢写作，而更看重对话。

反观我们这个时代，因为言论自由和思想自由，什么人都可以写作，想写什么就写什么。而且由于标榜创新，似乎越是新的，就越是好的。很多人师心自用，搞一些奇谈怪论出来，最终就是随心所欲，没有标准。空前发达的出版业也导致各种书籍满天飞，那些有益世道人心的经典被淹没在日益泛滥的书灾中。思想自由、言论自由的初衷应该是集思广益，发现真理，如果成了胡思乱想、妖言惑众，那就是需要反思的了。正如柏拉图在《理想国》中曾经说明的，杀人放火还是小事，如果发表了错误的思想和言论，其罪过才是巨大的。所以舞文弄墨是一件很严肃的事情，不是随便什么人都可以写的，只有真正具足智慧和德性的圣人才能著书立说。

《斐多》记载的是苏格拉底的最后一天。这篇对话的主题是灵魂不死。对话从早上一直进行到傍晚，其中进行了很多回合的辩论。苏格拉底试图给学生们证明灵魂是不死的。我们当然可以说苏格拉底希望通过这种论证来消除自己对死亡的恐惧，他也确实说他是为了自己进行论证，甚至他的学生们也不愿打击他的这种想法。但是如果我们认为苏格拉底真的像我们一样害怕死亡，我们就根本没有理解苏格拉底的智慧境界。

在《申辩》中，苏格拉底就已经表明害怕死亡是一种愚昧无知。如果死亡是一种无知无识的睡眠，那么死亡就是一种彻底的休息，我们终于可以不再奔波操劳了，这样死亡不是很好的事情吗？如果灵魂在死后还继续存在，那么死亡就是一个新的开始，灵魂即将踏上了新的旅程。如果我们这一生追求真理，心地善良，那么灵魂就会去往美好的福地。或者，如果灵魂能够遇到已经死去的亲朋好友，那么死亡就是美好的聚会。所以死亡并不可怕。在《克里同》中，当克里同来看望苏格拉底时，他还在熟睡之中，这说明他并不担心自己的死亡。当克里同劝说他逃跑时，他要求对逃跑是否合理进行论证。如果逃跑是不合理的，就不能逃跑。论证的结果可想而知。他以自己的言行表明，真正的哲人应该以追求智慧为己任，个人的生死无足轻重。“朝闻道夕死可矣。”关键不是害怕死亡，而是在活着的时候断恶行善，追求智慧。

在《斐多》中，苏格拉底对灵魂不死的论证似乎并未说服他的学生，因为时间的关系，他们也不得不结束讨论。他以灵魂的大地之旅神话结束了自己的谈话。这个神话和《理想国》《高尔吉亚》等对话最后的故事基本是一致的。苏格拉底告诫学生，我们应该相信灵魂是不死的，只要我们的一生过哲学生活，我们在死后就能够去往极乐的福地。他对此深信不疑。最后，他以充满期待的心情喝下了毒酒。

我们应该看到，苏格拉底已经通过哲学的智慧克服了死亡的恐惧，他看透了生死的假象，不再被生死所束缚，内心处于“齐生死”的自在安乐的逍遥境界。但是凡人没有哲学智慧，被各种假象和妄想所控制，内心充满了无尽的烦恼和痛苦。而死亡是他们最害怕的。每个人都必死无疑，但又不知死亡何时降临，他们只能通过麻痹自己和遗忘死亡而继续自己的生活。但是无论他们怎么躲避死亡，死亡仍然会如期而至。哲人苏格拉底看到了世人的死亡恐惧，对他们升起了刻骨的大悲心，希望教导世人免除对死亡的恐惧。

所以苏格拉底对灵魂不死的论证主要是为了试图消除世人对死亡的恐惧。这可以说是苏格拉底的“反向关怀”。这种反向关怀本质上是出于他的大悲心。这种大悲心是和智慧联系在一起的，拥有智慧的人会同时升起悲心。如果一个人只有智慧，没有慈悲，那么他的智慧就是虚假的、可疑的。所以我们既要看到哲人的智慧，也要看到哲人的慈悲。否则，我们就不能真正理解哲人的本质。

最后，我们还要指出，苏格拉底的死亡是出于一个不义的判决，正如苏格拉底在《申辩》中曾经自我辩护的。而尼采等人认为，苏格拉底的死是罪有应得的看法，实在是谬之千里，害人不浅。苏格拉底面对这种不义的判决，并未反抗。在《申辩》《克里同》中，他表示不会以恶抗恶，以暴制暴。他不能因为自己的不幸而违背一辈子坚持的原则。苏格拉底的不反抗并不是无能，而是出于智慧的抉择。从他生平中我们可以看到，他在面对各种人和事时，从来没有对任何人产生过一点损害之心。作为一个哲人，他已经完全消除了恶意恶行，达到了至善的高度。我们对苏格拉底的至善应该心怀崇敬，见贤思齐，从善如流。苏格拉底以自己的死亡告诉我们，重要的是不能作恶，人应该恐惧作恶甚于恐惧死亡。

在这篇对话中，柏拉图为我们描绘了一个完美的哲人的形象，他试图引导我们过哲学生活，努力做一个哲人。对他来说，做人就是做哲人。反观我们的时代，我们已经很难找到具足智慧和德性的哲人。但是正如古代大德所言：“虽此大地满恶人，然自当持高尚行。”即使整个世界都在作恶，这也不是我们可以作恶的理由。

总而言之，柏拉图对话是真正的智慧的宝库，这种智慧在西方哲学中几乎是绝无仅有的。近现代的西方哲学已经背叛了哲学的真正精神，而堕落为意识形态和虚无主义，我们从中几乎看不到具有智慧和德性的教导。如果我们还希望在西方哲学著作中找到一点有益的教导，那么柏拉图对话应该是不二的选择。我们应该遵照柏拉图的教导，通过哲学的沉思和研究，提高我们的智慧和德性，实现人格的最高完善。

# 美德是智慧——《普罗塔戈拉》释义

本篇对话应该说包含了两条线索。第一条是探讨美德是否可教。苏格拉底和普罗塔戈拉在这个问题上的理解是不同的。苏格拉底认为美德不可教的时候，他是在强调美德是知识，而知识必须通过返观自照的“回忆”才能获得，不能通过外在灌输的方式进行传授。而普罗塔戈拉强调美德不可教是因为他认为人性是反道德的，所以美德是不可教的，只能通过规训和惩罚的方式实施。同样，苏格拉底认为美德是可教的时候，他是在暗示人和人在美德和智慧上是不平等的，在美德和智慧上较低级的人应该接受在美德和智慧上较高级的人的教导。只有承认人和人在美德和智慧上是不平等的，我们才能肯定教育的必要性和可能性。而普罗塔戈拉认为美德是可教的，是因为他对人的自然一无所知，并且想要通过教授美德达到追名逐利的目的。因此，苏格拉底旨在通过和普罗塔戈拉的论辩，揭示普罗塔戈拉的理论和实践之间的内在矛盾。一方面普罗塔戈拉以美德的教师自居，这意味着他认为真理是存在的，人和人在美德和智慧上是不平等的。另一方面，他传授的理论却是平等主义和相对主义，这意味着不存在真理，人和人是平等的，根本不存在老师和学生的区分，所以美德就是不可教的。普罗塔戈拉对自己的理论和实践之间的自相矛盾缺乏认识。

第二条线索是集中在如何理解美德的本质的问题上。他们的论辩分为关于美德是一还是多的讨论，关于获得美德难还是保持美德难的讨论，勇敢和知识的关系的讨论。三个讨论的核心都是为了证明美德就是智慧的观点，智慧（理论德性）是美德（道德德性）的根本。只有出于智慧的美德才是真正的美德。一切美德都是对智慧的模仿。没有智慧，就没有美德。智慧是“体”，美德是“用”。体是“一”，用是“多”。通过这次对话，柏拉图揭露了普罗塔戈拉没有智慧和美德的真实面目，特别是关于勇敢和大胆的区分，指出普罗塔戈拉的言行不是勇敢，只是大胆。所以柏拉图告诉我们，不能跟随智者学习，而应该跟随哲人学习。因此这篇对话仍然是对哲学的颂歌。

## 一、引子

对话开头是不知名的朋友和苏格拉底相遇。朋友问苏格拉底从哪里来，并且认为苏格拉底刚刚追求阿尔喀比亚德回来。我们知道，阿尔喀比亚德是政治人，出身高贵，容貌俊美，才华出众，非常希望在政治上有一番作为。此人后来也确实在希腊政治生活中很抢眼，但是结局不好。

对于苏格拉底和阿尔喀比亚德的关系，我们不能简单地以同性恋来理解。苏格拉底追求阿尔喀比亚德并不是出于情欲，而是出于教育他的目的，也就是为了驯化政治人，使他们更有知识，从而能够完善政治生活。但是从历史上看，苏格拉底似乎没有实现自己的目的。当苏格拉底把阿尔喀比亚德称为“年轻小生”时，我们可以推测这是在暗示政治人的无知和哲人对于政治生活的超越。哲学高于政治，政治低于哲学。哲人是俯视政治生活的，对于哲人来说，政治人始终是幼稚的，因此政治生活必须接受哲人的引导和教育。而阿尔喀比亚德的美貌则暗示了政治生活的诱惑。政治对于人的诱惑是巨大的，政治权力带来的荣耀和利益都是巨大的。同样，智者也自称能够帮助年轻的政治人在政治上获得成功。因此哲人和智者的关系就显得十分紧密，他们的冲突也更加明显。本篇对话就是展示了哲人和智者对年轻政治人的灵魂的争夺战。

苏格拉底表示，虽然他刚才和阿尔喀比亚德在一起，阿尔喀比亚德站在他的一边，替他说了不少好话，但是他几乎把他忘记了。这一方面暗示了政治人和哲人的结盟，政治人服从哲人，另一方面他忘记了政治人则是在暗示哲人和智者的斗争是尖锐的，智者才是哲人最为强劲的对手，哲人必须全力以赴地对付智者，否则就难以把智者驯服。

当朋友问苏格拉底是不是因为发现了更美的人才忘记了阿尔喀比亚德时，苏格拉底反讽地回答说，是因为他见到了普罗塔戈拉，普罗塔戈拉比阿尔喀比亚德更美，因为在他看来，有智慧才美。这是苏格拉底对智慧的赞美，而不是对普罗塔戈拉的赞美。但是智者只有智慧之名，而无智慧之实。智慧之美是最高的最真实的美。在苏格拉底看来，真善美是同一的。

在朋友的要求下，苏格拉底开始讲述自己和普罗塔戈拉的对话。

## 二、苏格拉底揭示智慧和灵魂的关系

早上天还没亮，希珀克拉底就迫不及待地来敲苏格拉底的门，要求苏格拉底和他去见普罗塔戈拉，去学习智慧。明明苏格拉底是希腊最有智慧的人，却几乎没有人知道，或者认为他是有智慧的。可见，真正的智慧之人并不享有智慧之名。苏格拉底知道他好强又性急，就说只要付费，普罗塔戈拉就会把智慧传授给他。为了“挫其锐”，苏格拉底认为天色尚早，不如先到院子里转转，问他几个问题以试探他的决心。

苏格拉底认为我们做任何事情都有目的，必须事先想清楚，不能稀里糊涂地做。我们去找医生是为了学习医术，找雕刻家是为了学习雕刻技艺，那么找普罗塔戈拉的目的是为了什么。既然他是一个智者，找他学习自然就是为了成为智者。当希珀克拉底说出自己也想成为一个智者时，他脸红了。因为智者在雅典的名声并不好。他们的思想观念离经叛道，和传统的道德观点是非常对立的。

智者可以说是私学的创始人，在此之前都是官学。官学衰败、私学兴起的原因之一是“礼崩乐坏”。官学的传统内容已经无法满足人们的需要，不能解答人们面对政治生活时的困惑。智者的私学的兴起恰恰满足了人们的这种困惑和需要，但同时也扩大了这种离心离德、礼崩乐坏的倾向，对政治和哲学都产生了很大的危害。所以苏格拉底才要和他们进行论战，以建立正确的政治和哲学的观点。

苏格拉底告诉他，他虽然要和普罗塔戈拉学习，但他不一定就能够成为智者。正如我们学习文法、音乐和体育一样，这些技艺并不是为了让我们成为某个方面的专家，而是为了让我们成为合格的公民。因为它们是政治教育的一部分，并不是一种“专业”。正如我们学习其他技艺也不一定就能够学好一样，跟随智者学习也不一定能成为智者。

这是苏格拉底在暗示人的自然天性的不同。也就是说，后天的学习对于人的塑造和教育是有限的，我们很难通过学习“改变”自己的天性，而是必须因材施教，因势利导，根据每个人的天性对他们进行教育，从而使其自然天性成长为完善的政治德性。如果一个人的天性不能获得适当的教育，就可能养成害人害己的性格或者品德上的缺陷。苏格拉底也是在暗示，智者的智慧是虚妄的，智者实际上没有智慧，我们不可能从他那里学到智慧。当然，智慧本身也是无法传授的，因为智慧必须“发明本心”，明心见性，才能获得。

当苏格拉底进一步问希珀克拉底是否想清楚了自己跟随普罗塔戈拉学习的具体目的时，希珀克拉底表示不能确定。为了把问题说清楚，苏格拉底提到了灵魂的概念。他认为接受教育就意味着把自己的灵魂交付出去，然后被打造被塑造，被赋予形式。因此只有在我们对智者的本质有所认识后，我们才能决定是不是把灵魂交给他。如果我们对智者的本质一无所知，就把自己的灵魂交给他，无疑是最为危险的。

于是，苏格拉底就问智者是什么人，希珀克拉底首先说智者在言辞方面非常厉害。这揭示了智者是能言善辩之人，类似于我们春秋战国时期的“名家”。苏格拉底对“能言善辩”显得不以为然。因为一个能言善辩的人往往是爱慕虚荣的人，他们往往对真正的问题或者事实茫然无知，只是试图通过语词获得他人的认可和崇拜，因此他们生活在别人的眼中，被自己的虚荣心控制。一个喜欢在言辞上战胜别人的人不可能是有智慧的人。另外，智慧和真理是不可言说的，听过语词传达智慧是徒劳的。

苏格拉底表示，只是认为智者在言辞方面厉害是远远不够的，因为在不同问题或者技艺方面都会有言辞厉害的人，所以必须弄清楚智者在哪一方面厉害。希珀克拉底表示自己不清楚。苏格拉底说他是在拿自己的灵魂去冒险。如果我们要把身体交付给谁，使身体变得强壮或者衰弱，我们都要反复考虑，但是我们要把自己的灵魂交给他人，却不反复考虑，对对方也不了解，这是草率鲁莽和非常危险的。

苏格拉底把灵魂和身体进行了对比。在他看来，灵魂比身体更加重要。灵魂是形式，身体是质料。灵魂是主导性的、决定性的方面，身体是被决定者。灵魂是自动者，是身体运动的发起者，不被其他东西推动，但推动其他东西。所以关心灵魂更加重要。当然，我们可以否定灵魂观念，但是身体是由一种东西支配和决定的，却是毫无疑问的事实。当我们说“我的身体”时，“我”并不等同于“我的身体”，我们的身体是由“我”来照料的。这个“我”可以理解为“灵魂”，也可以称为心灵或者意识。只有认识了“这个东西”，我们才能更好地安排自己的生活。因此对“这个东西”进行教育或者考察更加重要。所以在《斐多》《理想国》《法律篇》等主要著作中，柏拉图都反复探讨了灵魂的问题。只有彻底理解了柏拉图的灵魂观点，我们才能真正理解柏拉图的哲学。

苏格拉底表明了自己对智者的看法。智者就是贩卖滋养灵魂的知识的人。这与《智者》中的观点是一致的。他认为不同的知识造就不同的灵魂。并不是所有知识都可以滋养灵魂，有的知识会败坏灵魂。这样苏格拉底就提出了知识和灵魂的关系问题，也因此暗示了美德和知识的关系，即不同的知识进入灵魂就转化为美德或者邪恶。所以我们必须对知识本身进行考察。智者的错误在于他们并不知道自己的知识对灵魂是好还是坏，他们只是吹嘘自己的知识，正如一切商人吹嘘自己的商品一样。因为他们对于灵魂的本性茫然无知。苏格拉底认为只有“心灵的医生”能够甄别知识的好坏。“心灵的医生”应该是指真正的哲人。

这里揭示了哲人和智者的最大区别所在。智者并不认识和关心人的灵魂，哲人对人的灵魂的本性有真切认识。智者认为人和其他动物是一样的，政治、道德、法律都是违反人性的，只有动物式的自然才合乎人的本性。因此智者的思想是反政治反文明的。苏格拉底式的哲人认为人是政治的动物，政治生活才是合乎人性自然的生活，我们必须通过完善道德、法律的政治生活来实现人性的生活。或者说，人是观念的动物，人的生活是由一定的世界观、人生观、价值观来引导的，在不同的价值观念下，人的生活方式会有所不同。因此知识是灵魂的食物，灵魂依靠知识而生成，知识或者观念对于灵魂具有强大的塑造作用。所以我们必须严肃地对待知识问题，这关系到我们灵魂的健康或者疾病。

苏格拉底看到，虽然人是观念的动物，但是人们一般只是道听途说、人云亦云地因循着生活，从来不对这些观念进行反思，却把自己的观念看作是绝对真理，盲目地受这些观念的支配。可以说他们都停留在政治生活的直接性中，而没有进入哲学反思的间接性。哲人则对各种世间的思想、观念、知识进行反思审查，纠正这些虚假的观念给人们带来的偏执和危害。可以说，哲人没有任何知识，哲人的智慧是无知之知。他通过无知之知扬弃了一切意见和观念，使自己的心灵始终保持在空灵、自由和安宁的状态之中。这种无知之知的空灵清明的境界也是无所不知的智慧境界。

当时的雅典处于“百家争鸣”的状态，各种思想知识处于非常混乱的状态。人们盲目推崇思想自由、言论自由，认为这种自由可以带来真理。① 但是这种自由只是导致了思想观念领域的无政府状态。混乱的思想导致混乱的生活，混乱的生活导致各种危害。所以在《泰阿泰德》《理想国》中，苏格拉底把哲人比作医生，表明哲人是“药王”和“医王”，哲人就是医治灵魂疾病的人，灵魂的疾病就是由各种观念和偏执造成的，特别是坏的知识造成的。当然好知识如果不能被正确对待和使用，也会变为坏知识。所以苏格拉底认为购买知识的危险比购买食物的危险还要大，因为购买知识时灵魂就已经被改变了，或者变得更好，或者变得更坏。所以我们在读书和学习方面必须小心谨慎。

苏格拉底认为他已经给这个年轻人打好了预防针，所以就决定和他一起去拜会普罗塔戈拉。

## 三、从可教和不可教的角度探讨“美德就是智慧”

他们到了大门口，看门人不给他们开门，认为他们也是智者。可见，一般民众是无能区分哲人和智者的。即使是希珀克拉底也并不认为苏格拉底有智慧。这表明哲人是“和光同尘”“顺遂世俗”而生活的，他们在外表上和凡人没有任何差别，

① 自由民主社会中的这种思想和言论自由导致的一个坏结果就是再也没有人认真严肃地对待任何思想了。因为随便任何人都可以发表自己的观点，不论是正确的还是错误的，都无所谓，思想讨论的意义被大大低估了，因此助长了蒙昧主义和虚无主义。

所谓“大隐隐于市”。而且智慧本身就包含了对智慧的否定，所谓“大智如愚”。智慧就是自知无知，所以显得（appear）智慧就不是（is）智慧。所谓“无所得智”，认为有智慧可得就仍然是没有智慧。所以哲人自然地就隐身了，他的日常生活和常人无异，也没有智慧之名。由此反观，凡是有智慧之名的人往往是没有智慧的人。

当苏格拉底说明自己不是智者后，看门人才给他们开了门。他们看到普罗塔戈拉正在廊前踱步，并且用他的“俄耳甫斯般的声音”迷住了一大群人，这些人都前呼后拥，小心翼翼地跟随着普罗塔戈拉。这段描写展示了智者普罗塔戈拉的名声和威仪之盛大。与之相比，苏格拉底就相形见绌了，几乎没有人理他。这也是哲人和智者的区别之一。智者拥有并且喜欢世人的追捧，而哲人则是汲汲无名的，并不追求世人的追捧，远离世人的喝彩。正如《卡布斯教诲录》中记载的柏拉图的故事一样。当柏拉图听到一个人赞扬他时，他痛哭流涕，认为自己被一个傻瓜赞美说明自己也是傻瓜。

接着柏拉图引用了荷马叙述奥德修斯进入地狱召唤英雄们的亡魂的一句话，即：“跟着他，我瞧见。”（据 Frédérique Ildefonse 本注）这里柏拉图把智者和地狱的亡魂联系起来，意味着他把智者贬入了地狱。苏格拉底看到希琵阿斯正在给一些年轻人讲着天象学之类的东西。普罗狄科也在给一群人讲着什么，但是听不清。这里暗示柏拉图认为智者的观点都是含糊不清的，他们也不知道自己在说什么。这也体现了柏拉图对于智者的一贯批判的立场。阿尔喀比亚德在苏格拉底之后到来。

他们到屋里后，见到了普罗塔戈拉，并且说明了自己的来意，让普罗塔戈拉决定是单独谈还是大家一起谈。普罗塔戈拉认为苏格拉底想得很周到，他说自己作为外国人到处演讲授课，招收门徒，必然遭到人们的嫉妒和算计，所以必须小心谨慎。所以他谈到了智者的隐身术。这里的智者（sophists）我们应该在比较宽泛的意义上理解，也就是“教师”“夫子”或者“有智慧的人”的意义上理解，而不是特定的古希腊民主时代的智者群体，否则我们就无法理解为什么普罗塔戈拉把荷马等人也算作是智者了。他说自古以来，智者们就必须善于伪装自己，以躲避世人的政治迫害。有的以诗人的面目展现，例如荷马、赫西俄德和西蒙尼德等；有的以秘仪和神谕歌谣的形式，例如俄耳甫斯；有的以体育教练的方式如伊克柯斯、赫若狄克斯等；有的以音乐家的方式如阿伽托克勒斯等。接着普罗塔戈拉话锋一转，提到了自己。他说自己不与这些人为伍，他们都试图躲避政治迫害，但是他们都没有成功，反而落得骂名。所以他不屑于效法他们。

> “我哩，采取的做法与他们的完全相反，我承认自己是个智术师，就是教育人的；依我看，这比他们的做派要更为审慎些，也就是，承认比否认更为审慎。”①

首先，我们应该看到，任何社会中的有识之士都是极少数，因为他们的智慧和思想往往违背国家的主流价值观，因此他们和自己的国家社会的关系往往都是紧张的。在《理想国》中，柏拉图的洞穴喻曾经深刻展示了这一点。施特劳斯也反复强调哲人和政治社会的冲突。所以哲人要学会独善其身，明哲保身，要学会隐藏自己的观点和思想，不要轻易招来杀身

---

① 柏拉图：《普罗塔戈拉》，刘小枫译，电子版，317b。

之祸。

其次，普罗塔戈拉为什么不再隐藏自己的智者身份呢？我们可以从主观和客观两个方面进行解释。从主观方面看，普罗塔戈拉以收费授课为生活方式，这就要求他必须公开自己的智者教师的身份，否则就没有人跟随他学习，他就没有办法生存。这反映了智者对他人的依附性，也反映了他对于财富的贪婪欲望。他必须按照别人的需要和兴趣进行思考和教授。“著书只为稻粱谋”的结果就是丧失了思考研究的独立性。相反，哲人并不招收门徒，所以哲人保持了自己的独立性。从客观方面看，在一个非民主制的政体中，整个社会没有进入礼崩乐坏的状态，人们的观念往往比较保守和严肃，人们也没有学习新思想新观念的需要，私学就没有兴起的条件。相反，这时的古希腊社会处于民主制时代。民主时代是自由、平等、开放、宽容的时代，人们对传统观念都嗤之以鼻，对各种新奇思想观念趋之若鹜。各种新思想就容易兴起和被接受。所以普罗塔戈拉公开自己的智者身份就不那么危险了，甚至很多人都还要伪装为智者，以骗取名声和钱财。虽然这时他还自鸣得意，但是在这次对话 15 年后，普罗塔戈拉也因为渎神罪被判死刑，当然他逃跑了，那么他的行为仍然是不审慎的或者不明智的。或者说，自由民主制时代也并不是那么宽容和无原则，正如其他一切社会一样。但是民主社会仍然倾向于是一个胆大妄为的社会，胆大妄为是我们理解民主时代的人们的首要线索。

最后，我们要看到，普罗塔戈拉对于自己的这种转变是非常得意的。或者说，他认为自己是非常勇敢的，他敢于挑战社会的传统观念和权威，敢于在整个社会中公开传播新思想新观念。在他的意识和观念中，他自己是一个教授美德和智慧的勇士。在后面的讨论中，普罗塔戈拉表现出的勇敢精神成为苏格拉底和他讨论什么是美德，美德是否可教的一个缘起。同时，普罗塔戈拉的勇敢美德也成为苏格拉底攻击他的一个靶子。苏格拉底试图表明支持普罗塔戈拉的转变不是勇敢，而是大胆。如果勇敢是一种美德，而大胆则是愚痴和贪婪。所以关于勇敢问题的讨论成为确立“美德就是知识”的一个切入点。

### （一）苏格拉底对美德不可教的论证

为了迎合普罗塔戈拉的虚荣心，苏格拉底建议把普罗狄科和希琵阿斯都叫过来。当大家都落座以后，苏格拉底又把来意说了一番，请普罗塔戈拉说明自己可以从他那里学习到什么。普罗塔戈拉立刻说自己的教育可以使人变得更加优秀。苏格拉底认为他的这种说法似是而非，他必须说明自己究竟可以在哪个方面使人更加优秀。普罗塔戈拉认为自己可以在使人“齐家”和“治国”方面变得更加优秀。所谓“齐家”就是善于治理家务事方面的技艺，“治国”则是善于治理城邦事务的技艺。

从这里我们可以看到，普罗塔戈拉没有提到修身的技艺，也就是他并不知道自我教育的重要性。相反，苏格拉底关注的则是修身的技艺，也就是他知道自我教育的重要性。智者并不关注自我，哲人首先关注自我。在苏格拉底看来，如果我们不能在修身的技艺上有所进步，就不可能在齐家和治国的技艺上进步。因为这两种技艺是同一种技艺。修身的技艺是一切技艺的根本。正如《大学》所说：“古之欲明明德于天下者，先治其国；欲治其国者，先齐其家；欲齐其家者，先修其身；欲修其身者，先正其心；欲正其心者，先诚其意；欲诚其意者，先致其知。致知在格物。物格而后知至，知至而后意诚，意诚而后心正，心正而后身修，身修而后家齐，家齐而后国治，国治而后天下平。自天子以至于庶人，壹是皆以修身为本。其本乱而末治者否矣。其所厚者薄，而其所薄者厚，未之有也。此谓知本，此谓知之至也。”修身技艺的核心就是以理性控制非理性，使自己的整个活动处于理性的观照和认识之下。我们只有学会了治理自我，才能学会治理他人。《阿尔喀比亚德》的核心观点就是强调修身的重要性，认为修身是参与政治生活的根本。而智者对自我教育和自我治理一无所知。这和前面表明智者对灵魂的本质一无所知是一致的。正如孔子所说：“古之学者为己，今之学者为人。”这可以说是智者和哲人的最大区别。

苏格拉底简洁地把普罗塔戈拉的教育归结为“政治的技艺”，也就是把人培养成为“政治上的好人”。这种政治上的好人包括好公民和好政治家，培养好公民和培养好政治家没有原则性的区别。我们知道，政治上的好人不一定是哲学意义上的好人。政治上的好人依赖于特定的国家和历史条件，因此必然是相对意义上的好人，而哲学意义上的好人则是绝对意义上的好人，他独立于一切特定的政治历史条件。哲学意义上的好人就是哲人。政治意义上的好人是公民。两者未必一定发生冲突。只有真正的好人才能是真正的好公民。一个真正的好公民也必然是一个真正的好人。可以说，苏格拉底就是好人和好公民的典范。片面强调好人和好公民的对立是错误的。

苏格拉底认为政治技艺不可教，也就是德性不可能像水一样可以从一个杯子倒入另一个杯子。相反，普罗塔戈拉是美德的教师，认为美德是可教的。这样苏格拉底和普罗塔戈拉的对立就突显出来了。

苏格拉底的言外之意是政治的技艺也是一种技艺，正如任何技艺的学习都依赖于学习者的个人天赋，传授政治的技艺也必须考虑学习者的天赋自然。如果学习者没有相应的天赋自然，他就不可能真正掌握这种技艺。所谓“法不轻传”。如果传授者不加区分地传法，最终可能害人害己。所以苏格拉底认为美德不可教的观点隐含着对个人的天赋自然的强调和重视。而智者却不考虑和关心人的天赋自然，而只关心尽可能多地吸引学习者，特别是富家子弟的追随和供养。所以他们认为美德是可教的，学生付费是应该的。这体现了他们对于名利的贪婪。

苏格拉底接下来对美德不可教进行了论证。首先，他认为在公共生活方面美德是不可教的。在涉及某个专业方面的事情时，我们会让专家来做，如果非专业人士也提出自己的看法，会被认为是疯子。但是在政治事务上，随便什么人似乎都可以发表高见，没有人会认为他没有资格发表意见。当然，他这里的不可教是不需要教，或者不需要专门的学习。

苏格拉底的这个观点隐含了对民主制的批判。在民主时代，每个人都可以参与政治事务，每个人似乎都是天生的政治家。相反，苏格拉底认为政治问题也是一种技艺问题。技艺和知识相关，是知识的同义词。把政治问题看作是一种技艺问题，也就意味着把政治和知识结合起来的主题。同样，正如其他技艺不可能所有人都掌握一样，政治技艺也不可能是所有人都能够掌握的。政治技艺是只有极少数人才能掌握的知识。按照柏拉图哲学的主题，真正掌握政治技艺的人只能是哲人王。在《理想国》《政治家》等对话中，都表现了这种观点。这种观点也表现了苏格拉底对政治生活的严肃性和重要性的重视。而在民主制时代，政治问题的重要性和严肃性被大大低估了，政治生活被儿戏化了，人们对待政治是无知而草率的。

其次，苏格拉底认为在私人生活问题方面，美德也是不可教的。他列举了政治家伯利克勒斯的例子。他虽然在政治生活上很优秀，但是在教育儿子上，他要么请老师教育，要么听任儿子们自己去寻找美德，他的儿子最终一事无成。

这里苏格拉底暗示了道德教育和人的自然天性的关系。苏格拉底认为人的自然不同于动物的自然。动物的自然不需要道德教育，人的自然需要道德教育。道德教育是人的自然的完成和实现。没有道德教育，人的自然就无法实现和完善。所以道德教育并不是反人性自然的。这种观点本身就是对智者的观点的批判。智者认为人的天性是不需要道德和法律的，道德和法律是对人性的压抑和束缚，合乎人性的生活就是像动物那样的非道德非政治的生活。但是苏格拉底和柏拉图批判了这种错误观点，提出了“人是政治的动物”“人是理性的动物”的观点。政治生活就是人的自然生活。另一方面，如果认为道德教育能够把所有人都教好，那也是幼稚而愚蠢的。“江山易改，本性难移。”教育只能触及人的自然的微小的一部分，比如大概就是1%，其他冰山下的99%都是教育无法触及的。教育可及的这微小部分就是人性的自然的独特性所在，或者就是人之为人的自然。“人之异于禽兽者几希。”我们唯一能做的就是对人进行道德教育，即使在道德教育方面我们所能做得非常有限，我们也必须努力去做，这是我们人力所能做的唯一工作。否则放任自流或者不教而诛都是违反人性的。

总而言之，苏格拉底关于美德不可教的看法基于他对人性的自然的洞察。人性既需要道德教育，同时道德教育又是有限的。一切教育都只是人为，只是对人性自然的协助和补充。在这个意义上，他认为美德不可教。美德不可教的观点并不是要否定美德教育的必要性和重要性，而是强调道德教育的困难。所以这个观点意味着我们在实际进行教育时必须小心谨慎，必须尽可能做到因材施教，即根据受教育者的自然天性进行针对性的教育，这样才能取得好的效果。如果轻视教育的困难，就会遭到失败。“图难于其易，为大于其细。天下难事，必作于易；天下大事，必作于细。是以圣人终不为大，故能成其大。夫轻诺必寡信，多易必多难。是以圣人犹难之，故终无难矣。”① 所以，苏格拉底才是真正重视教育和认识教育的。相反，智者把人的自然等同于动物的自然，认为道德教育是对人的外部的灌输和强制，这样一来，文明和教育就是对人的自然的压抑和扭曲。所以智者虽然在大谈道德教育，但是他们在内心深处是认为美德不可教的。他们是道德教育上的悲观主义者和虚无主义者。另外，他们也不看重和关心人的自然的差异性，不懂教育的本质，不懂得因材施教的重要性。

### （二）普罗塔戈拉对美德可教的论证

普罗塔戈拉反对苏格拉底的看法，认为美德是可教的。苏格拉底要求他进行证明。普罗塔戈拉的论证的基本精神是道德平等主义，包含了三个方面。

1. 普罗塔戈拉的神学论证

他首先用神话故事进行证明。这个故事的主人公是普罗米修斯和厄琵米修斯。他们是一对性格迥异的兄弟。普罗米修斯

① 《道德经》，第六十三章。

善于思考，机智有远见。厄琵米修斯笨拙且心不在焉，总是事后聪明。普罗塔戈拉说诸神造就万物，到了它们走出洞穴见到光明的时刻，诸神要求他们给万物分配特性和能力。厄琵米修斯主动要求承担这个工作，他以“平等方式”为万物分配了能力和特性，以避免它们任何一种毁灭。但是因为厄琵米修斯的愚蠢，他在把所有能力都分配给野兽后，却忘记了人类，没有什么可以分配给人类了，人类面临灭亡的危险。于是普罗米修斯从天神赫斐斯托和雅典娜那里偷来了火种和其他技艺。人有了这些技艺，得以维持生存。普罗米修斯因此犯了偷窃罪，受到宙斯的惩罚。在此普罗塔戈拉没有提到对普罗米修斯的惩罚。但是人此时还没有政治技艺，政治技艺在宙斯那里，普罗米修斯无法偷来。

我们可以猜测，普罗米修斯象征哲人，勇敢而智慧；厄琵米修斯象征智者，大胆而愚蠢。普罗塔戈拉没有提到或者看到哲人的受难，这表明智者故意掩盖了哲人的无私和高贵，因为智者做不到这一点。普罗塔戈拉的神话强调了智者对于政治世界的统治权。而柏拉图则确立了哲人对于政治世界的统治权，他的全部对话几乎都是服务于这个目的。这就是哲人和智者争夺政治话语权的斗争，其他任何斗争都远远低于这种斗争。这也充分体现了哲人和智者的亲缘性、相似性关系。这种亲缘性的关系在《智者》中也反复进行了揭示。他们都是智慧的人。虽然智者的智慧是可疑的，哲人的智慧是真实的。但是和其他人相比，他们仍然是极为相似的。哲人甚至也会以智者的面目显示自身，所以苏格拉底才被认为也是智者。

普罗塔戈拉继续说，因为人类具有了属神的技艺，所以人成为信奉神的动物。人类凭借技艺发明了语词和名称，发明了衣食住行的各种所需。但这时人类分散居住，没有城邦。虽然人类凭借这些技艺可以生存，但是因为人类没有政治的技艺，也就是说人类仍然处于“自然状态”，并不能够确保人类抵御动物的攻击，也不能消除人和人之间的相互残杀，人类始终处于普遍的“战争状态”，仍然面临灭亡的危险。

对普罗塔戈拉的这段话，我们可以做两个方面的解释。首先，可以和《政治家》中的神话进行比较说明。第一个不同是，普罗塔戈拉认为技艺是属神的，人因为推崇技艺所以才崇拜神，生存、技艺和诸神是联系在一起的。这样他就暗示了人对于神的崇拜是基于生存的需要，而不是基于对理性和高贵的需要，这种观点体现了普罗塔戈拉的无神论倾向，即他对于宗教信仰的无神论解释。这种无神论解释在现代哲学中是司空见惯的。在《政治家》中，异邦人也认为人类的技艺是神的赐予，但是人对于神的崇拜是基于对理性和高贵的需要。神是纯粹理性的象征。第二个不同是，普罗塔戈拉认为技艺是从神那里偷来的，因此是不义的。而在《政治家》中，技艺是神主动赐予人类的，因此是正义的。这表现了人类和诸神的不同关系。在普罗塔戈拉的神话中，诸神和人类是对抗性的战争性的，这种战争性也是人和人的战争性的一种形式。而在《政治家》中诸神和人类的关系是和睦的、亲密的。第三个不同是，普罗塔戈拉的神话中没有黄金时代，也就是一个在神的统治下的无忧无虑的时代。人类一开始就处于相互厮杀的战争状态，并且一开始就依赖各种技艺和发明而生存。而在《政治家》中，柏拉图表明人类生活的开端是黄金时代，在黄金时代不需要技艺，技艺是人脱离了神的照管的替代物，技艺和生存的痛苦相连，因此技艺不是最高贵的，依赖技艺的生活并不是美好的。这就暗含了对作为人为之物的技艺的贬低。这种贬低恰恰是智慧的体现。因为智慧是对自然的认识，真正的智慧就是对人为之物的扬弃和对自然的复归，所以对技艺的贬低也是对自然的推崇所要求的，是对“自然高于人为”的揭示。正如老子所说：“不尚贤，使民不争；不贵难得之货，使民不为盗；不见可欲，使民心不乱。是以圣人之治，虚其心，实其腹，弱其志，强其骨。常使民无知无欲，使夫智者不敢为也。为无为，则无不为。”① 而普罗塔戈拉否定了黄金时代，这样对于技艺的推崇和依赖就是不可避免的。我们越是信赖技艺，就越是忽视德性和智慧，最终必然陷入对文明、技术进步的信仰。对技术的要求和期待越高，对人性的要求和期待就越低。这样可能逐渐导致对人性的蔑视和人性的堕落。而堕落了的人性则不可能掌握他发明的技术，最终被技艺所奴役和败坏。正如《欧绪德谟》中指出的，制造的技艺是一回事，使用的技艺又是一回事。

其次，普罗塔戈拉的神话肯定了一种前政治状态的自然状态。这种自然状态理论和霍布斯的自然状态理论几乎是完全一致的。第一，普罗塔戈拉的神话表明人的自然是非道德的非政治的。人在具有政治技艺之前就已经具有其他技艺，这就意味着人在组成政治社会之前就已经是人了，政治生活并不是人的本性所必需的。霍布斯同样强调在人进入政治生活之前，就已经是一个自然人了。第二，在普罗塔戈拉看来，自然状态就是战争状态，不但是人和人的斗争，还包括人和动物的斗争。这样，政治技艺就被看作是消除人和动物、人和人的斗争的技

① 《道德经》，第三章。

艺，因此政治的技艺就是关于和平的技艺，而战争技艺则是政治技艺的核心部分。这样一来，政治的目的就是划分敌友，政治的最高目的就是实现和平。而在古典政治哲人看来，政治的技艺是为了更加高尚的生活，而不是为了和平或者战争，和平只是人类获得高贵生活的条件，而不是最终目的。因此普罗塔戈拉的这种思维方式仍然是以战争需要来思考政治生活的本质，体现了普罗塔戈拉的政治观和斯巴达政治观的相似之处。这也成为后面苏格拉底探讨斯巴达政治的伏笔。同样，在近现代以来的政治哲学思路例如霍布斯的政治哲学中，自然状态等同于战争状态，政治技艺的目的就是消除战争，维护和平，政治生活的更高目标被否定了。可以说，普罗塔戈拉是马基雅维里和霍布斯等现代哲人的真正老师。近现代哲学的主要论点几乎都可以在古希腊智者哲学中找到。近现代哲学和古希腊智者哲学具有很大的相似性和亲缘性。

普罗塔戈拉继续说，宙斯因为担心人类的灭亡，就吩咐赫尔墨斯把羞耻感和公正之类的政治技艺给予人类。赫尔墨斯问宙斯应该按照什么方式分配这两种德性，是只给少数人还是给所有人，普罗塔戈拉认为宙斯会把这两种德性给予所有人，如果只有少数人获得这两种德性，那么城邦就不会产生。宙斯还下令，凡是没有能力获得这两种德性的人都一律被处死。

在这段话中，普罗塔戈拉似乎认为羞耻感和公正就足以维护城邦或者人类的和平，所以他在这里更没有提到节制和智慧。羞耻感接近于勇敢，“知耻近乎勇”。这也表明普罗塔戈拉仍然把政治德性主要理解为勇敢，这种对政治德性的理解和荷马的政治美德观是一致的，也和《会饮》中阿里斯托芬对政治德性的理解是一致的。应该说，这种对政治德性的理解是狭隘的、片面的。但是羞耻感并不等于勇敢，只有出于智慧的勇敢才是真正的勇敢，这是后面苏格拉底将要论证的主题。其次，我们还看到，普罗塔戈拉已经开始简化政治生活的道德划分和道德需要。也就是说，在传统的等级制社会中，德性是按照人的不同等级而划分的，所以存在各种德性。但是在民主制社会中，由于个人主义和平等主义的观点占据主导地位，人的等级身份逐渐被忽略了，所以人类的德性也不需要分为很多类型和方面。这种对道德划分的简化在霍布斯和康德哲学中获得了更进一步的表达。

总而言之，普罗塔戈拉通过神话的方式论证了政治美德和政治技艺是所有人都具有的。虽然其他技艺只有少数人具有，但是政治技艺或者美德却是人人都具有的，人们聚在一起商讨政治问题，每个人都可以参与政治，否则城邦政治生活就不会存在。这可以说是普罗塔戈拉为美德可教和民主制进行的神学辩护，其神学论证的基本精神就是平等主义。平等主义是民主制政治生活的基础和前提。认为美德是可教的就意味着人和人的自然是平等的，因此民主制是正当的、合理的。相反，认为美德是不可教的就意味着人和人的自然是不平等的，因此民主制是不正当的、不合理的。由此可见，苏格拉底和普罗塔戈拉关于美德是不是可教的问题最终涉及民主制的正当性问题。我们应该看到他们的论争中的政治含义。

2. 普罗塔戈拉的理论证明

这段证明表明了他关于道德政治和人的自然天性的关系的看法。他认为在日常生活中，虽然一个人可能在其他方面有各种缺点，例如撒谎等，但是他在思考政治问题时仍然会比较公正，人们仍然会认真听取他的意见。所以，他认为一点政治美德都没有的人是不存在的。他进一步指出，虽然人人都具有政治美德，但是政治美德并不是天生的，而是后天教育的结果。人们不会对先天的生理缺陷进行惩罚或者责骂，因为这是自然的，和个人的后天教育没有关系。如果一个人在道德上有缺陷，就会招来责骂训斥。他提到了两种主要的坏品质即不正派和不规矩。人们通过惩罚的方式使他们能够在道德上变好。这意味着在他看来，教育的主要方式就是惩罚。普罗塔戈拉之所以把教育看作是惩罚，就在于他认为人的自然是反道德反文明的，所以对人的道德教育就是外部的灌输和强制，不是人的本性自然所需要的。他的所谓的“美德可教”是以惩罚为基础的。道德教育只能是“规训和惩罚”。所以他在后面反复提到了惩罚，并且为惩罚辩护。这类似于我们日常生活中经常提到的“棍棒底下出孝子”的观点。或者说，智者的观点就非常接近“法家”的立场。

由此可见，普罗塔戈拉的教育观奠基于文明和自然的对立，把人的自然和动物的自然等同起来了。因此智者并不真正理解道德教育的意义，教育被片面地理解为对人性的“规训与惩罚”，而不是对人的自然的形成和完善。他不能理解人的自然的独特性，也就不能理解自然本身的整体性和异质性。古典哲人认为人是天生的政治动物，在政治生活之外根本不存在人的自然，政治或者道德文明就是人的自然的独特性。因此教育是人的自然的完善，是人性的自然所需要的。道德教育是人的自然的养成的必要手段，惩罚只能是教育的辅助手段，是“不得已而为之”的手段。在《法律篇》中，柏拉图曾经把制定刑罚看作是立法者和政治家的失败。孔子也认为：“不教而杀谓之虐；不戒视成谓之暴；慢令致期谓之贼；犹之与人也，出纳之吝，谓之有司。”① 这里仍然体现了哲人和智者关于自然和文明的看法上的对立。

3. 优秀人的困惑

普罗塔戈拉接下来说明优秀人的困惑，即为什么他们要么依靠其他老师，要么束手无策，不能把自己的优秀传递给他们的儿子。他认为人人都分有美德，美德是“一个”东西。在这里，他又提到了节制和虔诚两种德性。他认为优秀的人也会教育自己的儿子。他首先列举了教育的三个阶段。即在学龄前阶段，人们都会教育孩子什么是对，什么是错等。后来他们去学校接受教育，学习文法、音乐和体育等课程，以养成良好的习惯、节律、体魄和心志等。最后他们进入政治生活，按照法律进行统治和被统治，而不是凭借自己的喜好而生活。所以不论在私人生活还是公共生活方面，人人都致力于美德。至于优秀的人为什么不能教育出优秀的儿子，他被迫诉诸个人的自然天赋。如果他们有好的自然天赋，就可能成为优秀的人。普罗塔戈拉还不得不狡辩地认为和其他人相比，他们的儿子其实已经很优秀了。

我们应该指出，如果他承认优秀的人的儿子很优秀，超出了一般人，那么他就应该否定自己的平等主义立场。如果他要坚持彻底的平等主义，他就不能承认有的人优秀，有的人不优秀，他应该承认所有人都同样优秀或者不优秀。但是他没有意识到自己的这个论证中的自相矛盾。而苏格拉底之所以讨论这个问题，其目的是强调个人的自然天性的个体差异性。这种自然差异性必然表现为自然的不平等性，即差异性总是意味着有

① 《论语·尧曰》。

的人的自然好些，有的人的自然坏些。这种自然的好坏差异性就会表现为每个人接受教育的能力是不同的。对于天赋较好的人可以进行较高层次的教育，对于天赋较低的人则难以进行教育。这种自然上的不平等是不可能通过文明上的平等消除的。子曰："唯上知与下愚不移。"① 教育的结果取决于学习者对于教育活动的接受意愿和接受程度。只有那些自愿接受美德教育的人才能被通过教育被塑造。子曰："中人以上，可以语上也；中人以下，不可以语上也。"② 这也意味着一切教育归根到底是"自我教育"。只有学习者自觉自愿地接受美德教育，才能真正做到"化性起伪""变化气质"，否则再多教育也是无用。因此，人为的教育只是促成自然，不可能改变自然。但是普罗塔戈拉根本不关心个体的这种自然差异性，他关心的是如何更大范围地进行他的教育，以便能够赚到更多的金钱。

普罗塔戈拉接下来说，人人都致力于美德，每个人都是美德的专家，所以每个人都是美德的教师。但是当智者把自己看作是美德教师时，在他的理论和他的实践之间就陷入了逻辑矛盾。③ 也就是说，按照普罗塔戈拉的平等主义理论，他必须承认人人都是美德的教师，这就意味着没有人是美德的教师，因此美德是不可教的。但是如果他承认美德不可教，那么他收费教学就是不合理的，所以他必须坚持美德是可教的。如果他坚

---

① 《论语·阳货》。

② 《论语·雍也》。

③ 在施特劳斯看来，智者的实践否定了智者的理论。智者的理论是民主政治，但是智者的实践最终推动了寡头政治。因为智者贪恋财富，他们希望收取更多的学费，因此智者在授课中并不看重学生的自然，而是关注学生的学费。这样只有富人的子弟才能接受教育，富人子弟更有可能参与政治掌握权力。所以他们的政治实践实际上颠覆了民主制，而推动了寡头制。

持美德是可教的，那么他就肯定自己在美德问题上比其他人更优秀和高等，这样他就违背了他的平等主义理论。普罗塔戈拉对自己的平等主义中蕴含的这个矛盾茫然无知。苏格拉底就要揭示他的这种平等主义中蕴含的逻辑悖论。而苏格拉底对美德不可教的论证目的是要揭示被智者所忽略的“人的自然及其差异性”。如果我们对人的自然一无所知，我们就不可能实行真正的美德教育。

我们可以把普罗塔戈拉的这种美德可教的观点称为习俗主义的美德观。也就是说，他认为人的自然是反道德反习俗的，美德只是一种后天灌输和强加的习俗，没有一种自然的基础。

## 四、从存在和生成的角度探讨“美德就是智慧”

苏格拉底似乎完全被普罗塔戈拉的话迷住了，仿佛陷入了如痴如醉的失神状态。这暗示了普罗塔戈拉的言辞或者长篇大论的魅惑性。苏格拉底当然不会被迷惑，但是其他人却完全可能被迷惑。他反讽地承认自己现在相信美德是可教的，但他又表示自己还有个小问题需要解答一下。

他首先提到了演说家的通病，即他们要么像书本一样既不能解答问题，也不能反躬自问，要么像个铜盆一样，一旦被敲一下就响个不停，说个没完没了。在他看来这些都不是正确的对话方式，真正的对话必须是言简意赅又能问答辩难，这样才能触及并且塑造人的灵魂。这就是苏格拉底推崇的辩证法或者助产术。哲学辩证法是因材施教、因势利导的方法，它总是根据对话者的个人灵魂及其问题进行问答。因此辩证法是哲学的根本，对辩证法的维护就是对哲学的维护。演说术和辩证法的对立是哲人和智者的对立的重要方面。

### (一) 美德是“一”还是“多”

如果前面的对话揭示和批判的是普罗塔戈拉的平等主义和习俗主义，下面的对话揭示和批判的就是普罗塔戈拉的相对主义。

苏格拉底问普罗塔戈拉美德是不是“一个”东西。因为普罗塔戈拉提到了公正、节制、虔诚和羞耻感，它们都被看作是美德，但是它们却有不同的名称。如果它们是一个东西，那么它们为什么有不同的名称。或者说，如果它们是相同的东西，那么它们之间的共同点是什么。

苏格拉底对于美德的共同点的追问同样是对“美德是知识”的暗示。在他看来，智慧或者知识是美德的本质共同点，只有出于智慧或者知识的美德才是真正的美德。如果没有智慧，就没有美德。这是苏格拉底对美德和智慧的关系的深刻洞见。但是普罗塔戈拉没有看到美德和知识的关系。在他看来，美德就是意见或者习俗，而意见或者习俗是和人的自然天性对立的，所以美德本质上是对人性的自然的压抑和束缚。因此他是敌视美德、习俗和智慧的。

普罗塔戈拉首先认为美德是一个整体。各种不同的美德构成了美德的整体，它们都是美德的部分，它们之间是互不相同的，就像人的脸上的器官一样互不相同。苏格拉底指出，如果美德是这样的，那就意味着一个人可能拥有其中一种美德，而不一定同时拥有其他美德，例如有的人公正却不勇敢，有的人公正却不智慧等。于是苏格拉底逐一考察各个美德的特性。他的目的旨在揭示，既然美德各不相同，它们就不能相互分有，因此公正就是公正，虔诚就是虔诚。进一步的推理就是，公正可能不虔诚，虔诚可能不公正。但是这个推论结果就显得很荒谬。

苏格拉底要求考察各个美德之间的共同点和相似性。这个推论的结果似乎也很奇怪，即我们必须承认公正就是虔诚，虔诚就是公正等。这样一来美德之间的差异性又消失了。普罗塔戈拉不同意把各个美德等同起来，但是他似乎也没有兴趣反驳苏格拉底的观点，因此表示了赞同。苏格拉底认为他不能这样含糊其辞，于是普罗塔戈拉就开始为美德的相似性进行辩护，发表了一番演讲，大意是任何东西都具有相似性，所有东西都是相互一样的，即使看起来极端相反的东西也彼此相似，所以美德之间也是彼此相似的。

这是普罗塔戈拉对美德的相似性的辩护，这种辩护是智者的相对主义的典型表现。这种相对主义也表现为“人是万物的尺度”的个人主义和主观主义的观点。这种相对主义类似于自然哲人的“一切是一”的观点①，它看到了事物的相似性的一面，却抹杀了事物的本质差异性，使人的头脑陷入混乱，却还自以为是、自鸣得意。柏拉图的理念论就是反对智者的这种相对主义的科学，他坚持事物的本质差异性，认为我们必须从尊重和认识这种差异性开始，达到对于事物的本质理念的精确认识，当然，我们最终还必须超越这种差异性，而返回和达到绝

① 我们要记住，智者是自然哲人的学生，智者只是把自然哲人的理论运用到人类政治生活之中。

对的同一性。在柏拉图看来，“一切是一”的命题必须通过理念论的补充才能成为真正严格的科学。而相对主义则是一种非常恶劣的思维方式，只能导致对一切严格科学的真理性的否定。

针对普罗塔戈拉展示的相对主义理论，苏格拉底展开了进一步的批判。他开始考察审慎和智慧。通过一系列盘问，他得出任何事物的对立面只有一个，如果智慧和审慎都和愚昧相对立，那么智慧和审慎就是一回事，这就否定了普罗塔戈拉一开始关于美德各不相同的观点。苏格拉底接下来又考察审慎和不义的关系。如果审慎只是考虑周全，那么审慎同样可以用于做坏事，这样审慎就不能被称为美德。由此苏格拉底暗示审慎并不是智慧，因为智慧作为德性不可能做任何坏事，智慧不可能和不义结合。

这里苏格拉底似乎在暗示普罗塔戈拉对于财富和名誉的欲望是不义的。因为普罗塔戈拉一开始曾经说明自己公开承认自己的智者身份更加审慎。但是他的审慎不过是为了满足自己的欲望，骗取别人的钱财和赞美。所以这种审慎并不是美德。而且欲望或者钱财并不一定是好东西，可能给人带来伤害，追求钱财和名声并不是智慧。真正的智慧是对好东西的追求，它不可能给人带来任何伤害。这里苏格拉底暗示了智者的利己主义的动机和行为的不义。

所以，当苏格拉底问普罗塔戈拉，好东西是不是就是有用的东西时，他意识到自己不义的尾巴被苏格拉底抓住了，或者他开始感到理屈词穷的窘迫。他变得很恼火，辩解说即使一些东西没有用处，也可以称为好东西。面对普罗塔戈拉的恼火，苏格拉底变得小心翼翼，继续追问，所谓的“没利”是指对人而言没利，还是它自己本来就没利。普罗塔戈拉气急败坏地发表了一大段关于“好”的言论。他的基本意思是认为没有绝对意义上的好。有些东西对人有利，有些没利，有些既谈不上有利也谈不上没利，有些对人有利，有些对马或者其他什么有利。总而言之，“好是某种相当复杂、种类繁多的东西。”①

苏格拉底的这个问题是对至善或者绝对意义上的好的暗示。他认为如果一切好坏都是相对于人的，或者相当于个人的主观感觉和判断的，那么就没有绝对意义上的好坏。如果不存在绝对意义上的好坏，那么人们就不可避免地陷入道德上的相对主义和虚无主义。这必然危害政治生活和哲学生活。而普罗塔戈拉对绝对意义上的善好的否定也就表明了他的主观主义和利己主义的思想实质。他实际上认为利益或者财富才是真正的好东西，道德不过是无用的或者骗人的，是人们用来掩盖自己追求利益的工具。因此普罗塔戈拉的这番言论仍然是道德的相对主义和虚无主义的观点。苏格拉底和柏拉图都试图确立绝对意义上的善。这种绝对的善并不依赖于人们的主观的感觉或者判断，是一切相对意义上的善的最终标准。人们的主观意义上的善必须在这种绝对意义上的善面前进行考察。可以说，柏拉图的理念论和至善论就是试图确立绝对的、自在的善，其目的旨在克服道德的相对主义和虚无主义。

苏格拉底还试图证明美德和利益的一致性。他认为美德才是真正的利益，没有美德的利益并不是利益。例如人们都追求名利，但是名利并不一定给人带来幸福，也可能给人带来伤害。《理想国》甚至柏拉图的全部对话都是在确立美德和利益的一致性。这种一致性是证明“绝对的至善”所必需的，也是

① 柏拉图：《普罗塔戈拉》，334b。

苏格拉底的“严格的道德科学”的根本观点。可以说，相对主义和功利主义是相互依存的，都是对严格的道德科学的否定。否定了绝对真理，否定了哲学科学的可能性，人们探究真理的欲望就消失了，这样人们就必然转向实践上的功利主义和享乐主义，这种功利主义和享乐主义则进一步否定了哲学科学的可能性。智者一方面是美德理论的教师，一方面是利己主义的实践者，所以智者的言行是自相矛盾的，是投机主义者的典型。因此，要克服实践上的享乐主义和功利主义，必须克服理论上的相对主义。要克服理论上的相对主义，必须建立绝对主义的严格科学。这种绝对主义的理论科学就是理念论。柏拉图的理念论就是要证明某种至善的存在。只有坚持存在绝对的好，才能维护美德的原则。

总而言之，美德是“一”还是“多”的问题关系到“美德是知识”还是“美德是意见”的问题。如果美德是“一”，那就意味着“美德是知识”；如果美德是“多”，那么“美德是意见”。但是意见也最终来源于知识，是对知识的模仿和分有，或者是知识的不完美形式。所以美德根本不是意见，美德归根到底是知识。“美德就是知识”的观点表明，知识使美德成为美德。哲人才有知识，俗人只有意见。这意味着只有哲人才真正具有美德，俗人的美德都是因袭的或者被迫的。在《斐多》中，柏拉图也明确表明了这种观点。

### （二）美德和言辞的关系

普罗塔戈拉的言论赢得了满堂彩，这表明相对主义观点具有很大的煽动性和迷惑性。苏格拉底又一次表现得不知所措，他表示自己记性不好，不适合这种长篇大论，而普罗塔戈拉则能长能短，因此发言应该尽可能简短些。普罗塔戈拉不接受苏格拉底的这种要求。苏格拉底看到普罗塔戈拉顽劣傲慢、不服管教，于是决定退出对话。卡利阿斯则拉住苏格拉底，要求继续辩论。阿尔喀比亚德站在苏格拉底一边，要求普罗塔戈拉不能躲躲闪闪地不回答问题。普罗狄科认为应该继续讨论，不要争吵。希琵阿斯则提出折中的方案，建议苏格拉底不要固执于简洁的方式，普罗塔戈拉也不要总是长篇大论，“漂入言辞的海洋”，所以最好选举一个监督人，监督双方的言辞。但是苏格拉底反对这种方法。他认为如果监督人和双方水平相当，就没有必要。如果比双方还差，就不能起到监督作用。如果高于双方，特别是高于普罗塔戈拉，那么就是对普罗塔戈拉的不尊敬。所以他建议由普罗塔戈拉提问，他来回答；之后再反过来，他提问，普罗塔戈拉回答。大家一致赞同了苏格拉底的这个方法。普罗塔戈拉被迫接受了这种提议。哲人暂时驯服了智者。

这段插曲仍然涉及哲人和智者的不同言说方式。那么它和关于美德的探讨有什么关系呢？这涉及我们如何理解言辞和美德的关系。第一，一个能言善辩的人往往是虚荣的人，他们试图通过语词获得他人的认可和崇拜。一个受到虚荣心支配的人不可能真正追求真理。第二，一个喜欢在言辞上战胜别人的人是不仁厚的。如果他不能在语言交流上尊重他人，他也不可能在其他行动上尊重他人。同样，一个在言辞上不能节制的人，在行为和思想上也是不能节制的。所以古代人强调“谨言慎行”，通过观察一个人对于言辞的控制力就可以看出这个人的德性。第三，如果一个人说话的目的是为了迎合和讨好他人，这表明此人并不尊重事实和真理，必定心思奸猾，品性低劣，不可信任。孔子对能言善辩之人也持贬低的态度，“巧言令色鲜矣仁”，而“刚毅木讷近乎仁”。老子也说：“信言不美，美言不信。善者不辩，辩者不善。知者不博，博者不知。”① 第四，能言善辩之人往往认为掌握了语言就是掌握了事实，控制了语言就是控制了世界。他们对真正的事实本身其实是茫然无知的。因为语言不是事实，把握语言并不就是把握事实。语言只是我们交流并且获得知识的工具，真正的知识不是能够通过语言可以传达的。所以庄子强调“得意忘言”。如果我们仅仅局限在语言中，我们就永远不可能获得智慧。

通过这段插曲，在言说秩序混乱的状态下，柏拉图让每个人都表现自己的言辞，借此展示了每个人的德性。普罗塔戈拉不能节制自己的演说欲，他也就不能节制自己的其他欲望，他就必然是一个放纵之人。苏格拉底的节制暗示了他的知识和美德，而普罗塔戈拉的不能节制则暗示了他的无知和无德。苏格拉底能够在言辞上节制自己，所以他就能够在其他行为上也节制自己。节制本身就是知识的表现，不能节制则是无知的表现。所以这段插曲最终展示的还是美德和知识的关系问题，言辞正如行动都会透露一个人的德性修养。

### （三）美德的获得（to become）和保持（to be）

普罗塔戈拉试图通过西蒙尼德的叙事诗说明他对于美德问题的理解。他认为一个人的教育就体现在他能够区分好诗和坏

---

① 《道德经》，第八十一章。

诗，并且能够对诗歌进行解析。他要通过展示自己对古诗的解读能力，证明自己有能力做美德的教师，挽救在苏格拉底的攻击下的失败。

我们首先要知道，西蒙尼德是公元前6—5世纪的诗人，但是至少在这篇对话中，我们不能把他理解为诗人，而是应该把他理解为一个智者。正如普罗塔戈拉说的，他是以诗人的身份隐藏自己。而且按照 Frédérique Idefonse 本的注释，据 M. Detienne 的考证，他是第一个收费教学的人。同时，我们必须把七贤之一的匹塔科斯理解为哲人，他的公开身份是公元前7世纪勒斯波岛上米蒂利尼的行政官。这样我们就能够把西蒙尼德和匹塔科斯的论争和这篇对话联系起来，把他们的论争看作是哲人和智者的论争。

智者普罗塔戈拉喜欢表现自己的学识和才华，认为自己发现了西蒙尼德这首诗中的矛盾。诗开头说“成为（to become）一个好人很难”。但是，接下来西蒙尼德却反对匹塔科斯的同样的说法，即“做（to be）一个好人很难”。普罗塔戈拉对自己的这个发现自鸣得意，听众也都钦佩欢呼。苏格拉底也似乎感到不知所措，于是他求助于修辞学大师普罗狄科，让他分析“成为”（to become）和“做”（to be）是不是一回事，普罗狄科认为两者不是一回事。据此，苏格拉底认为西蒙尼德并不自相矛盾。于是苏格拉底要求对这首诗进行解读。

苏格拉底首先提到了斯巴达（拉克岱蒙）的政治美德传统。他说爱智慧在希腊十分古老和盛行，在斯巴达和克里特尤其如此。斯巴达的有智慧者最多，因为他们害怕其他人也学习智慧，所以他们不承认自己的智慧，而是隐藏自己的智慧，只是“显得”在“勇敢”方面出类拔萃。当他们要进行智慧的讨论时就下逐客令，让外国人都离开。他们也不允许年轻人去国外，以免使他们的心智受到干扰。所以苏格拉底认为斯巴达人接受了最好的教育，他们懂得哲学和言说，虽然他们都显得不善言辞，却一语中的。言辞简洁精炼是智慧的表现。他认为那些盲目崇拜斯巴达的人只看到了斯巴达表现出来的勇敢，并且疯狂地模仿这种勇敢，而没有看到斯巴达的真正智慧。他认为像泰勒斯、匹塔科斯、梭伦等人才是斯巴达教育的真正追随者，他们都仰慕斯巴达的智慧，而不是斯巴达的勇敢。因此，他们在德尔斐神庙的石碑上刻下了“认识你自己”和“凡事勿过度”的格言。

我们应该如何理解苏格拉底的这段话呢？首先，我们一般认为斯巴达是以尚武或者勇敢著称的，几乎没有人承认斯巴达有智慧。但是苏格拉底却强调了斯巴达的智慧，而不是勇敢。因为在他看来，喀莱古士的立法似乎相当成功，使得斯巴达成为希腊各城邦中的佼佼者。立法的成败和智慧的高低相关，这种成功的立法就是富有智慧的使用和表现。所以苏格拉底认为斯巴达的真正成功在于它的智慧和立法，而不是勇敢。斯巴达的内在的美德是智慧，勇敢只是外在的美德。和勇敢相比，智慧才是更为重要的美德。据此，我们可以理解，在《法律篇》《理想国》中，柏拉图都表现了对斯巴达的一定程度的尊重和推崇。这种推崇是对斯巴达的法律和道德传统的推崇，也就是对其立法者的推崇。柏拉图提示我们要把对斯巴达的注意力从勇敢转向其智慧。其次，这段话还是对普罗塔戈拉的揭露和告诫。因为普罗塔戈拉一开始表明自己不再隐藏智者身份，而是公开传授美德。他似乎把这种转变理解为一种勇敢。苏格拉底则以斯巴达的历史经验驳斥了普罗塔戈拉的这种勇敢和傲慢。

因为正如斯巴达的政治显示的，真正的勇敢来自智慧，没有智慧就没有勇敢。由此普罗塔戈拉的自我公开只是大胆，而不是勇敢。进而言之，即使是真正的勇敢也不值得炫耀，我们知道，在柏拉图的四主德中，勇敢排名最低。所以真正值得推崇的是智慧，而不是勇敢。

接下来，苏格拉底直接提到了匹塔科斯的“私下里”流行的说法即“做（to be）好人太难”，也就是“保持”美德很难。如何理解匹塔科斯的这种说法呢？在他看来，随着时间的流逝，斯巴达的智慧逐渐消失了，只保留下了勇敢，斯巴达成了一个单纯尚武的城邦。在这个勇敢的城邦中，各种恶劣的行径如贪婪、放纵等也屡见不鲜。因此匹塔科斯感叹斯巴达古风的衰落，斯巴达已经不再是以前智勇双全的斯巴达，对斯巴达进行了含蓄的批评。匹塔科斯的话意味着，出现一个有智慧的立法者是容易的，一个有智慧的立法者创建一种优秀的政治制度也是容易的，但是要把这种政治习俗传统长久保持下去是困难的。随着智慧之人的死去，随着各种条件的改变，随着人们对于传统的熟悉和麻木，人们对于政治习俗传统的敬畏和遵守就会降低，这些政治美德的意义就会被逐渐遗忘，这样一种优秀的政治美德的衰落就是不可避免的。因此，匹塔科斯认为获得（to become）智慧是相对容易的，而长久保持（to be）美德则更难。

苏格拉底认为匹塔科斯说出了一个事实和真理，而诗人西蒙尼德写这首诗的目的是出于智者的虚荣心。西蒙尼德认为如果他能够成功地批判匹塔科斯，他就能够睥睨当世，扬名立万。所以他为了出名，就写作了这首诗。批评名人才容易成为名人。于是苏格拉底按照这个思路来解释西蒙尼德的这首诗。

这首诗的大意是获得（to become）美德更难。西蒙尼德认为与保持美德相比，获得美德更难。人总是受到外界环境的逼迫，去偶然做点坏事也没有什么。坏人责备和背叛自己的父母或者祖国也没有什么大不了。他也承认自己会被迫称赞僭主。虽然好人不会责备自己的父母和祖国，而是替他们隐瞒过错。他还认为如果人已经获得了美德，他就能够很容易地保持这点美德。所以与哲人称赞完美的人相反，他宁可称赞那些不完美的普普通通的俗人。他攻击匹塔科斯是认为匹塔科斯说的不是真理，而匹塔科斯却认为自己在说真理。所以他说："你瞧，一切都美着哩，并没有掺杂丑的东西。"

我们应该把他们之间的分歧看作是哲人和智者的分歧。

1. 从哲学概念的角度看

保持（to be）对应的哲学概念是存在，而获得（to become）对应的哲学概念是生成。关于美德的获得和保持的关系问题也就是存在和生成的关系问题。我们知道，哲人和智者的斗争就是关于存在（to be）和生成（to become）的斗争。哲人是存在的支持者，智者则是生成的支持者。哲人推崇存在，所以推崇保持和不变。智者推崇生成，所以推崇获得和变化。存在高于生成，知识高于意见，所以保持高于获得，保持美德比获得美德更难。因为知识就是关于存在的认识，意见则是关于生成的认识。所以存在和生成的斗争也就是知识和意见的斗争。正如柏拉图在《克拉底鲁》《泰阿泰德》中曾经反复提到的这场斗争一样。在这篇对话中，这种斗争也在进行和发展。例如普罗塔戈拉的"人是万物的尺度"的观点就是对生成的辩护，对于生成的推崇导致他最终必然否定一切知识，只承认意见的真实性。这样他就认为美德只是意见或者习俗，美德和生成相关。哲人则认为美德和存在相关，和知识相关。这就意味着美德的获得和保持的问题仍然涉及美德是知识还是意见的问题。“保持美德更难”是和“美德是知识”的问题结合在一起的，而“获得美德更难”的观点是和“美德是意见”的观点结合在一起的，这是存在与生成的斗争在道德问题领域上的表现。

2. 对人性完美性的不同认识

智者西蒙尼德的意思是认为人无完人，不要对人有太高的道德要求，不要妄图去寻找或者成为完人，而是要安于人性的不完美。人不可能战胜欲望，人受到欲望的支配而犯错也不必过于大惊小怪。对于较高德性的追求特别是对于哲学智慧的追求是不可能的，我们应该满足于这种较低水平的道德。可见，他把道德标准降低到普通人可以达到和接受的程度，为民主制准备了思想基础。西蒙尼德的这首诗是支持民主制、讨好民众的诗，反映了智者的平等主义。这种平等主义表现为智者对民众的生活方式和传统意见的无条件认同。所以智者是平庸的人，他们迎合民众，支持政治上的民主主义。同时他们的平等主义也反映了他们对人性的悲观主义。他们不相信人性的完美的可能性。也就是说，智者的平等主义来自于对更高美德和人性完善的怀疑和否定。这种怀疑和否定的根源在于智者对哲学的否定。他们不相信理性的力量，他们对崇高的道德缺乏信心，不相信理性节制欲望和激情的力量，而满足于现实的道德水平。所以智者否定真理，没有理想，没有原则。

而哲人是人性的乐观主义者，表现了对人性的完美性的崇高信念。他们相信理性的力量，坚持真理的可能性，保持了对于真理的狂热追求。哲人认为总有可能有人能够完全以理性决定自己的欲望和激情，可以超越政治环境的支配，决定自己的行为，从而达到智慧和德性的完美境界。所以完人的可能性是始终存在的，因为自然的可能性是无限的。可以说，哲人就是完人的化身，可以同时具有所有美德。因为他拥有智慧，而智慧是一切美德之母，拥有智慧就会拥有一切美德。其他人几乎不可能同时具有所有美德，甚至根本不具有任何美德。可以说，柏拉图的全部对话都是在确立一个完美的哲人的理想形象。我们不能因为现实生活中没有发现完美的人，就否定完美的人的可能性，正如在《理想国》中他关于理想国的设想一样。这种对于真理和完人的理想出于哲人的理性化的想象力。这种理性化的想象力是和知识智慧结合在一起的，是真正的想象力。那种天马行空般的想象力并不是想象力，而是无知的妄想。所以哲人必然同时是精英主义和乐观主义的。

3. 对美德概念的不同理解

哲人认为美德的本质在于智慧，只有出于智慧的美德才是真正的美德。因为真正美德是出于对善的理性认识。哲人在行为上合乎道德规范不是出于利己的动机，而是出于心甘情愿地自觉自律的认识。人是向善的动物，如果人们真正知道了善，就必然能够按照善的原则行动。人们之所以在行动上违背理性和道德，原因在于他们并不是知道什么是真正的善，但是他们却自以为知道什么是善。人们总是在追求他认为的善，但是他们认为的善并不是真正的善，他们把善的事物和善本身等同起来，可以说他们的一切痛苦和不幸都是来自自己的这种无知，必须为自己的无知受到惩罚。总而言之，人们的知行分裂的根源在于无知。从这个意义上看，知比行更难。

智者对美德的理解是外在的，表面的，习俗性的。他们没有看到美德的哲学智慧的基础，仅仅把美德看作是政治习俗和外在行为规范，只是在行动实践的意义上理解美德。他们并不关心人们在行为上遵守道德规范的内在动机，所以他们认为获得美德是困难的，即教育人们养成良好的道德习惯是困难的。而只要一个人在行为上合乎道德规范，接下来的保持美德就容易了，这就是所谓的“习惯成自然”。哲人认为仅仅在外在行为上合乎道德习俗规范是容易的。即所谓获得美德是容易的。但是，如果要真正拥有智慧，由此保持美德，就是非常困难的，因为美德以智慧为根本和前提。而要获得智慧，必须经过艰苦的训练才是可能的。所以自古以来真正拥有智慧和美德是极其稀少的。所以他们的分歧反映了哲人和智者对美德的不同理解。

4. 对自然和习俗的关系的不同理解

智者把人性的自然和动物的自然等同起来，认为美德是一种从外部的灌输和强制，道德和法律等都是对人性的束缚和压抑。这当然意味着获得美德更难。这种对自然和习俗的割裂导致智者思想的自相矛盾。他们对人的习俗和文明保持一种激进的反对和否定的态度。所以我们可以把智者称为是自然主义者。但是智者在对人的自然失望之际，就会立刻变为习俗主义，即认为可以对人进行随意地教育和塑造，而不必顾及人的自然，转向对人的自然的漠视。当智者倾向于习俗主义的时候，他们就又转变为保守主义，即他将反对一切对传统习俗的反思和改革，而片面地推崇对于传统习俗的维护，成为传统道德观念的维护者和支持者。这样智者在实践上始终是激进主义的。他们教授的各种新思想以及对于自然和习俗的区分都是反传统的。这体现了智者哲学中的自相矛盾。所以智者的自然主义、习俗主义和保守主义归根到底是一回事，其根源都在于没有正确理解人性的自然和道德习俗的关系。

而哲人认为人是政治的动物，人的政治习俗的生活就是合乎自然的，人性的自然需要政治美德和法律的教育和完善。或者说，人的自然必须在文明教育中才能从潜能转变为现实。好的教育造成好的现实，坏的教育造成坏的现实。文明和自然并不是对立的，文明是自然的一种形式。我们对文明的本质的认识不能脱离其自然本质。哲人同样认为自然高于文明，但是他却反对以此否定文明。因为文明是对自然的模仿和分有，人类的道德文明应该不断根据自然进行校正。推崇自然并不是否定道德文明，而是以自然校正文明。哲人研究自然，依据自然而生活，哲人的智慧是高于道德文明的。但是哲人并不反对国家的道德和法律，甚至是它们的维护者。哲人同样会显得是保守主义的。但是哲人要求对道德法律进行彻底的理性考察，反对因循守旧、固步自封，所以他的这种认识活动又隐含着非常激进主义的要求。可以说，智者和哲人的激进主义和保守主义也正好是相反相成的。

总而言之，哲人没有把人的自然和道德习俗对立起来，认为人是道德的动物，并不存在一个“前道德”的“自然状态”，人的生活自始自终都是处于道德状态中的。但是人却往往受到自己的欲望的支配，会经常在行为上违背道德。所以哲人认为保持美德更难。而且道德标准越高，要维持它就越是困难。因此孔子称赞颜回：“三月不违仁。”曾子说也引用《诗经》的话：“战战兢兢，如临深渊，如履薄冰。”① 刘备也教导他的儿

① 《论语·泰伯》。

子："勿以善小而不为，勿以恶小而为之。"这都表明了保持美德的困难。智者把人的自然和道德习俗对立起来，认为人的行为在合乎道德之前不是道德的，而是自然的，人的自然是反道德的，所以人要获得道德，就必须克服自己的自然，因此他认为获得美德更难。可以说，不理解人性的自然，我们就不可能理解美德是什么。

5. 从哲学和政治的关系看

哲学是追求智慧，政治是追求美德。匹塔科斯认为保持美德更难，是对智慧稀缺的感叹。也就是说，如果没有哲学的智慧，政治就无法维持自己的美德，就会在因循守旧中固步自封。而哲学则是审时度势、实事求是、随机应变、与时俱进的，所以哲学才能对政治美德进行适时适当的调整和校正，从而保持政治美德不会退化。因此孔子才认为："可与共学，未可与适道；可与适道，未可与立；可与立，未可与权。"① 如果没有哲学智慧，政治美德的保持就是困难的。因为政治事务涉及更多人、更大范围，它的历史比一个人的生命要长久，面临更多不确定性。政治事务更多依赖于各种不确定的机遇和偶然性，所以政治美德更加难以维持不变，几乎无法避免最终扭曲和变质。反观历史，我们看到这似乎也是一切优秀政治美德传统的宿命。所以保持政治美德比获得哲学智慧更难。而追求哲学智慧，只要我们发心努力，就能够有所得，即孔子所谓的"我欲仁，斯仁至矣"。所以哲学美德在于个人的主观能动性，相对比较容易。

这样，苏格拉底通过引述匹塔科斯的话表明德性的进步以

① 《论语·子罕》。

智慧的进步为前提。随着知识的退化，美德的退化就是不可避免的。在没有智慧的情况下，勇敢会逐渐变质，成为胆大和放纵。这就是斯巴达的美德退化的根源。这从相反方面证明了美德对于知识的依赖性，或者知识对于美德的决定性。所以智慧才是美德的根本，没有知识就没有美德，智慧或者知识是一切德性之本。而西蒙尼德并不看重哲学，或者并不知道哲学意味着什么，不知道哲学对于政治的重要意义。

哲人匹塔科斯的隐含的意义在于肯定了哲学智慧对于政治生活的重要性。如果脱离了哲学智慧，政治美德的衰败是不可避免的。如果政治生活要维持自己的美德，就必须依靠哲学，追求哲学。智者西蒙尼德完全颠倒了匹塔科斯的观点，认为获得美德比保持美德更难。其隐含的意义在于否定了哲学智慧的重要性，肯定了政治美德的重要性。总而言之，智者认为道德是意见或者习俗，因此智者必然是平等主义、相对主义、民主主义、习俗主义和保守主义。哲人坚持美德是知识或者智慧，必然反对智者的平等主义、相对主义、习俗主义和保守主义的立场。

## 五、以勇敢和知识的关系探讨“美德就是智慧”

苏格拉底解读完这首诗后表示，大家聚在一起讨论诗歌非常无聊乏味。谈诗的人仿佛显得很有学问或者文化，但实际上却是不知所云，只是附庸风雅而已。

> “诗人讲的什么，其实根本问不出个名堂来。说话引用诗人的时候，情形多半是，这个说诗人的意思是这样，

那个说诗人的意思是那样，争来争去始终都不着边际。”①

如果我们就诗歌中的问题进行争论，反而可能会遗忘自己真正关心的问题，最终得不出个所以然。所以他还是喜欢哲学辩证法，认为真正的谈话应该是自己说自己的，把自己的话说明白，通过来来往往地问难答疑，以此考察真理和我们自己。所以他建议，从现在他开始提问，普罗塔戈拉回答。

这里也表达了苏格拉底对于诗歌的态度。他认为诗歌最大的问题就是不关心真理，只关心是不是吸引人和激发人。诗歌的这种特性注定诗歌是低级而庸俗的。如果它不能和正确的思想结合起来，必然是非常坏的东西。所以苏格拉底一贯要求诗人必须克服自己的虚荣心，不能以迎合人民为目标，诗歌必须接受哲学的统治，诗歌必须传达真理，否则就应该驱逐诗歌。

### (一) 勇敢和大胆的区分

苏格拉底先以反讽的方式赞扬了普罗塔戈拉在言辞上的能长能短，以此安抚他。然后他重提前面的问题，即公正、勇敢、智慧、审慎、节制是一个美德的五种名称，还是各自不同、各有所是、各有所用。

苏格拉底对这个问题的重新探讨是为了使普罗塔戈拉承认美德的基础是智慧，并且迫使他意识到自己的民主主义立场的自相矛盾。如果承认美德是相同的，那么它们的共同点只能是知识，知识就是美德的本质。智慧是“体”，美德是“用”。体是“一”，用是“多”。所以智慧是最重要的。如果承认它们是

---

① 柏拉图：《普罗塔戈拉》，347e。

不同的，那么民主制的平等主义就是不能成立的。因为民主制恰恰是以美德的单一性为基础的。也就是说，在民主制社会中，人的等级身份都消失了，人的美德差异性也就消失了，美德问题被简化或者退化了。因此只有承认不同的美德在表面上是相同的，民主制的道德基础才能够成立。民主制的美德同一性是行为标准上的同一性，不同于苏格拉底的智慧本身的同一性。

我们看到，现代政治道德就是一个逐渐简化道德标准的过程，这个过程最后在康德的普遍的“绝对命令”得到了集中的体现和表达。在这个过程中，古代的烦琐的道德标准被简化为一条适用于所有人的道德标准，这是现代民主政治的基本精神和需要。所以这个问题既关系到美德是不是知识的问题，又关系到民主制的正当性问题。

这一次，普罗塔戈拉细化了自己的观点，他认为其他各种美德彼此相似，但是勇敢却不同于其他美德。一个人可能不具备其他美德，但是仍然可以是勇敢的。他的言外之意是其他美德都和知识相关，而勇敢却和知识最不相关。这表明普罗塔戈拉已经对“美德是知识”有所认识了，苏格拉底的辩证法对话有点成果了。但是普罗塔戈拉仍然没有真正理解“美德就是知识”的观点，或者没有看到知识对于美德的决定性，因此对美德的本质缺乏真正的认识。

苏格拉底立刻反问他，勇敢是不是大胆。普罗塔戈拉认为“勇敢就是面对可怕的事情向前冲”。这个观点似乎把勇敢和大胆等同起来了。苏格拉底表示如果没有知识，向前冲就只是大胆，而不是勇敢。大胆并不就是勇敢。美德是好东西，它只会给人带来好处。勇敢作为美德只能带来好处，大胆或者鲁莽可能带来害处。苏格拉底认为有知识的人往往更大胆，正是知识使大胆变为勇敢。这样，苏格拉底就把勇敢和智慧联系起来，没有智慧的勇敢只是大胆。这意味着只有哲人才是真正的勇敢的人，而其他的人的勇敢都只是大胆或者鲁莽。正如孔子指出的："仁者必有勇，勇者不必有仁。"

普罗塔戈拉对勇敢和大胆的关系进行了辩解。他认为勇敢就是大胆，但是大胆并不就是勇敢。大胆依靠的是技艺、血气和疯狂，勇敢则是天性和灵魂教育得好。这段话表明他已经贬低了勇敢中的血气，把勇敢和教育联系起来。我们也看到，苏格拉底也贬低血气之勇或者匹夫之勇，正如他对于斯巴达式的尚武美德的贬低。只有出于智慧或者理性的勇敢才是值得推崇的。这和孔子对血气之勇的贬抑是一致的。子路曰："君子尚勇乎？"子曰："君子义以为上。君子有勇而无义为乱，小人有勇而无义为盗。"① 可以说，只有对出于智慧或者正义的勇敢的推崇才是文明的态度和立场，片面地推崇血气之勇则是野蛮和愚昧的表现。对血气之勇的推崇导致对文明教育的否定和贬低，最终导致军国主义、虚无主义和蒙昧主义的泛滥。纳粹主义就是这种军国主义和虚无主义的典型。

### （二）勇敢和快乐的关系

面对普罗塔戈拉的辩解，苏格拉底意识到他仍然没有承认"美德就是知识"的观点。于是他尝试从另一个方面，即快乐和勇敢的关系方面重新解释勇敢的含义。

---

① 《论语·阳货》。

苏格拉底问普罗塔戈拉是不是有的人活得好，有的人活得不好，活得好是不是意味着快快乐乐地活和快快乐乐地死。普罗塔戈拉毕竟也是聪明人，他认为只有在美好的东西中获得快乐才是活得好，如果不是在美好事物中获得快乐就不能算是好，因此他没有把好和快乐等同起来。而单纯的快乐主义者则简单地把快乐和好等同起来。在《斐莱布》中，苏格拉底对快乐主义进行了批判，对快乐和善的关系进行了辨析。在此，苏格拉底也要求把快乐和善好区分开来。苏格拉底表示快乐和痛苦的好坏必须看它们引发的结果，只有导致好的结果的快乐才是好的，而导致坏的结果的快乐就是坏的。这类似于一种功利主义或者后果主义的观念，即从行为的后果评价行为的好坏。但是苏格拉底思考的问题远远超出了功利主义的计算，其最终目的是把讨论引向哲学生活。只有哲学生活才是快乐的生活。所以我们以功利主义理解苏格拉底的这种讨论是不准确的。

为此，苏格拉底提到了人们对于知识的两种看法。

> “尽管知识经常出现在人身上，但支配人却并非知识，而是别的什么——这会儿是血气，那会儿是快乐，过会儿是痛苦，有时是情爱，更多时候是恐惧——他们如此简单地看待知识，就像他们看待一个奴隶，任由其他所有东西拉来扯去。……抑或认为知识乃是一种高贵的、有能力支配人的东西，要是一个人知道了好和坏，就不会被任何事情压垮，做任何事情都不会不按知识对自己的要求，反倒认为能助人一臂之力的恰恰就是知识。”①

---

① 柏拉图：《普罗塔戈拉》，352b－c。

苏格拉底的意思是人应该接受快乐或者欲望的引导还是接受知识的引导。前者是大多数人的选择，后者是哲人的选择。前者是享乐主义的生活方式，而哲人则是理性主义的生活方式。这就是两种人的生活方式，也就是哲学生活和政治生活的差别。

普罗塔戈拉也非常明智地认可苏格拉底的这种看法，并且站在苏格拉底的一边，认为可耻的是所有人都几乎不承认知识和智慧乃是人间事物中最有力量的东西。苏格拉底立刻表示世上大多数人都被快乐所征服，他们不是依据知识而生活，而是依据欲望或者情感而生活。即使他们知道什么是好的，他们也能够做到，但是他却仍然不会去做。所以苏格拉底要求普罗塔戈拉和他一起去劝导世人。但是普罗塔戈拉并不喜欢去劝导人民，也并不认真对待人民的看法，他对此不感兴趣。

这样，柏拉图暗示苏格拉底和普罗塔戈拉似乎达成了和解和共识。正如在《理想国》中，苏格拉底和色拉叙马霍斯也达成共识和解一样。通过这种和解和共识，哲人实现了对智者的驯服。在柏拉图的对话中，哲人和智者的结盟是一个基本的原则。因为两者本身非常接近，他们都是在理智上出类拔萃的人，都远远高出一般人之上。智者的特长是能够劝导大众，而哲人则缺乏这种能力。哲人的智慧是隐微的，只能局限在很小的范围内，而智者善于面对大众，驾驭大众。如果他们能够联合起来，就能够有效地改变人民大众的政治生活，发挥巨大的政治影响力。在柏拉图看来，这是改善政治生活的最好方法，所以他的对话经常暗示哲人和智者的联合。但是智者并不真正关心人们的道德教育，他们从事教育不过是为了财富和名誉。哲人和智者的联合是非常困难的。

苏格拉底继续劝导普罗塔戈拉，要求继续探讨勇敢的含义。普罗塔戈拉勉强接受了苏格拉底的建议。苏格拉底提问，“被快乐征服”是什么意思，因为这个短语和勇敢的问题有关。人们显然承认有些快乐是坏的低俗的，因为它们可能导致痛苦和疾病等坏的结果；而有些痛苦是好的，因为它们可能带来健康或者财富等。这都是根据它们导致的结果来决定的。所以情感本身的好坏必须根据它们导致的结果来决定，而不是根据快乐或者痛苦的感觉体验本身来决定。因此我们就不应该单纯地追求快乐或者避免痛苦，而是应该考虑它们随后导致的结果。我们不能为了即时的快乐或者痛苦而进行选择，而应该根据其最终的结果来选择。

苏格拉底又假设，如果世人能够把“快乐”和“好”区分开，那么他们就会认为自己是被“好”征服，但是这样他们就不能自圆其说。所以苏格拉底要求世人必须善于在即时快乐和将来的快乐之间进行“权衡”。我们不能因为将来的快乐远在天边就认为它不重要，因为当下的快乐近在咫尺就认为它重要。苏格拉底认为我们应该选择更大的快乐，而不是当下的快乐，“拯救生活”就必须依靠“权衡的技艺”。凭借权衡的技艺，我们才能超越当下快乐的诱惑，以追求将来更大的快乐。

> “衡量的技艺才会戳破这个幻影，使得真理昭然若揭，让咱们的灵魂因牢牢把持住真理而拥有安宁，从而拯救了咱们的生活。”①

我们应该如何理解柏拉图此处提到的权衡的技艺呢？所谓更大的快乐和更小的快乐具体是什么意思？权衡的技艺最终带

① 柏拉图：《普罗塔戈拉》，356e。

来的快乐意味着什么呢？权衡的技艺是在更大快乐和当下快乐之间进行选择，去选择将来的更大的快乐，而不是选择当下的较小的甚至带来痛苦的快乐。权衡的技艺就是关系到过度和不足的中道的知识。这种权衡的技艺也就是在《斐莱布》中曾经提到的“混合的技艺”，也是在《政治家》中提到的“度量的技艺”和“中道的技艺”。我们必须让衡量和中道的知识技艺支配我们的生活，而不是让快乐或者痛苦支配我们的生活。所以拯救生活就是依靠权衡的技艺，正确地选择快乐和痛苦，在更多和更少、更大和更小、更近和更远之间进行选择。权衡的技艺教导我们应该选择最大的快乐，最大的快乐并不是最强烈的快乐。可以说，权衡的技艺追求的乃是心灵的和谐或者说人格的至善。和谐是指各种异质性元素的调和状态。各种异质性元素都各得其所，各安其位，心灵不再被各种欲望和情感所分裂和纠缠。因此和谐意味着心灵的安宁，就是没有被快乐或者痛苦扰动的状态，因此安宁是心灵的静止的“不动心”的状态。这种静止状态就是纯粹的快乐。这种快乐是和一切欲望和痛苦没有关系的状态，类似于儒家推崇的“孔颜乐处”或者陶渊明的“纵浪大化中，不喜亦不惧”的快乐。一般所谓的快乐是动态的快乐，是和痛苦相伴随的快乐，因此是智慧的人应该避免的。真正的快乐就是精神的和谐和安宁。这种和谐和快乐只有通过衡量的技艺才能达到。

进一步说，这种安宁和谐的快乐就是哲学生活的快乐。权衡的技艺所追求的最终目标应该是哲学的至善带来的快乐。权衡的技艺就是根据至善进行选择。至善或者终极幸福才是我们人生一切选择的最终根据。这种最大快乐或者终极幸福首先就意味着过一种理性的哲学生活。在苏格拉底看来，当我们学习了哲学后，我们就能够获得纯粹的快乐，而不是世人的那种和痛苦伴随的快乐。柏拉图的全部对话都试图揭示哲学生活的最高幸福。其次，如果我们无能选择过哲学生活，那么我们就应该选择过一种次等的快乐生活，这种生活要求我们必须超越今生的局限性，而预设来世的存在。如果我们仅仅在今生的范围内来进行权衡和选择，我们很难做出正确的选择。如果有来生，我们就会为了来世更大的快乐而选择放弃今生的快乐，这样我们在今生就可能过得比较理智和高贵。如果我们认为只有今生，没有来生，我们就容易成为及时行乐的行尸走肉，不会理性地对待自己的人生。所以柏拉图在他的对话中反复讲到灵魂轮回的问题，这都是为了使我们相信来世的存在，因此能够更好地使用权衡的技艺，从而能够过一种次等的快乐美好生活。所以权衡的技艺最终意味着首要的真正的选择就是在哲学生活和政治生活之间进行的选择，其次是在有来世的生活和无来世的生活之间进行选择，而其他类型的个人的自由选择都是微不足道的。

最后苏格拉底指出，人们之所以在快乐和痛苦之间进行选择时犯错误，就是因为缺乏权衡的技艺，缺乏权衡的技艺也就是缺乏知识。所以“被快乐征服”本质上就是被愚昧无知征服。愚昧的人只追求眼前的快乐，而不是追求更大的和将来的快乐。被快乐征服的人也就是胆怯的人，他们缺乏抵制当下快乐的勇敢。所以勇敢并不仅仅是面对可怕的事情向前冲，而是面对快乐的诱惑也能够坚决抵制，不被糖衣炮弹的进攻征服，这才是真正的勇敢。苏格拉底所理解和推崇的乃是这种勇敢。在《法律篇》的开头，柏拉图谈到了饮酒的问题，饮酒的问题也就是如何面对快乐进攻的问题。快乐中蕴含的危险有时比可怕的事情更大，因此面对快乐唤起的勇敢更加可贵。“威武不能屈，贫贱不能移”的勇敢容易做到，而“富贵不能淫”的勇敢就很难做到了。“英雄难过美人关”也表明，所谓的英雄只能抵抗可怕事物的攻击，而无能抵抗快乐事物的攻击，抵御快乐的进攻的勇敢是更加困难的。真正的勇敢是和理性和智慧联系在一起的。没有智慧的勇敢不是真正的勇敢。其他美德也是如此。

接下来，苏格拉底假想了一段联合普罗塔戈拉共同对民众发表的讲话。他反讽地指出，普罗塔戈拉是美德的教师，是专门治疗愚昧这种疾病的人，而世人却认为美德不可教，不舍得自己的钱财，不请教智者治疗自己的愚昧，结果把自己的生活搞得一团糟。

这段话大概包含了两层含义。第一，这段话是在广大人民面前揭露普罗塔戈拉的真实面目。普罗塔戈拉虽然以智者自居，但是他根本没有美德和智慧。他对美德的本质一无所知。他只是一个欺世盗名、追名逐利的庸人。人们一定要认识普罗塔戈拉的真实面目，而不要被他的名声、言辞和外表所蒙蔽。这可以说是对一开始希珀克拉底的问题的一个回答。可以说，在这里也表明哲人和智者的激烈的斗争。第二，这段话也是面对民主制社会中的大众发表的。这涉及民主制本身的性质问题。相比于其他任何政体的社会，民主制社会是更加欲望化的。其他政体都把法律和秩序作为首要因素，而民主制社会则把欲望和非理性因素置于更高地位。纵观历史，我们知道，古希腊民主制的兴起是通过以财富和权力为诱饵，发动穷人而实现的。所以民主制不得不放纵人民对于财富的欲望。同样，由于民主制推崇大多数人的生活方式，它必须以自由和平等作为自己的基本原则，肯定人的自然的同质性和平等性。这样民主制必须否定政治的等级制，而政治的等级制是以人的自然的差异性为基础的。正如在《理想国》中苏格拉底暗示的，政治等级制严格来说是根据人的理性能力的差异性划分人的自然差异性，并且把这种差异性确立为政治等级制的基础。如果我们坚持理性主义的原则，那么这种等级制的划分就是不可避免的。相反，民主制必然以对理性主义的贬低为前提，以对人的欲望的放纵为根本原则。民主制因此降低了对人的教导和监管，使人变得为所欲为和胆大妄为。与此一致，民主制倾向于否定美德的异质性和差异性，而支持美德的同一性，甚至倾向于否定美德本身。我们看到，即使在寡头制下，人对财富的追求也是含蓄的、羞怯的。但是在民主制下，人对财富的追求就是赤裸裸的，毫无羞耻的。但是在对财富的追求中，总有人更有能力或者更加幸运，他们在财富的博弈中更快更多地聚集了财富，由此导致了社会的贫富分化，这种分化导致穷人对富人的仇恨和剥夺。这种剥夺是以穷人推举强人作为领袖来实现的。强人领导穷人剥夺了富人，强人最终掌握了政治权力，民主制转变为僭主制。这意味着民主制最终转向僭主制就是不可避免的。这就是《理想国》中第八卷揭示的政治演化。①

---

① 现代政治本质上也是民主政治，因此现代性也遵循了降低道德要求的做法。马基雅维利把政治和道德（严格说来是基督教道德）分开，使得政治活动成为纯粹的技术活动或者力量的角逐。霍布斯同样降低了政治生活中的道德要求，他的政治道德就是和平的德性，用尼采的术语来说就是“畜群道德”。这些都是降低道德标准的做法，目的就是迎合民众，符合民众的道德口味，最终把道德剔除了政治生活。虽然后来卢梭和康德等人力图提升政治的道德标准，但他们的道德意识根本上仍然是顺应现代性的功利主义政治哲学要求的，并不是为了根本改变现代性的价值取向。所以康德推崇实践理性，而不是理论理性。这恰恰是康德的现代性的立场的表现。现代民主制如果要获得长久的维持和发展，就必须不断从古典政治哲学中吸取智慧的资粮。

由此可见，欲望和快乐是民主制的根本精神。“物极必反”，这种非理性的倾向最终会瓦解民主制本身，民主制可能在追求快乐的欲望的大海中倾覆。所以苏格拉底认为，克服民主制的弊端的方法就在于对欲望和快乐的征服。这样哲人和智者必须共同担负起维护和改进民主制的责任。在他看来，改进民主制的最好方式就是增加民主制中的理智元素，降低其非理性的因素，这种理性的元素就是权衡的技艺所指示的。

### （三）勇敢和知识的关系

苏格拉底在结束了一大段模拟的对大众的讲话之后，问其他人是不是赞同他的看法。这些人都一致同意。既然勇敢取决于智慧，胆怯来自愚昧，他接下来对智慧和愚昧进行了界定。

> “被自个儿征服不折不扣就是愚昧，而征服自个儿就是智慧。”①

征服自我就是以理性战胜欲望，就是自制。因此征服自我才是勇敢的真正含义和精神。能够自制的人才是智慧的人和勇敢的人。这和老子的“自知者明，自胜者强”的看法是一致的。而愚昧就是似是而非的意见和在重要事情上无知。愚昧的人是被欲望征服的人，他不能支配自己欲望和情感，不能做到自制，因此愚昧的人就是胆怯的人。

苏格拉底进一步从目的论角度说明关于勇敢和智慧的看法。没有人去追求自认为坏的东西，没有人会去选择追求恐惧

---

① 柏拉图：《普罗塔戈拉》，358c。

和可怕的事情，所以勇敢并不就是冲着可怕的东西去，而是冲着更高尚更好的东西去。这种更好的东西就是荣誉。勇敢的人会受到整个城邦的推崇和尊敬，所以勇敢的人是在追求这种荣誉和尊敬，并不是冲着可怕恐惧去。同样，胆怯的人并不就胆怯，他们同样是大胆的，他们的大胆就表现为他们“敢于”承担可耻的“勇气”，“敢于”不追求高尚和美好的勇气。这种对于可耻的事情的大胆是出于愚昧无知。他们不知道什么是真正的“好”，或者把苟且偷生作为好。所以那些怯懦的人并不是怯懦，而是无知愚昧，他们也并不胆小，而是胆大的。

这样，苏格拉底就颠覆了我们一般人关于勇敢和怯懦的看法，把勇敢、怯懦都和智慧联系起来。愚昧无知的人不可能是勇敢的人，勇敢也来自智慧，正如其他美德也来自智慧一样。勇敢的人没有可耻的恐惧，也没有可耻的胆大。而怯懦的人则既有可耻的恐惧，也有可耻的大胆。勇敢就是知识，怯懦就是无知。苏格拉底贬低了血气之勇或者匹夫之勇。这样我们就可以理解，本篇对话之所以强调勇敢和智慧的关系，是因为勇敢最显得与知识智慧无关，这是普罗塔戈拉认为勇敢比较特殊的原因。但是苏格拉底最终证明，勇敢也是出于智慧。通过把勇敢纳入到智慧之下，智慧的最高地位被最终确立起来。在《拉凯斯》中也同样贯穿了这种意图。

面对苏格拉底的这个结论，普罗塔戈拉沉默不语了。因为如果他承认苏格拉底的这种看法，他就不得不反对自己前面关于勇敢是一种特殊的和知识无关的美德的看法。但是他最终不得不同意苏格拉底的看法，并且辩解说他是在为苏格拉底的好胜心而服务。苏格拉底立刻纠正他，说自己并无所谓的好胜心，只是因为自己对美德问题不清楚，所以才来问他。可以说，这是普罗塔戈拉“以小人之心度君子之腹”，他并不理解苏格拉底对智慧的狂热，反而认为哲人也是出于虚荣心进行辩论。

苏格拉底接下来表示，如果美德是知识，美德就是可教的，因为知识是可教的。而普罗塔戈拉则似乎倾向于认为美德不可教，因为他不承认美德是知识。他们最终似乎都走向了自己的原来观点的反面。

在这里，苏格拉底对美德可教的看法蕴含了他对个人的自然差异性的强调，也蕴含着他对教育的本质的看法。首先，人和人的自然是不平等的，这种不平等就表现在人的理性能力的差异性上。这种理性能力的差异性主要来自人的爱欲的差异性。不同的爱欲决定了人追求的东西是不同的，因此导致人们的理性能力的发展的不同。大多数人被自己的欲望和情感支配，他们只是追求和身体感官相关的现象之物，所以他们“一生都在梦中”，只有意见，没有智慧。而哲人超越了感官肉体的局限，不被欲望和情感支配，追求善本身，而不是善的影像。所以哲人拥有智慧和知识。对哲人和俗人的划分是柏拉图政治哲学的基本出发点。

其次，教育的本质就奠基于这种理性的等级差异性。这种理性能力的不平等是一切教育得以存在的根本原因。如果我们承认教育的可能性和必要性，就必须肯定理性能力的等级差异性。因此教育的本质就是理性智慧高的人教育理性智慧低的人。这意味着只有哲人才是真正的教育者。苏格拉底的这段话旨在告诉普罗塔戈拉，如果他真要教育人，就必须追求智慧，而不是财富和名声。如果他坚持民主制的平等主义，就是对教育的否定。这就是一切智者自相矛盾的地方。

所以，不论苏格拉底认为美德是可教的还是不可教的，都蕴含了他对人性的自然的肯定和强调，特别是蕴含了他对于人的理性能力的不平等的肯定。当苏格拉底认为美德不可教时，他在暗示教育是人性的自然的完善所需要的，美德教育必须合乎人性的自然，而不是外在的灌输和强制，否则就不可能获得效果。当他认为美德可教时，他是在强调人的理性能力的不平等。理性能力低下的人必须接受理性能力高超的人的教育。人性是向善的，人们只是因为无知才犯错误，才遭受痛苦和不幸，所以对人的教化是可能的。相反，普罗塔戈拉支持平等主义，他实际上就否定了美德可教的前提。

苏格拉底再次表示美德问题并未通过这次讨论变得清晰，而是变得更加混乱了。所以他要求重新探讨什么是美德，以及美德是不是可教的问题。然后他提到了普罗塔戈拉神话中的普罗米修斯和厄琵米修斯，认为这种混乱可能是厄琵米修斯捣乱的结果，并且说："我更喜欢这个故事中的普罗米修斯，而非厄琵米修斯。"这就暗示了苏格拉底和普罗米修斯之间的亲缘性关系，他们都是智慧而勇敢的人，都是哲人的象征。而厄琵米修斯则是愚昧而大胆的人，是智者的象征。他说自己要跟随普罗米修斯，把自己的整个生命想想清楚，彻底探究美德是什么的问题。

普罗塔戈拉表示他赞赏苏格拉底的求知热情，同时表示自己不是坏人，也没有嫉妒心，并且说："我也确实对许多人说过你，在我所遇到的所有人中——尤其同你年岁相若的人当中，我最惊异的就是你。"① 这句话表达了智者对哲人的敬畏

① 柏拉图：《普罗塔戈拉》，361e。

和顺从，哲人的神圣和崇高得到了确认，智者的愚昧大胆和狂妄傲慢得到了暂时的纠正。这和《会饮》中阿尔喀比亚德对苏格拉底的颂扬是非常一致的。普罗塔戈拉最后表示愿意以后继续讨论这类问题，但是现在该结束谈话了。

苏格拉底也表示他该去办“正事”了，他只是为了让卡利阿斯高兴才留下来的。苏格拉底似乎暗示哲学谈话并不是正事，政治之事才是正事。因为政治是“无所逃于天地之间”(庄子语)，政治生活是一切生活的基础和根本。任何人都必须认真面对政治。如果不尽可能地完善政治生活，哲学生活也不能独善其身。因此哲人和智者都必须尊重政治，认真严肃地对待政治，而不能肆意地非圣无法，恃才傲物，妖言惑众。正如老子所说：“人之所畏，不可不畏。”而孔子也说：“素隐行怪，后世有述焉，吾弗为之矣。”所以哲人总是顺遂世俗的，他在任何政治制度中都是游刃有余的，并且尽可能地使他所生活于其中的政治社会变得更好。当然，我们也不能因此贬低哲学，哲学是人世间最美好最神圣的事情，只有哲学才是最伟大的事业。坚定地维护哲学，为哲学生活辩护是一切哲人最重要的使命。只有保持了哲学的智慧和良知，政治生活也才能保持自己的美德。总而言之，哲学必须在政治事务中限定自己，正如政治必须在哲学中限定一样。两者是相反相成的。

## 六、结束语

这篇对话中一共出现了三对哲人和智者的形象，即苏格拉底和普罗塔戈拉、普罗米修斯和厄琵米修斯、匹塔科斯和西蒙尼德。柏拉图展示了一个哲人和智者的论战的广阔场景，也展示了他们的相似性和亲缘性。哲人和智者的斗争关系到对于政治话语权的斗争，关系到人们的灵魂的塑造和教育的问题。从这个意义上看，哲人和智者的斗争是最高等级的斗争。

美德是否可教是哲人和智者斗争的一个主要问题。简单地说，哲人认为美德是知识，智者认为美德是意见。这种分歧关系到对美德的本质和教育的本质的理解，也关系到对很多根本问题的认识。

第一，从道德和智慧的关系看。美德是知识意味着美德出于智慧，只有建立在智慧基础上的美德才是真正的美德。虽然智慧被看作四种美德之一，但是智慧不同于其他美德。智慧是“体”，美德是“用”。体是“一”，用是“多”。因为智慧使得人认识理念实相本身，不被感官和现象之物迷惑，不被欲望和情感支配，因此哲人就不会见利忘义、贪生怕死、为所欲为，保持正义、勇敢和节制。一般人之所以“显得”正义、勇敢和节制，只是因为受到外界环境的制约或者社会舆论的监督。如果没有了这种外在的约束，一般人几乎不会拥有任何美德，正如格劳孔在《理想国》中说的那个古格斯指环的故事一样。所以如果一种道德行为只是在规范上合乎道德，而其目的和动机却是不合乎道德的，那么这种道德行为同样不是一种道德行为。从这个意义上说，哲人认为美德是知识，就意味着哲人对道德怀有崇高的期待和敬意，这也是对人性的期待和敬畏。也就是说，真正的美德是自制和自律的结果。如果我们仅仅是因为对惩罚的恐惧而“显得”具有德性，或者不能抵制快乐，这都不能算是有德性。相反，智者认为美德只是习俗和行为规范，根本不关心人的内在动机和意图，一种行为只要合乎标准和规范就是合乎道德的。这意味着智者对道德和人性都没有崇高的期待和敬畏。

第二，从道德和欲望的关系看。哲人认为道德的目的或者作用是为了防止欲望对人的伤害。人的欲望的特点是无限性，这种无限性的欲望对人是危险的。所谓“欲壑难填”“人心不足蛇吞象”，就是对人的欲望的无限性和危险性的揭示。人在这种无限性的欲望的驱动下就会做出无法无天、害人害己的行为。哲人通过立法和道德来限制人的欲望，以此避免被自己或者他人的欲望所伤害。所以当苏格拉底在谈到对于快乐的选择和衡量时，他暗示道德就是计算，是一种理性的衡量的技艺。这种计算或者衡量揭示了道德的非道德起源。通过这种道德的计算，使人们不至于被快乐诱惑和伤害。一个道德主义者不知道道德的意义，他的道德的视野遮蔽了理智的视野。从这个意义上，苏格拉底是非道德主义者，他处于“善恶的彼岸”。在他看来，道德是一种工具和药物，用来医治人的欲望之病。如果我们忘记了道德的这种意图和作用，不论我们是遵循道德还是反对道德都是没有基础的。智者恰恰没有看到道德作为药物的意义，只是在习俗的意义上理解道德，所以他们才片面地反对美德，没有如实地认识道德的作用。

第三，从道德科学的角度看。“美德是知识”表明在道德问题上就存在是非对错，我们应该对道德中的真理进行考察。所以苏格拉底追求一种严格的道德科学。他认为如果我们不能科学地探讨道德问题，那么我们也就不可能科学地探讨其他问题。因为对道德的需要也是人性的自然需要之一，所以对道德的探究是对自然的探究的一方面。如果道德科学是不可能的，那么其他自然科学也是不可能的。如果我们要建立一种严格的科学，就必须对道德问题也进行严格科学的考察。因此这个问题关系到科学哲学本身的可能性问题。相反，智者认为道德是意见，只是约定俗成的东西，因此和真理、事实没有关系。这种观点就否定了道德中存在是非对错，否定了道德中的真理性的问题，所以智者必然陷入道德问题上的相对主义和虚无主义，并且最终否定一切其他科学的可能性。因此哲人和智者在这个问题上的斗争最终关系到哲学科学的可能性问题。

第四，从道德和理性的关系看。在哲人看来，道德的起源在于理性。道德是理性的立法，道德是对理性的分有和模仿。道德首先是政治性的，是作为政治生活的核心而产生和存在的。但是道德的起源却是哲学性的。道德是哲人的理性设计，是哲人的立法工作之一。正如法律起源于哲学理性，道德必然也是哲学理性的立法的一部分。因此“人是理性的动物”首先就表现为“人是道德的动物”。“人是政治的动物”和“人是理性的动物”是联系在一起的。所以苏格拉底对正义、勇敢、节制等道德本质的追问是对道德的理性本质的考察，是要求我们回到道德的理性起源上去。他认为只有在对政治道德问题的考察中才能发现和理解人的自然本质，也就是理性本质，否则就会把人的自然和动物的自然等同起来。所以最终道德、理性和自然是同一的，道德就体现了理性，理性就是人的本质。理性对于非理性的支配才是合乎人的自然的。所以哲人才真正理解美德的实质。①

但是我们还应看到，虽然道德起源于理性，但是道德的教

① 尼采对道德的理性起源一无所知，他把道德看作是纯粹的权力意志的结果，没有看到道德现象的理性根源，所以尼采的道德哲学是错误的。

条化和习俗化也是必不可少的。没有这种习俗性和教条化，道德的权威和延续几乎是无法维持的。因此作为意见习俗的道德同样是必不可少的。真正的道德立法者同样需要这种道德的教条化和永恒性。只是因为苏格拉底是在和希腊最有智慧的智者进行讨论，所以他就更加看重道德的理性起源，而不是道德的非理性习惯或者传统。道德主义的错误就在于只看到了道德习俗的方面，并且把这方面作为唯一的和根本的东西，认为面对道德和法律，我们唯一要做的就是服从。这样作为习俗意见的道德最终必然会走向自己的方面，成为压抑和束缚人性的东西，最终也必然会走向衰败。也就是说，对于道德的非知识的理解必然最终导致道德主义，这种道德主义也就是孔子和孟子批评的“乡愿”的态度。而真正的反道德者就是乡愿式的道德主义者。所以在哲人看来，为了保持一种美德就必须不断地诉诸于智慧。如果道德丧失了哲学的起源和反思，那么道德最终就会败坏。

第五，从道德的哲学理性起源看。“美德是知识”还要求我们必须从道德的层次上升到理性的层次，从政治的层次上升到哲学的层次。道德是政治生活的根本，知识是哲学生活的根本。“美德就是知识”就意味着从政治向哲学的上升。因为道德是理性的产物，所以对道德的探究就最终上升到对理性本身的认识，对道德的推崇就上升为对理性本身的推崇。因为道德和法律只是对理性的模仿，并不是理性的完全实现，我们最终要实现理性自我就必须扬弃德性和法律的理性，也就是扬弃文明，达到完全的理性自然本身。这就是人性的最高实现和成就，就是所谓的“自然高于文明”。人性的完善和上升就是通过德性和法律的现象上升到背后的自然-理性本身。所以人性的实现恰恰必须从德性和法律上升，而不是否定它们，把它们看作是对人性的压抑。智者错误地把人的自然和道德文明区分开，他就丧失了从道德礼法上升到理性自然的可能性，而走向对文明道德的否定，走向对理性真理的否定，把反道德和反传统文明作为人性的解放。或者转向对道德传统的无条件推崇，最终走向保守主义和道德主义。现代政治和现代哲学走的正是这条思想道路。

第六，当我们真正上升到自然理性的境界之时，我们就获得了真正的智慧，这时我们才能够理解"美德是知识"的最高含义。一方面，从肯定的积极的方面看，智慧就是对理念实相的直观认识。这种肯定的积极的智慧观类似于佛教中的如来藏系的智慧。这种智慧的根本含义就是对实相的认识，也被称为"实相般若"或者"无所得智"。对实相的认识需要我们超越感官和现象的局限，当我们超越了感官和现象的局限后，我们就不会无知地追求感官和现象之物，而是直观认识实相本身。正如柏拉图在《理想国》中指出的，哲人专注于对理念世界的观照，而无暇顾及人世，不会为人世的琐屑事务烦恼。另一方面，从否定的消极的方面看，智慧就是无知之知。这种无知之知的智慧类似于般若系的智慧。例如龙树菩萨的中观论就是特别发挥了这种智慧观。这种无知之知是相对于世人的知识和观念而言的。世人都受到某些观念的支配而不自知，他们对自己相信和遵守的观念并未认真地反思和考察，这就是以无知为有知。而哲人看到了世人的观念的虚假性，不再相信和遵循世人的主流观念，显得对世人的观念是无知的。这就是无知之知。这种无知之知其实是对世人观念的一种否定和拒绝。所谓"大智如愚"。总而言之，真正的智慧就是消除世人观念的主观性和局限性，实现向自然本身或者事实本身的复归。因此实相般若和无知之知揭示的是“天人合一”的实相境界，它显示了人所能够达到的最高成就。

因此“美德就是知识”意味着，最高美德就成为一种静观的理论生活。因为理性智慧削弱和抵制了一切实践的欲望和冲动。美德的实践性就被削弱了，真正的美德就是静观的理论生活，所以苏格拉底和柏拉图肯定了理论生活对于实践生活的优先性和崇高性。① 可以说，实相智慧和无知之知必然伴随无为。无为就是最大的有为，因为无为也是要通过有为才能达到的。在古典哲人看来，在无为中包含了人性的最高成就。静观或者无为是对一切有为的否定，因此它是最大的作为。在这种静观无为中，才会体验到最大最纯粹的快乐和幸福，人类的幸福莫过于此。当然，这种无为的理论静观或者沉思对于人类的政治实践生活同样具有重要意义。如果没有这种理论静观，人类最终就可能在人为的习俗传统中，在疯狂的实践冲动中走向毁灭。所以智慧是最高德性，作为德性，智慧不是任何政治的习俗性的实践德性，它表现为对一切实践德性的反思和考察。通过这种反思和考察，实践德性会认识到自己的片面性和盲目性，从而避免极端化和激进化，因此理智德性才成就和保全了一切实践德性。

如果我们只看到了实践德性，看不到理智德性，那么最终一切实践德性也会衰败。所以老子认为：“上德不德，是以有德；下德不失德，是以无德。”② 孔子指出：“好仁不好学，其

---

① 亚里士多德也区分了理智德性和道德德性，最后把神看作是不动的推动者，也肯定了柏拉图的“知识就是美德”的思想。

② 《道德经》，第三十八章。

蔽也愚；好知（智）不好学，其蔽也荡；好信不好学，其蔽也贼；好直不好学，其蔽也绞；好勇不好学，其蔽也乱；好刚不好学，其蔽也狂。”① 狭隘的道德主义恰恰才是道德的真正敌人，它首先否定一切非道德的东西，否定一切道德的对立面，然后就会逐渐忘记道德的意义，而最终否定道德本身。可以说，智慧德性使得政治德性成为可能，没有哲学德性就没有政治德性。这就是纯粹的理论生活对于政治实践生活的意义。所以古典哲人坚持知识高于德性，理智德性高于实践德性。

获得智慧的根本方法就是“认识你自己”。认识自我是认识世界的基础和开端。自我知识是一切知识的根本。通过认识自我，我们才能够认识世界。这就意味着我们必须回光返照，明心见性，才能达到这种知识，因此知识不假外求，知识就在你心中。知识德性是不可教的，不是可以从外部灌输进去的。这就是《美诺》要揭示的主题。

① 《论语·阳货》。

# 爱欲止于至善——《会饮》释义

《会饮》是唯一一篇以事件命名的对话。据说，《会饮》的写作时间是公元前380年左右，而其中描述的事件发生在公元前416年，是阿伽通第一部悲剧得奖的第二天。这个时间也是阿尔喀比亚德鼓吹远征西西里，然后被控告渎神罪，致使他叛逃到斯巴达的前一年①。《会饮》或多或少都和这些历史事件相关，但是并不构成决定性的因素。在这次会饮中，与会者都展示了自己的爱欲观，构成了对爱欲这个主题的多面的立体视角和看法。从总体上说，柏拉图实际上展示了三种观察爱欲的视角。斐德若、泡赛尼阿斯、厄里克希马库斯以低于政治的视角看待爱欲；阿里斯托芬和阿伽通以政治视角看待爱欲；苏格拉底则以超政治的视角看待爱欲。或者说，只有苏格拉底是以整全的视角看待爱欲的，只有苏格拉底完全地揭示了爱欲的本质。

爱欲是最强烈的欲望，如果我们认识了爱欲的本质，也就理解了一切欲望的本质。苏格拉底告诉我们，在非理性的爱欲中也蕴含着理性，我们的一生就是从非理性逐渐上升到理性，最终实现人性的最高完善。在他看来，即使在最低俗的爱欲活动中也包含了追求最崇高的至善和真理的理性的萌芽，因此我们要善于从日常的低俗的爱欲上升到至善和理性本身。柏拉图

---

① 参见施特劳斯的《论柏拉图的〈会饮〉》中的观点。

告诉我们，爱欲不能在政治生活中获得最终的满足，只有在哲学生活中，只有在理性看到了理念本身，获得智慧之后才能获得最终的满足，这种最终的满足状态就是至善。爱欲止于智慧或者至善。这是对爱欲的净化，是对哲人的爱欲（圣人有情论）的辩护，也是对爱欲、理性、至美、智慧和至善之间的一体性关系的充分揭示。

理解柏拉图的爱欲观对于我们正确理解爱欲乃至我们的生命意义是至关重要的。换言之，苏格拉底为爱欲进行了理性主义的辩护，把爱欲纳入了理性主义的范围。这意味着把爱欲和理性、至善对立起来的观点是错误的。相反，现代人在反对传统形而上学和道德礼法之际，在为人的欲望和自由进行辩护时，把爱欲和理性、道德对立起来，因此现代人对爱欲的理解是非理性的片面的，不能真正认识爱欲和理性的本质及其关系。应该说，《会饮》的主题仍然和柏拉图其他对话的主题一样，可以理解为是说明或者协调理性和非理性的关系问题，其最终目的仍然是对哲学生活的一种辩护。

## 一、道听途说

一开始，我们认为这是一个口口相传的故事。故事是阿波罗多洛斯讲述给无名的朋友的。这种无名人可能暗示的是未来的哲人，他们应该知道苏格拉底的故事，并且努力效法苏格拉底。阿波罗多洛斯是一个“情种”，是苏格拉底的骨灰级粉丝。他曾经给格劳孔讲过。格劳孔是一个歌者和勇士，是一个崇尚激情生活的人。格劳孔想了解这件事，但是他认为从别人那里听来的不清楚，所以来问阿波罗多洛斯。阿波罗多洛斯表示自己并未参加那次会饮，他是听阿里斯托得莫斯说的。阿里斯托得莫斯也是苏格拉底的一个有情人。他个子矮小，喜欢模仿苏格拉底光脚的行为。阿里斯托得莫斯参加了那次会饮，但他是作为一个旁观者或者见证人参加的。① 可以说，阿波罗多洛斯和阿里斯托得莫斯都是苏格拉底的“副本”或者影子。他们都是哲人的追随者或者模仿者，但是他们离真正的哲人仍然相差甚远。他们的意义在于，正是通过这些有情人——门徒，苏格拉底的事迹和奥秘才被传播出来。而苏格拉底并未讲述这件事，只是证实了这件事。整个对话就是在这种爱欲的氛围中传播开来的。② 这为爱欲的主题进行了铺垫，并且暗示了从爱欲到理性的上升之路。

阿波罗多洛斯表示他愿意再把会饮的事情讲一次。因为要他谈哲学和听人谈哲学，他任何时候都乐意，既受益又快乐。要是谈别的事，他就觉得百无聊赖。而其他人却对哲学不感兴趣，只对其他事情感兴趣。阿波罗多洛斯为这些人感到惋惜。这里展示了哲人的门徒和常人的差异，表明哲人的爱欲和常人的爱欲是不同的。哲人追求智慧和真理，而常人只关注现象和意见。这位朋友表示阿波罗多洛斯总是责骂自己，责骂别人，认为除了苏格拉底，所有人，首先是他自己，都是悲惨的，所以他才得了个“黏糊糊”或者“软蛋”的称号，也就是非常情绪化的人。这里显示了哲人苏格拉底和其他常人的明显差异，即只有哲人才是完美的、幸福的，而其他人都是不幸的、可悲

---

① 我们应该注意见证人的重要性。

② 对比圣经福音书的传播。

的。同时也表明阿波罗多洛斯虽然接触了哲学，但是他的理性并未成长起来，他还没有真正扬弃爱欲，上升到智慧。阿波罗多洛斯承认自己疯疯癫癫、不通世故。而疯疯癫癫、不通世故也正是哲人的基本特征。在《智者》《泰阿泰德》等对话中，柏拉图都暗示了哲人的这种特征。① 阿波罗多洛斯在效法哲人苏格拉底，但他仍然是哲人的模仿者或者影子。阿波罗多洛斯表示通过苏格拉底，他意识到了自己的卑微，不再对日常生活感到满足，但是他却无力过真正的哲学生活。他仍然是介于哲人和常人之间的人。②

## 二、开场的情景

阿里斯托得莫斯偶然碰上了苏格拉底。苏格拉底显得刚刚打扮过，洗过澡并且穿了鞋子，这是很少见的。也就是说，苏格拉底平时很少洗澡，不修边幅，几乎从不穿鞋子。这揭示了苏格拉底的生活方式，表明他蔑视身体和物质方面的需要，对生活的物质要求降到了最低。这意味着哲人的生活必然是贫困的，但是哲人并不以贫困为苦，而是乐在其中，安贫乐道。正如孔子称赞颜回："'贤哉，回也！一箪食，一瓢饮，在陋巷，人不堪其忧，回也不改其乐。贤哉，回也！'"③

苏格拉底表示他要去参加阿伽通的宴会，因为阿伽通刚刚

---

① 但是柏拉图其实也批评了这种特征。哲人应该是王者，他应该精通世俗之事，能够给人民提供最好的引导和意见。参见色诺芬的《回忆苏格拉底》。

② 对比福音书中彼得的自责和悔恨。

③ 《论语·雍也》。

在比赛中获胜。这里暗示了苏格拉底和阿伽通的竞争关系，也就是哲人和诗人的竞争关系。这种竞争是对智慧的竞争。当然哲人不会争夺智慧之名，这对于哲人是无所谓的。哲人之所以要参与这种竞争，是为了保卫智慧本身。诗人还是哲人享有智慧之名关系到对智慧本身的理解。而哲人对于智慧的理解才是真实的，这将在苏格拉底的讲辞中得到说明。其次，苏格拉底之所以要打扮一下，也表明了美和智慧的关系。在《普罗塔戈拉》中，苏格拉底就指出智慧才美，没有智慧就不美。哲人对于智慧的追求同时就是对美的追求。诗人也以智慧自居，认为自己是国家政治生活的奠基者，并且因此迷恋自己的智慧之名，暗中渴望来自他人的喝彩和崇拜。而哲人并不享有智慧之名，也不迷恋智慧之名，因为哲人的智慧是大智若愚。

苏格拉底要求阿里斯托得莫斯做个不速之客，也去参加会饮。阿里斯托得莫斯对苏格拉底的话言听计从。苏格拉底引用俗语为自己的这种邀请辩护。但是他以“漂亮人办宴，漂亮人不请自来”取代了谚语“好人办宴，好人不请自来”。他认为自己的这种替代虽然不如谚语本身好，但是比荷马的“好人办宴，坏人不请自来”要好。“好人办宴，好人不请自来”的谚语体现了严格的道德要求，应该是立法者创立的，既说明了“人以群分，物以类聚”“同类相亲、同气相求”“勿友不如己者”的原则，也是对“见贤思齐”“从善如流”的道德风尚的推崇。因为好人和好人经常在一起，有利于维护好人的洁身自好的道德修养，也有利于维持社会的较高的道德水准。当然这个“好”既可以是政治意义上的好，也可能是哲学意义上的好。而荷马的话是表明阿伽门农这个真正的英雄和优柔寡断、多愁善感的墨涅拉奥斯混在一起，荷马似乎鼓励好人和坏人混杂在一起，他们之间没有了明确的道德意识和道德界限，这意味着国家道德生活的败坏。所以在荷马史诗中，道德原则几乎是不存在的，诸神的行为是完全非道德化的。而苏格拉底的话则以美取代善（好）。这种取代只有在把美和智慧等同起来的意义上才是成立的，即对美的追求本质上是对智慧的追求。同时，智慧是对善的认识和追求，这种善不是道德之善，而是智慧之善。道德之善是智慧之善的模仿和分有。因此苏格拉底贬低了道德之善，而代之以智慧之美。一般意义上的美也低于智慧之美。在《斐德若》中，美被看作是通往理念世界的中介。

但阿里斯托得莫斯认为自己既不美也不善，如果不请自来，会有失尊严，所以他要求苏格拉底必须给自己一个说法。苏格拉底表示路上总能想出办法来。于是他们一起上路。两人赴宴的情节显得和《普罗塔戈拉》开头的情节很相近。当然恰恰是因为阿里斯托得莫斯的参加，会饮这件事才被传播出来，否则就只是极少数高尚人士的高雅聚会而已，被埋没在历史的尘埃中。阿里斯托得莫斯正是作为苏格拉底的“副本”见证了会饮。正如《红楼梦》中金陵十二钗都有自己的副本，形成了一个高低错落的秩序一样。虽然哲人并不需要学生，但是哲人必须有自己的低俗的对应物或者模仿者，才能形成存在的整体性。

但是苏格拉底在半路上却陷入了沉思（meditation）。在后面阿尔喀比亚德的讲辞中，也提到了苏格拉底的沉思。这种沉思的内容是什么，我们不得而知。要理解这种沉思很困难。但是苏格拉底的沉思无疑是具有重大含义的，我们必须尽可能去理解。对于这种沉思，施特劳斯认为：“自我认识基于——某种程度也在于——关于善的认识。所以当苏格拉底把注意力转向自身时，也就意味着他把注意力转向了善。”[①] 我们可以进行如下推测。

首先，从外部的政治角度看，在一个组织完美的国家中，公民是不思考的。国家需要的品质是服从、团结和友爱。正如卢梭指出的，沉思的人是病态的。也就是说，在公民对国家生活感到完全满足和认同时，他是不会思考的。只有当一个人不能从国家的政治生活中获得满足时，他才开始思考。所以苏格拉底的思考本身就展示了他对于国家生活的扬弃和超越，展示了苏格拉底的非公民的特性。哲人是超政治的，他依据超政治的原则和真理而生活。所以苏格拉底的沉思暗示了哲人的超政治性。

其次，一个人的所有活动包含思考、言说和行动三个方面。言说和行动是公开性的，而沉思是无法公开的。因为言说和行动都是公共性的，必然涉及其他人，所以言说和行动都必须有所顾忌，或者必须考虑到国家的道德法律，不能肆无忌惮。但是在沉思中，因为沉思的内容是绝对隐匿的，所以沉思可能是最狂妄和大胆的，正如一般人的白日梦一样。所以苏格拉底的沉思暗示了哲人的狂妄或者疯狂。但是一个哲人的智慧必须同时体现在他的思考、言说和行动三个方面，如果这个哲人能够在言说和行动中严格地自我控制，那么他也必定能够在沉思中严格地自我控制，而不是信马由缰、天马行空、胡思乱想。如果一个人不能在思考中严格地自我控制，他就不可能在言说和行动上严格地自我控制。

具体而言，联系到苏格拉底的基本教诲即无知之知，我们

---

① 施特劳斯：《论柏拉图的〈会饮〉》，邱立波译，华夏出版社，2012 年版，第 41 页。本文的写作受到了施特劳斯这本书的很大启发。

可以说这种沉思乃是“无思之思”。这种“无思之思”是消除一切思维和观念的思维，也就是“对思维的思维”。“对思维的思维”根本上就是“静观”。无思之思就是静观。这种静观消除了一切行动的冲动，所以它是不引发任何行动的思考。相反，其他思考都是为了行动的思考，因此都是不彻底的。换言之，一切思考都是静观，即使为了行动的一般的计算和思考，也体现了思考的静观性，即我们必须对整个事情有一个通盘考虑，才能采取正确的判断和行动，这种判断的前提就是对事情的“观看”。但是因为一般的思考都是为了行动，就受到了行动的目的的局限，必须根据现实性和可行性进行取舍和选择，所以一般的思考虽然也包含了静观的方面，但都是不彻底、不严格的静观。而哲人的思维是“对思维的思维”，这种思维是免除了行动、实践冲动的负担和目的的思维，所以他的思维就是纯粹的理性或者静观。

这种静观也就是对自己内心中的一切思维活动的内观或者反思。这种沉思可以称为“自我认识”。这种自我认识就是审视和返观自己内心中的各种观念，看清这些观念的存在和活动，而不被这些念头牵着走，并且最终摆脱和超越它们，这样就达到了“无思之思”的境界。这种纯粹的思本身是不思的，也就是说，是不动的、静止的，它只是对其他一切思维的静观，它观照一切思的起起落落、生生灭灭，而它本身不死不灭，仿佛是一个沉默的见证人。所以沉思本身是“不思之思”。

进一步，对于哲人而言，纯粹的沉思或者内观本身就是至善，因为它消除了一切欲望和情感的控制，消除一切低俗之物，它是最高贵的和最神圣的。它是理性的最纯粹的形式或者最充分的发展，因此它是人性的自然的最彻底的实现，是人性的巅峰状态。一个人只有在这种纯粹理性的沉思静观中才能达到最高的纯粹性和神圣性。柏拉图或者亚里士多德把这种状态看作是最接近于神的状态，把纯粹思维或者静观看作是神本身。这种理性之神是不动的，但又是第一推动者。如果神本身是被推动的，它就不是最高的，因为它是最高的，所以它不能是被推动的。而一切运动者都是由不动者推动的。所谓“静为躁君”。所以当苏格拉底陷入了沉思的时候，他就展示了纯粹的理性和至善。

阿里斯托得莫斯尴尬地一个人来到了阿伽通家。阿伽通非常友好地请他进去。这显示了阿伽通的良好教养，也表明他对人事的精明练达。当他让人去请苏格拉底时，被阿里斯托得莫斯阻止了。这显示苏格拉底的副本是苏格拉底这个纯粹哲人的护卫者，只有他尊重苏格拉底的沉思，虽然他并不明白沉思本身的含义。而诗人阿伽通显然并不认真对待苏格拉底的沉思。因为诗人并不思考，也不推崇沉思。这种对思维的不尊重表明，阿伽通虽然显得非常具有民主和自由的作风，但是这种自由民主作风可能随时被颠覆。

苏格拉底直到饭局进行了一半时才来。这暗示苏格拉底对吃饭没有兴趣，他对沉思本身的爱欲超越了其他一切爱欲。阿伽通招呼苏格拉底在他旁边躺下，苏格拉底处在最后的位置，这也意味着是最高的位置。阿伽通打趣说如果他们挨近一些，可以分享一下苏格拉底刚刚发现的智慧。这表明了阿伽通对智者学说非常熟悉。苏格拉底反讽地说如果智慧能够从充满的人身上流到空虚的人身上，他就可以沾到阿伽通的智慧。因为阿伽通的智慧是美妙的，而他的智慧既浅陋又像梦一样不可靠。

这可以说是诗人和哲人的第一次交锋。苏格拉底表明了智慧不可教，阿伽通认为智慧可教。这也是《普罗塔戈拉》中的基本问题。苏格拉底认为智慧和美德是不可教的，必须返观自照，自我发现。诗人和哲人的斗争也就是关于智慧的交锋。这种交锋关系到对智慧的理解。诗人以智慧自居，诗人的智慧是特别关于人事的智慧，最能揭示人事的奥秘，所以诗人显得是人民群众的教师，能够轻易地赢得人民群众的欢呼和追随。悲剧诗人一般是国家文明的奠基者和维护者。而哲人则仰望苍穹，超越人世，所以对人事显得懵懵懂懂、一无所知。但是哲人对自然的研究使得他们更加真实地认识人世。因为哲人认为，我们只有通过研究比人事更高级更永恒的事物即自然，才能真正认识人世的奥秘。如果我们只关心人事，就不可能理解人事。当然不认识人事，也不可能认识自然。两者相反相成。因为人事变化无常，对变化的东西的认识只有借助于对不变的东西的认识。只有通过不变的东西，我们才能认识变化的东西。这就是哲人研究自然的原因。

对于柏拉图而言，这种研究的结果就是理念之知，理念比一切感官现象都更加真实、不变、永恒和完美。理念之知高于现象之知。进一步，他认识到，一切理念的共性是善，所以理念之知进一步推进到至善之知，至善之知因此就是最高知识。在他看来，至善是最真实的、绝对的、永恒的，关于至善的认识才是最重要、最根本的，一切宇宙现象都是对至善的分有和模仿，因此是善的影像。

哲人对于至善的追求和认识是哲人智慧的根本内容。哲人专注于对至善本身的直观观照。这种直观观照本身是无法用语言传达的。所以苏格拉底说自己的智慧是梦幻般的，不可传授的。哲人几乎没有什么可以告诉世人的。相反，诗人只能认识至善的影像，所以诗人的智慧是不完善的、不真实的。但是诗人认为可以告诉世人确定的真理，他迷恋于各种情节和故事，借助于故事揭示人物的内心活动，并且因此揭示人性的真理。诗人确实发现了一定的人性的真理，但是因为诗人并不进行自我反思，所以他对于人性的认识是有局限性的。

很多人性的真理是无法通过故事的方式展示的。正如苏格拉底的沉思本身所展示的，沉思本身是没有任何情节可言的。对于沉思的外在展示并不等于沉思本身，沉思的内容是绝对隐匿的。这种无情节性对于诗人来说是乏味的或者无聊的。当哲人进入至善之知或者无知之知时，就根本不是诗歌所能够展示的了。但是恰恰在这种沉思状态中，人性的真理才能显示出来。所以沉思是自我认识，而自我认识是认识一切的起点，因此也是一切智慧的起点。诗人无能于这种自我认识，也无法通过戏剧的方式展示哲人的沉思。沉思揭示了诗人的局限性。所以诗人和哲人对智慧的争夺并不是为了智慧之名，这种名声是虚假的，而是在于如何理解智慧本身。

阿伽通立刻认出了苏格拉底的狂傲或者狷狂，表示关于智慧的事情等会儿再说，并且要让酒神狄奥尼索斯做裁判。这里点明了诗人和哲人之争的主题。阿伽通认为苏格拉底的“狂狷”的含义是什么呢？哲人是好学而深思的。他唯一确定的是无知之知，对无知的意识促使他去探究一切知识，并且扬弃一切知识。他不可能以任何知识去炫耀或者展示。因此哲人当然是谦卑的，智慧必定是温和的。另一方面，哲人对无知的意识也使他意识到一切知识都是虚假的，经不起推敲和辩难的。从这个意义上看，哲人又是自信的甚至狂妄的。他几乎预见性地判定了对方的知识的虚假性，他的任务只是揭示其知识的虚假性而已。可以说，无知之知本身是解构主义的，同时也是建构主义的。在这种无知之知面前，一切知识都可能被解构，哲人的无知使他没有任何固定的立场和教条，苏格拉底是解构主义的大师。同时，无知之知本身就是一种知识，它并不否定人对知识的认识能力，它没有陷入怀疑主义或者相对主义，而是抵制了后现代主义之类的解构主义导致的怀疑主义和相对主义。哲人仍然是有所教诲的，只是这种教诲是不可能通过理论学习的方式传授的，必须通过返照的自我认识而获得。

可以说，哲人是“无为而无不为”的。无为是无知，无不为是有知；无为是狷，无不为是狂。哲人必定同时兼具无为和无不为两种品质于一身，在无知和知识之间保持“中道”。

那么阿伽通为什么让酒神做裁判呢？当然首先是针对会饮本身。会饮就是饮酒，所以必须让酒神做裁判。其次，酒神也是悲剧诗人的神，悲剧演出时演员要戴上酒神面具，悲剧比赛的最高裁判官就是酒神。所以，阿伽通似乎要和苏格拉底进行悲剧的比赛。最后，酒神是非理性的象征。在喝酒过程中，人的理性控制能力是逐渐减弱的，如果谁能饮而不醉，就证明谁是节制的、理性的或者智慧的。只有能够在一切爱欲活动中保持理性的节制的人，才是最高贵的人。所以让酒神做裁判的含义就是看谁最后能够不醉，不醉者将赢得比赛，将获得酒神祝福。在会饮最后，阿伽通是最后一个喝醉的，而苏格拉底没有喝醉，所以他们在智慧上是最接近的，当然苏格拉底更高一筹。我们看到，在《法律篇》中，雅典客人就把饮酒作为培养人的节制德性的方法，以便我们能够战胜快乐的诱惑。如果禁止饮酒，就不能有效地培养人的节制德性。

在进行完必要的仪式后，他们开始会饮。泡赛尼阿斯首先说，酒应该如何喝才有意思。因为昨天刚刚喝过，宿醉未醒，所以今天不应该大喝。阿里斯托芬、厄里克希马库斯、阿伽通等人也赞同泡赛尼阿斯的提议。医生厄里克希马库斯接着说，苏格拉底不能算在内，因为他两样都行。这表明苏格拉底对欲望和情感具有高度的节制力，即使他敞开喝也不会喝醉，这是“随心所欲不逾矩”的境界。同时他也可以滴酒不沾，对于一切感官刺激没有任何嗜好。所以苏格拉底是完全征服自我欲望的自由人。接着厄里克希马库斯又从医学角度谈论了醉酒的坏处，斐德若表示赞同。最后所有人都一致同意，这次会饮不往醉里喝，喝多少各人随意。

这显然是一次民主制的会饮。但是我们看到，民主制的会饮最终仍然背离了自己的初衷，几乎所有人都喝醉了。这里似乎暗示民主制并不能够保证人们的理性和清醒。或者说，自由民主制实际上对人性提出了更高的要求，自由民主制能够成立的前提和基础是理性和自由。正如康德的道德哲学所展示的，自由就是自律，没有自律的自由就是人性的堕落和毁灭。如果人民或者公民的自律水平不能随之提高，那么自由民主制就可能在不知不觉间走向自己的反面。并不是每个人都能够很好地自我控制和自律。

其次，我们看到，这是第二次会饮，第一次会饮显然是没有任何节制和约束的，也就是说没有任何理性的介入的。但是第二次会饮因为苏格拉底的加入，聚会的人似乎试图把理性引入会饮。每个人都试图变得节制，因此这是一次试图提升自己的喝酒品位的会饮。但是结局仍然暗示这种理性的引入是失败的，只有苏格拉底本人能够全身而退。

按照刘小枫先生的注释，“醉”在古希腊经常被用来描绘无知状态，进入醉酒状态也就是进入无知状态。醉的对立面就是清醒，清醒就意味着理性和节制。喝酒适量的要求当然反映了每个人的节制能力。节制在一定意义上就是智慧，节制最接近智慧。就此而言，苏格拉底不醉就意味着苏格拉底已经克服了无知，当然他是通过无知之知克服了无知。最大的无知是以无知为有知，或者说是不知道自己无知。而知道自己无知就已经接近智慧本身。这意味着除了哲人，几乎没有人不是处于醉的状态，也就是无知的状态的。其他人的宿醉本身就已经暗示了这种无知的状态。正如《理想国》中的洞穴喻揭示的，俗人一生都在梦中，只有哲人是清醒的。这种梦也是无知的比喻，只有走出洞穴的无知和梦，才能达到知识和清醒的境界。

然后，厄里克希马库斯提议把吹箫女也打发走，这仍然是“哲学让女人走开”的喻意，和《斐多》中苏格拉底让人把他老婆送走一样。箫属于狄奥尼索斯神，竖琴属于太阳神阿波罗。箫可能类似于靡靡之音之类的音乐。吹箫的人是被柏拉图拒于理想国的大门之外的。吹箫女有“三陪小姐”之嫌，人在醉酒后很难把持自己，所以驱逐吹箫女是为了防止会饮最后成为做爱派对。这就意味着这次会饮只谈爱，不做爱。也就是说，这次会饮只有言说，没有行动。只有爱，没有性。这也表明每个人都试图在苏格拉底面前提升自己，表明了这次会饮的理性的高雅和节制。我们不能设想会饮到最后，男人们都开始和吹箫女做爱的结局。这会完全败坏这次会饮的高雅品位。但是在其他会饮场合这是完全可能的。会饮的高雅是值得推崇的。即使高雅是伪装出来的，也是值得推崇的。这种伪装本身也是一种合乎人性的真实。我们不能认为那种抛弃任何伪装的为所欲为才是真实的、合乎人性的。至少两者都合乎人性的真实。

厄里克希马库斯提议会饮的主题是颂歌爱神。因为斐德若总是和他抱怨，说爱神被遗忘和忽视了，几乎没有人歌颂过爱神。所以这次会饮应该歌颂爱若斯，并且由斐德若第一个先来。根据注释，爱若斯（Ερωs）是指一切强烈的欲望和情感，尤其和性爱相关的。其次是指爱神。我们可以推测，之所以爱神被遗忘是因为爱神不是神，只是一个精灵，他的地位远远没有宙斯、雅典娜或者阿波罗等神的地位崇高。也特别因为他是一个内在于人的神。作为内在于人的神，他就显得不那么高贵了。人们不崇拜他，遗忘了他，就是正常的了。①

---

① 施特劳斯在他的《论柏拉图的〈会饮〉》中似乎特别强调对爱神的歌颂实际上就是对爱神的批判，就是对宗教的批判。这种思路表明施特劳斯似乎也受到了近代以来的哲学和宗教的对立的现代性思想的影响，比较强调柏拉图哲学的无神论的倾向。我们可以说，柏拉图并没有特别反对宗教的兴趣。柏拉图并不一定就否定诸神的存在，因为对于“六合之外”的问题，最好是“存而不论”。或者说，他更多是在理性的原则下修正人们关于诸神的错误的看法，而不是否定诸神的存在。这样哲人既不否定诸神的存在，照顾到了人们对于诸神的信仰和需要，同时也使诸神观念起到了良好的政治作用，即成为神道设教的东西。无论如何，肯定诸神的存在并不意味着贬低理性的至高无上性，肯定理性的崇高性并不需要否定诸神或者上帝的存在。所以关键不在于否定诸神的存在，而在于使神的存在有利于人们的人格完善。因此他更加关心的是哲学和政治，而宗教不过是政治的一个方面，只是在涉及政治体制或者人民的德性时，他才发表对于宗教方面的看法。而且他认为如果我们把政治的法律或者德性做好了，宗教的问题自然就解决了。他特别强调对诸神的信仰必须合乎理性的道德和法律的原则。如果只是出于自私或者无知而祈祷诸神，那么可能会事与愿违。柏拉图真正反对的似乎是“祭祀万能”，是在宗教方面的功利主义。所以柏拉图未必有无神论的思想，我们不能过于强调他的无神论意识，对个人的启蒙不需要特别反对宗教之神。在近代以来的启蒙运动之所以把启蒙和宗教联系起来，是因为它把哲学和宗教对立起来的缘故。而这种对立又是近代以来的政治王权和基督教教权的冲突导致的。柏拉图没有把哲学和宗教对立起来，他的哲学启蒙不会特别反对宗教，所以宗教诸神不是哲学的对立面。我们并不需要以否定诸神的存在来肯定哲人的至高无上性。肯定诸神的存在并不就意味着否定哲人的至高性。只要我们认识到，诸神也服从哲人，正如人们服从诸神一样，诸神和哲人不是对立的关系。

苏格拉底立刻表示支持这个提议，认为没有人会反对这个提议。他事先堵住了反对的可能性。他说：“我除了懂情事，别的都不懂。”似乎这个话题正好符合苏格拉底的兴趣或者特长，他似乎是一个爱情专家。这显然暗示了爱欲问题的重要性。并且在一个喝酒的场合，一个比较容易放纵的场合，谈论一个比较非理性的话题，就是对人性的考察和检验。如果一个人的理性品质或者修养能够在这种场合经得起检验，那么他几乎就能够在任何场合经得起检验。这是每一个人都必须面对和解决的问题。如果我们把爱欲理解为生命的根本，结合现代以来的生命崇拜和爱欲崇拜，那么这个问题对于我们现时代的意义也是非常巨大的。从整个作品来看，苏格拉底试图揭示出爱欲中包含的理性和至善，表明了即使在最低级和最日常的爱欲活动中也包含了人们对至善的追求。这是对爱欲的自然本质的真正揭示，也是对爱欲的最好辩护。

苏格拉底还特别讽刺了诗人阿里斯托芬，说他总是泡在狄奥尼索斯和阿弗洛狄特上。狄奥尼索斯是酒的象征，阿弗洛狄特是性的象征，所以苏格拉底以此讽刺阿里斯托芬整天泡在酒和性上，是非理性的人的代表。从后面阿里斯托芬的讲辞中我们也可以看到这一点。阿里斯托芬的非理性主义对哲人苏格拉底的理性主义构成了的强大挑战力。阿里斯托芬对于本能原欲的推崇，对于理性文明的反叛在我们当代文化中也具有强大的吸引力和影响力。

在达成一致后，爱神颂开始。

## 三、斐德若的颂辞（爱情与利益）

斐德若天性可爱，柔弱，富有热情，兴趣广泛。他在《普罗塔戈拉》中被描述为智者希庇阿斯的学生，他们在一起探讨宇宙学的问题，对传统神话持怀疑态度。他和厄里克希马库斯是同性恋关系，是后者的情伴或者被爱者。

首先，斐德若认为爱若斯是最古老的，而最古老的就是最好的，所以爱若斯是值得称颂的。我们看到，斐德若虽然受到了智者启蒙运动的影响，但是他仍然把古老和好联系起来。这暗示了他思想中的含混性。可以说，把好和古老联系起来，以古老为好是古代传统社会的主要观点之一。例如赫西俄德神话中的黄金时代，柏拉图对话中的早期社会，还有儒家传统中的尧舜禹的时代，老子、庄子所说的至德之世，都把最好的社会定位于历史的开端。相比之下，当下的社会是日益败坏的社会。当然，古老本身是不是真的好，是无法确定的，它可能是最好的，但也可能是低劣的。

应该说，古老的就是最好的，这种观点并不是一个历史事实问题，而是一种政治决断问题。作为政治决断，当我们把美好和古代等同起来后，我们就为“祖先崇拜”奠定了道德基础。因为只有古代是美好的，祖先崇拜才是有意义的和有必要的。甚至可以说，祖先崇拜是古代美好论的必要前提。如果不把美好赋予祖先，那么对祖先的崇拜就成为纯粹的种族崇拜，不能满足人性对道德崇高性的需要。所以人们必须把祖先和美好联系在一起。如果人民拥有共同的祖先，而且他们的共同祖先是美好的，那么人民就能够更好地组成一个政治国家，而不是一个单纯的追逐利益的乌合之众。如曾子所说："慎终追远，民德归厚矣。"所以把祖先和美好等同起来具有重要的教化意义，厚古薄今更多是出于人性教化的考虑。只有我们把古代和美好等同起来，我们才能尊重古代流传下来的东西，并且从中获得智慧。这种对古代的尊重就是对文明的尊重。传统对于我们的教化的重要性是不言而喻的。放弃传统就是放弃文明，重返野蛮。所以古代是不是真的美好并不重要，重要的是我们如何教化自己，获得美好的人生。当然，正如一切复古主义表现的，固执于传统，也会变得野蛮。所以最终我们必须善于在维护传统和改革传统的两种做法中持守中道。

相反，现代性的基本观点是历史进步主义。这种观点认为开端是低级的、原始的、野蛮的，后世是越来越进步的、文明的、高级的。这样现代性把好和新等同起来，认为最新的就是最好的。于是人们就越来越陷入对创新的追逐中，越来越妄自尊大，陶醉于自己的"伟大"之中。如果把好和古老结合起来，意味着最高的好是我们无论如何达不到的，因为我们不可能回到过去，这样就限制了我们的自高自大的倾向。如果把好和新等同起来，就会认为这种好是我们可以达到的，人们的自高自大就是不可避免的。于是现代人以俯视古代的眼光看待古代，对古人随意地评判，导致对古代传统的蔑视。这种对于古代传统的蔑视也导致现代人对人性教化的蔑视。人们在追求标新立异、奇淫巧技中变得越来越无知和粗野。可以说，现代性的结果最终可能就是重返野蛮。

最后，我们应该看到，不论把好和古老等同起来，还是把好和创新等同起来，都只是一种政治性的权宜之计，而不是哲学性的判断。在哲人看来，好的唯一标准就是合乎自然，自然是衡量好坏的唯一标准。我们平常所说的“恰如其分”“各得其所”就是对自然标准的指示。这意味着自然和合乎自然的根本法则就是中道。但是合乎自然本身或者合乎中道是困难的，依赖于哲人当下的认识和决断。而哲人从来都是稀少的，世事又是变化多端的，所以随时随地都能够达到真正的好是困难的。在无法做到合乎自然的好的情况下，我们只能退而求其次，即诉诸于人类或者政治的标准。这种解决方式就包含了两种选择，或者把好和古代联系起来，或者把好和现代联系起来。但是当我们把好和人类范围的事物联系起来，我们也就降低了好的标准，就蕴含着某种相对主义和虚无主义的危险了。

总而言之，斐德若把好和古老联系起来，是对好的一种习俗性的论证，而不是一种哲学性的论证。他列举了诗人赫西俄德、哲人巴门尼德和诗人阿库西勒俄斯的观点来说明。两者相比，诗人认为大地先于爱欲，所以诗人贬低爱若斯。哲人则认为爱欲最早，所以哲人更加推崇爱欲。也就是说，诗人虽然以多情为本，但是他们只是展示人世的爱欲，并不真正理解爱欲的奥秘。而哲人虽然显得无情，但是哲人才更加深刻地认识到爱欲的奥秘，因此哲人才是真正推崇爱神的人，哲人比诗人更“多情”。因此斐德若选择站在哲人一边，更加推崇哲人巴门尼德的观点。这也暗示斐德若受到了更多的哲学启蒙。

斐德若继续说，爱若斯不但是美好本身，而且是一切美好事物的原因。他指出爱情带来的好处包括了勇敢之德性和诸神的奖赏。他认为一个人如果想要过美好生活，就不能依靠家世、名望、财富，而是必须靠爱欲来引导自己，也就是追求美好的东西，厌恶丑恶的东西，否则就不可能成就美好的生活。

他首先说明了爱若斯对于爱者的意义。在爱神的激发下，爱者害怕自己的懦弱行为被被爱者看到，爱者在战斗中会变得非常勇敢。如果一个国家的军队由这些同性恋者组成，那将是无往不胜的。

这是对爱欲与勇敢的关系的揭示。但是如果爱者是因为害怕被被爱者看到自己的懦弱而表现得很勇敢，那么他的勇敢就不是真正的勇敢。“知耻近乎勇”，但是还不是勇，勇敢应该是出于理性，出于对生和死的一视同仁。一个人在强烈的爱欲支配下可以超越对死亡的恐惧，正如一切英雄在生死考验面前的视死如归一样。但是如果一个人不是在这种爱欲激情的支配下仍然视死如归，那么他实际上具有更高的勇敢德性，正如《斐多》中展示的苏格拉底对于死亡的超然。但是斐德若并不理解这种真正的勇敢，所以当他提到天性美好的人时，他显得是贬低了这种出于自然的勇敢。①

他接着举了三个例子。第一个例子是爱若斯使阿尔刻提斯替自己的丈夫去死。这是对爱与死之间的关系的暗示。女人通常是被爱者，不是爱者。但是在这个例子中，阿尔刻提斯似乎是爱者，她为爱而死，她的行为受到了诸神的赞赏，她死而复活了，并且赢得了美好的名声。斐德若还提到她丈夫的父母却不肯为儿子而死。这个例子显示了斐德若对爱欲中包含的牺牲精神的推崇。或者说，是斐德若对爱欲的属己性的否定。人并不一定只爱属己性的东西，更高的爱欲必然超出对属己性的关注，把自己奉献给更崇高更神圣的对象。斐德若的这种观点和苏格拉底的对属己之爱的超越是一致的。哲人对至美至善之对

① 古代儒家传统中对“慎独”的重视，也是对这种自然的美好的强调。

象的热爱是非功利性的。孔子也指出："君子怀德，小人怀土。"第二个例子是诗人俄耳甫斯不肯为了自己的妻子去死。在他妻子死后，他没有立即跟随妻子去死，所以当他去阴间想带回妻子时，没有如愿以偿。因为他的爱不够狂热，他的爱情没有战胜他的自私和胆怯。斐德若显得特别推崇爱情中的狂热和无私，为爱而死似乎是他最推崇的。他在这里又一次贬低了诗人。第三个例子中他对被爱者阿喀琉斯进行了赞颂。被爱者阿喀琉斯为了给爱者帕特洛克罗斯复仇，甘愿去死。他还批评了埃斯库洛斯对于这个故事的伪造，指出诸神更加看重被爱者的美德，虽然爱神在爱者身上，更加有神性，但是诸神却更敬重被爱者。

对于斐德若的讲辞，我们可以从以下几个方面理解。第一，施特劳斯认为斐德若是从好处或者利益角度颂扬爱情的。在他看来，斐德若是作为被爱者而推崇爱情中的无私和奉献的。这种推崇实际上是对自己的利益的贪婪。爱者越是表现得无私和奉献，被爱者就越是能够从中获得好处和利益。所以斐德若的讲辞的核心是利己主义。

第二，斐德若似乎并未意识到自己的利己主义，也并未意识到自己的讲辞和自己的身份之间的悖论。因为他缺乏智慧，缺乏这种自我意识或者自我认识。但是斐德若并不满足于这种利己主义或者功利主义。他在主观意识中试图超越这种利己主义。所以他的讲辞是对爱情中的无私、自我牺牲、非功利性的歌颂。作为一个年轻人，他看重爱情中的这些品质是正常的，因为他也会厌恶日常生活中人们的普遍的功利主义，而激情狂热的爱情则意味着对日常的算计性功利性的一种扬弃和超越。今天我们也可以看到年轻人对爱情中的这种非功利性和自我牺性的追求。总而言之，斐德若试图通过揭示爱情的非功利性提升爱欲。但是他对爱欲的非功利性和狂热的推崇是非常空洞的。他是用传统神话为自己的这种非功利主义的爱情观进行辩护的。当斐德若逐渐不再相信传统神话后，不再相信为爱而死能够获得诸神的奖赏后，他就无法为自己的观点进行辩护了。这样他就完全转向了《斐德若》中的利己主义立场。苏格拉底才真正为爱欲中的非功利主义进行了证明和辩护。

第三，斐德若是作为被爱者而歌颂爱情的无私和奉献的，但是他似乎并未被爱情激发起来，还不具备这些品质，虽然他似乎希望自己也能够拥有这种品质和激情。所以他对被爱者阿喀琉斯的自我牺牲更加推崇，因为被爱者的自我牺牲更加没有利己主义和非理性主义色彩，也就更加具有理性主义的倾向。当他认为被爱者的德性高于爱者的德性时，也就意识到了德性的起因并不是爱欲，而是爱欲的对立面——理性。爱欲并不能够真正成就人的德性。他并不真正理解爱欲和理性的关系。正如《普罗塔戈拉》中揭示的，只有理性智慧是德性的唯一原因，其他都不是德性的起因。如果爱欲并不是美好德性的原因，那么斐德若的对于爱若斯的歌颂就完全失败了。虽然斐德若也接受了哲学启蒙，但是他的理性主义思维能力还没有发展起来，还不能通过理性主义的方式揭示爱情中的非功利性和自我完善。这种理性主义将在苏格拉底的爱欲论中得到真正的升华。

第四，爱情追求利益好处是合乎人之常情的，没有谁会在爱情中追求恶。关键就是什么是真正的利己和好处。柏拉图告诉我们，真正的利己或者自爱就是自我完善或者修身，只有在修身中，我们才能真正实现利己和自爱，其他的自爱都是错误的。这是苏格拉底要揭示的，而斐德若显然还不明白。

## 四、泡赛尼阿斯的颂辞（爱欲与道德）

斐德若虽然已经意识到了爱欲和德性之间的紧张关系，但他仍然强调了爱欲和德性的正面关系，即爱欲可以促进德性，特别是勇敢。但是爱欲也可能导致消极败坏的行为。这正是泡赛尼阿斯批评斐德若的出发点。当然这是和泡赛尼阿斯自己的生活和行为相关的。他是阿伽通的有情人，年龄较长，也是男童恋的支持者。他把肉欲的快乐看作是唯一的善，但是他的“道德感”却使他贬低和批判这种快乐。或许他在自己的生活中感受到了更多的因男童恋带来的罪恶感。他的讲辞的意图可能就是以道德礼法的名义，肯定男童恋的肉欲快乐的正当性，由此消除自己的罪恶感。我们用比较粗俗的话形容泡赛尼阿斯，就是“既想做婊子，又想立贞节牌坊”。柏拉图和色诺芬似乎都强调了他的纵欲主义的倾向。施特劳斯也特别强调了这一点。可以说，爱欲和道德的关系是非常重要的问题，对于我们理解爱欲具有重要意义。

泡赛尼阿斯首先强调了爱若斯的动物性基础，即爱若斯是和阿弗洛狄特相关的。爱若斯和阿弗洛狄特的区别并不明显，一般来说，爱若斯和美貌、迷人相关些，而阿弗洛狄特是和性欲相关的。所以爱若斯比阿弗洛狄特要显得更加“文明”一些。但是爱欲和性欲不可分离，甚至没有性欲，就没有爱欲，性欲比爱欲更加原始和古老，而爱欲并不是最古老的。这样泡赛尼阿斯就否定了斐德若的观点，也暗示了他的纵欲主义的倾向。在施特劳斯的解读中，这句话被翻译为“没有爱若斯，就没有阿弗洛狄特”。正好和刘小枫先生的译本相反。当然这是一个类似于“鸡生蛋还是蛋生鸡”的难题。但是孰先孰后并不是一个纯粹的事实问题，而是和其目的意图相关的。例如弗洛伊德会认为性欲比爱欲更原始，而基督教则认为上帝作为纯粹的爱比宇宙更加原始。因此关键在于我们从这个观点推出什么结论，达到什么目的。所以我们需要反思和关注的是我们的目的，而不是某个观点本身的正确或者错误。

他紧接着指出阿弗洛狄特和爱若斯都有两个，即属天和属民的，或者高贵的爱若斯和低贱的爱若斯。只有高贵的爱若斯才是值得推崇的，低贱的爱若斯是不值得推崇的。斐德若则没有对两种爱若斯进行区分。这种区分的标准是道德和法律。这说明泡赛尼阿斯关注的是爱欲和道德法律的关系。在他的设想中，既能够获得最大快乐，又能够合乎道德礼法，这无疑是最好的爱欲。如果能够获得最大快乐，却不能合乎道德法律，这无疑是他不能接受的。或者说他试图解决道德法律施加给他的负罪感。他不能改变自己的同性恋倾向，所以他就只能设法改变道德法律。而改变道德法律的前提就是肯定道德法律都是人为的主观的规定，并没有天经地义的真理性和正当性。

因此他首先强调：“所有行为就其作为行为来说，并没有美丑可言。”他的言外之意是说，一切行为或者事物依据其自身没有好坏美丑之分，一切好坏美丑之分都是人为的结果。进一步，他说行为的美不美只有依靠行事的方式才能决定其正当性。这种恰当不是依据自然，而是指合乎风俗礼法。这就类似于普罗塔戈拉的“人是万物的尺度”的主观主义或者虚无主义。这种观点否定了依据自然的好坏美丑，也就是否定了道德法律的自然基础。相反，真正的哲人承认存在依据自然的好坏美丑的事物，好坏美丑并不是单纯依据人为的规定。因此哲人试图从习俗的好坏美丑进一步上升到自然的好坏美丑。自然的好坏美丑是永恒的，习俗的好坏美丑只是对自然的好坏美丑的模仿。

他指出一般人崇拜属人的阿弗洛狄特，这类人爱女人或者男孩，他们爱的是身体而不是灵魂，而且爱的对象越愚蠢越好，不管自己的爱情是不是好的或者合法的，这使爱情成了不光彩、不正派的事情。相反，属天的阿弗洛狄特年纪较大，和对少男的爱情相关，目的是激发少男对成年的富有理智的男性的爱，从而能够使少男逐渐变成有理智的成年男性，这才是高贵的爱情。这可以看作是他对男童恋的第一个辩护。这个观点可以说是雅典同性恋的主流观点。成年男性和少男的爱情是为了少男的理智成长，而理性是人之为人的本质。但是在泡赛尼阿斯这里，他的隐秘目的只是为了自己的纵欲享乐辩护，而不是真的出于为少男的理智成长。只有在苏格拉底的男童恋中，这种理性主义目的才得到了真正的实现。

接着泡赛尼阿斯考察了各国相关法律在男童恋上的差异性。他指出，在其他城邦这类法律都很简单。例如在厄利斯和玻俄提亚，法律就完全支持人们的男童恋。而在伊奥尼亚和僭主制下，法律则彻底禁止男童恋。但是雅典和斯巴达的法律则比较复杂。一方面，爱者受到了鼓励，爱者无论做什么都会赢得人们的支持和赞美，甚至连发假誓言也被法律或者诸神所原谅。而出于其他目的而不择手段，例如追求金钱或者权力，则会被认为是可耻的。但是泡赛尼阿斯说的这种情况只是在自由民主制社会中才是常见的，人们在爱情上的宽容只是因为每个人都受到爱欲的控制和支配，每个人都是爱欲的奴隶，所以人们才显得宽容。这是基于对人性的软弱的谅解。相反，在“封建社会”中，人们对于自己的爱欲看管得非常严厉，因为立法者认为如果人们在爱情上是放纵的，那么人们在其他方面也可能是放纵的。当人们习惯于在爱情上放纵时，人们就在其他方面也会变得放纵。所谓“勿以善小而不为，勿以恶小而为之”。

另一方面，法律又禁止男童恋。少男的父亲也严格管教自己的孩子，不允许自己的孩子早恋。于是泡赛尼阿斯又求助于两种爱欲的区分，即好人的爱情和坏人的爱情。坏人的爱不专一，好人的爱专一。专一性、持久性似乎成为高贵爱欲和低贱爱欲的区分标准。这和我们对爱情的理解显得是一致的。我们一般认为喜新厌旧、移情别恋是不好的，而天长地久、白头到老是好的。专一性意味着以理智和道德约束爱欲，专一性就意味着道德性。这也是泡赛尼阿斯对爱欲的道德属性的强调。

所以他最终认为真正的法律必须支持好人的爱情，而禁止坏人的爱情。应该制定两条法律，第一，被爱者不应该太快地答应爱者的追求，必须考验一段时间。这是为了降低他在追求少男过程中遇到的阻力，也是为少男的拣选提供余地。第二，被爱者不应为了金钱或者政治利益而答应爱者的追求，因为这些东西和爱情相比都是转瞬即逝的，不是永恒的。

最后，泡赛尼阿斯提出了男童恋的正当性的标准在于“为了美德”。他认为必须把关于男童恋的法律和关于哲学等德性的法律结合在一起。爱者必须善待被爱者，被爱者必须对爱者百依百顺，爱者必须全心全意促进被爱者在德性方面的进步，被爱者则凭借服从爱者而获得美德的完善。这样可以使得双方的智慧和德性共同得到促进。他认为，为了道德的爱情高于为了金钱和权力的爱情，被爱者即使搞错了，也不会受到非议。所以，为了美德而进行的男童恋始终是正确的。这样男童恋中对纯粹肉欲的低贱快乐的追求则被否定了。这种观点和我们熟悉的“革命与爱情”的主题比较接近。也就是说，如果爱情是为了非爱情的崇高目的，那么爱情就从单纯的动物性的爱欲升华为精神性的爱情。

综上所述，泡赛尼阿斯是一个理论上的道德主义者，却是一个实践上的享乐主义者。他在理论上是道德的，但在行动上却是不道德的。他的行为背叛了他的理论。这就是他的反讽。因此他不知道自己在说什么和做什么。相反，一个哲人可以在行动上是合乎道德的，但是他在理论上却是超道德的。泡赛尼阿斯一方面沉溺于爱欲的享乐中不能自拔，一方面又试图超越这种低贱享乐，把爱欲和美德理智结合起来。但是他对美德和理智的自然本质一无所知，所以他也不能实现爱欲和理智美德的结合。或者说，他的理性只是道德法律含义上的理性，因此不是哲学意义上的理性。他的道德只是对真正的道德的模仿和分有，而不是理性意义上的道德。他没有区分哲学德性和道德德性，只看到了政治德性，而没有看到理智德性。道德德性只是理智德性的影子，并不是真实的德性。只有苏格拉底才真正揭示了道德德性的理智基础，表明爱欲只有在真正的理智德性中才能最终达到至善。

## 五、厄里克希马库斯的颂辞（爱欲与技艺）

接下来，本来应该是阿里斯托芬讲，但是他却突然因为打嗝不能讲了，因此要求厄里克希马库斯先讲。我们可以把阿里斯托芬的打嗝看作是对泡赛尼阿斯的道德主义的反讽。泡赛尼阿斯的道德主义显得是对身体感觉的蔑视或者贬低，阿里斯托芬用打嗝揭示了身体的存在，身体的不可忽视，表明身体的存在可以打乱和改变既定的法律秩序和规则，同时也是对泡赛尼阿斯的享乐主义的暗示，暗示他没有看到道德和爱欲之间的冲突。打嗝是身体秩序的紊乱，同时打嗝也是对会饮的高雅的解构，这是和喜剧诗人阿里斯托芬的“低俗”相一致的。同时也揭示了人类生活中低俗的不可或缺性。没有低俗，就没有高雅，低俗与高雅总是相反相成的。因此，所谓“出淤泥而不染”才是正道。

厄里克希马库斯的讲辞是要通过非道德的技艺来歌颂爱欲。他首先把爱欲泛化了，认为爱欲并不单纯是人事，同时也是宇宙的要素，爱欲充满了整个宇宙。这被施特劳斯称为“泛爱欲论”。这种泛爱欲论来自恩培多克勒哲学，可以看作是爱欲的宇宙学或者本体论。这种泛爱欲论可以看作是对爱欲的自然化，它扩展了人们对于爱欲现象的理解，暗示了爱欲的非人品质。如果我们仅仅把爱欲看作是一种人类学现象，我们对爱欲的理解就是狭隘的，就不能理解爱欲的本质。爱欲的这种超人品质在苏格拉底的爱欲论也会进一步展示和提升。这种泛爱欲论也可以看作对泡赛尼阿斯的狭隘的爱欲论的批评。

厄里克希马库斯一共提到了四种技艺。第一，他从医术的角度颂扬爱欲。医术涉及可见的身体。他认为身体的自然包含了两种爱欲，即健康的身体的爱欲和生病的身体的爱欲。好的爱欲就是爱身体的健康的部分，坏的爱欲就是爱生病的部分。医术就是认识身体上的好的爱欲和坏的爱欲，以好的爱欲取代坏的爱欲。或者说，医术就是使得两种爱欲相互协调起来。他把这种医术归功于阿斯克勒皮奥斯。他进一步举例说明，认为健身术和农业也是受到爱神引导的，两者都是涉及对立面的协调。例如农业的技艺和风调雨顺、冷热寒暑相关，这就是对立面的和谐。按照柏拉图的看法，只有健康才合乎身体的自然，生病则违反了身体的自然。医术低于健身术。健身术是保证身体的健康自然，而医术只是纠正违反自然的身体。所以自然就意味着好，反自然则意味着坏。但是厄里克希马库斯没有这样理解自然，没有把健康和自然等同起来，也没有理解自然的本质。当他强调技艺就是达到对立面的和谐时，他似乎应该支持异性恋，但是他本人却又是同性恋，所以他的理论和他的行为也是自相矛盾的。

第二，他提到了音乐技艺。音乐技艺是涉及不可见的灵魂的技艺。他列举了赫拉克利特的话为自己的观点进行证明。赫拉克利特的话是："他们并不知道，它［一］何以与自己相分又相合，分分合合有如调正弓弦和竖琴。"也就是说，音乐的技艺可以使相互对立的东西达到和谐。厄里克希马库斯认为在音乐技艺中没有二分的爱欲，只有好的爱欲。但是根据我们的经验，音乐中同样存在坏的爱欲，例如靡靡之音。而他认为音乐技艺中没有坏的爱欲，可能只是说明了他对于音乐的无知。进一步，厄里克希马库斯认为如果把音乐应用人生，就困难了，必须需要良师。真正的良师应该是品行端正的人，只有对品行端正的人的爱才是好的爱欲。他所谓的品行端正的人应该是技艺超群的人，而不是泡赛尼阿斯意义上的道德君子。这种技艺超群的人能够凭借自己的技艺使得各种对立面达到和谐，而无需要顾忌习俗性的道德法律问题。同样，没有这种高超技艺的人就是坏人，他无能协调各种爱欲，可能导致人们没有节制。而医术就应该像烹调术一样既可以给人带来快乐又不至于害病。这里似乎体现了厄里克希马库斯想通过技艺（房中术）来解决男童恋中的纵欲危害。

第三，他提到了天象术。天象术涉及可见的宇宙天体，是对日出月落、斗转星移、四季交替的规律的认识。他认为好的爱欲导致风调雨顺，阴阳平和，万物安宁。坏的爱欲则导致瘟疫、朽坏、病患等自然灾害。天体运行是可见的，并且是有规律可循的，因此我们可以凭借天象术对人事活动进行安排，建立人世的政治秩序，例如日历、节气、节日等的设置。通过天象术，我们可以协调或者支配天体的爱欲活动。因此自古以来天象术或者天文学在人类生活中就具有至关重要的地位和作用。

第四，他提到了占卜术。占卜术关系到不可见的诸神。占卜术可以让人和神相互沟通，其目的就是护理和治疗爱欲。凡是人们在崇拜诸神和孝敬父母方面不好的，都是因为不敬重端正的爱欲，而服从了没有美德的爱欲。因此敬天爱神就是好的爱欲，否则就是坏的爱欲。好的爱欲会受到诸神的护佑，坏的爱欲就会受到诸神的惩罚。最后，厄里克希马库斯说爱神的作用是巨大的，但是只有爱神以明智和公正扶助好的事物，才能在人和神方面显示巨大的作用，为我们带来福分。否则如果遵从坏的爱欲，就会带来灾难。这样，厄里克希马库斯从对医术的赞美最终上升到对占卜术的赞美。医术是治疗人的爱欲，巫术是治疗神的爱欲。医术和巫术显得就是一回事了。

厄里克希马库斯的目的是颂扬爱欲。但是我们却看到，他最终以对技术的颂扬贬低了爱欲。在他看来，一切美好和谐是技艺导致的，而不是爱欲导致的。所以他的根本思想是技艺高于爱欲，技艺应该控制爱欲。他否定爱欲的美好和重要，千方百计试图控制爱欲，这样他就断绝了从爱欲上升到至善的可能性。所以施特劳斯认为他是乏味的、迂腐的，根本“不解风情”，他的爱情生活只是追逐时尚，“附庸风雅”而已。爱欲需要引导，这种引导的根本就是理性。技艺是理性的产物，但是技艺并不是理性的完全的展示，只是对理性的分有，所以技艺并不是完全意义上的理性。技艺关注的是善的表象，因此不是善本身。以技艺控制爱欲是不明智的不智慧的。完全意义上的理性只有在对至善的直观中才能实现。只有苏格拉底才真正实现了以完全的理性对爱欲的引导，实现了爱欲的理性升华，因此否定了一切对爱欲的人为压抑。厄里克希马库斯也展示了爱欲和理性的关系，正如泡赛尼阿斯看到了德性和理性的关系一样。但是他们对于爱欲、理性和至善仍然是无知的。

厄里克希马库斯可以称为是一个崇拜技艺的技术主义者。他以技术主义的非道德主义反对泡赛尼阿斯的道德主义。但是技术主义的本质是非道德主义的享乐主义。这种技术主义在现代文明中达到了登峰造极的地步。技术进步成为现代人的主要信仰，人类的一切困难、不幸和灾难都最终诉诸技术进步。所以技术进步成为现代文明发展的引擎。人们确实凭借技术进步克服了一些困难，但是技术进步同样带来了很多负面影响。而且人们在越来越强大地控制了外在事物之际，他的内心世界却越来越不受控制了，人们在各种行为上也越来越无所忌惮，他们的欲望被技术进步激发起来，又进一步推动他们去追求技艺的进步，由此陷入了一个持续的恶性循环。例如随着各种避孕技艺的发明，人们在性行为上越来越肆无忌惮，性行为越来越成为追逐快乐的活动。性行为和它的自然目的即生育分离了，以至于人们越来越不能正确地理解性行为，或者对性行为的理解越来越主观化和个体化了。这种推崇技术的技术主义最终导致对自然的压制和遗忘。对技艺的颂扬意味着对自然的贬低。技艺仍然是人为之物，最多是对自然的模仿。自然高于技艺，技艺低于自然。

因此古代哲人大多贬低技艺，推崇自然。柏拉图在《政治家》中就曾经描述了没有技艺的神治时代的美好。他暗示了技艺本质上是生存之痛苦的产物，而且还可能进一步导致更多痛苦，所以依赖技艺无助于消除痛苦。老子也指出："绝圣弃智，民利百倍。绝仁弃义，民复孝慈。绝巧弃利，盗贼无有。此三者以为文不足，故令有所属：见素抱朴，少私寡欲。"① 当孔子看到蔡文仲养了一只大乌龟时，说："藏文仲居蔡，山节藻棁，何如其知也？"② 因此孔子反对占卜，认为"不占而已矣。"佛陀也反对占卜。因为占卜仍然是对利害得失的执着，这都是不重视德性修养的表现。如果我们更加关注德性修养，那么我们就会有好的人生。

柏拉图也反复强调不要祈祷和占卜，因为世人并不知道他的祈祷是不是能够给他带来真正幸福。真正的哲学是对自然的认识和效法，哲学是"道"，不是单纯的技艺能够达到的，真正的有智慧有德性的人不屑于各种技艺。所谓的"技进于艺，艺进于道"，技艺的顶峰是非技艺的。哲学本质上是非技艺的。技艺的目的是控制，只有智慧才能带来真正的控制。真正的控制是自我控制，哲人是自我控制的典范。

---

① 《道德经》，第十九章。

② 《论语·公冶长》。

## 六、阿里斯托芬的颂辞（爱欲与自然）

阿里斯托芬先是和厄里克希马库斯斗嘴，他提示身体的通泰需要像打嗝之类的事情。这是喜剧诗人对丑陋之物的重要性的揭示。身体的通泰当然是秩序的恢复和良好。但是秩序的良好总是伴随低俗丑陋的事物，没有这些低俗丑陋的事物，高贵的秩序是无法维持的。正如施特劳斯指出的，阿里斯托芬教导我们必须重视粗陋的、低俗的事物，在这些低俗事物上也存在高贵的萌芽。只是阿里斯托芬似乎并不承认高贵事物的存在，他只是满足于丑陋低俗的事物，满足于对人世的文明和道德进行冷嘲热讽，玩世不恭。虽然医生厄里克希马库斯似乎要做一个文明秩序的维护者，但是他不能理解阿里斯托芬对于人性的深刻洞察，不能理解阿里斯托芬喜欢搞笑的原因。

阿里斯托芬的讲辞一上来就放弃了对高贵爱欲和低贱爱欲的区分。因为他根本否定理性和文明的意义，他也不承认前面两人的包含了理性文明成分的高贵爱欲，只承认不包含理性成分的低贱爱欲。同时他也放弃了理性的论证的方式，而改用讲故事的方式。这也体现了阿里斯托芬对理性的拒斥。苏格拉底在后面将指出即使在最低贱的爱欲中也包含了理性的因素。阿里斯托芬表示迄今为止人们根本不理解爱神的“力量”，这意味着他将展示爱若斯的力量。他指出在所有神中，只有爱神对人最友好，帮助人，为人医病，似乎爱若斯是一个医生。在此，阿里斯托芬似乎也把自己看作是医生，他是用喜剧来医治人生的悲剧性命运。下面他将展示人类的这种悲剧性命运。但是，哲人才是真正的医生，他医治世人的观念的疾病。苏格拉底的辩证法本质上就是对人的观念之病的治疗。

阿里斯托芬认为必须首先理解人的自然及其遭际。于是他讲述了关于人的起源的神话。他认为在最早时代，人的自然和现代人类的自然不同，他从人的生物学特征谈起。首先是性别的不同。那时除了男性和女性，还有男女合体的第三性。其次，那时的人是圆球形的，所有器官都是成双的，可以翻滚飞跑。这种圆形人是对自己的祖先即天体的模仿。再次，这三种人分别是太阳、大地和月亮之类的宇宙诸神的后代，而不是奥林匹斯诸神的后代。这些人类具有强大的体力和精力，因此有非分之想，要和奥林匹斯诸神较量。这样就意味着人类和奥林匹斯诸神是对立的。这时的人类类似于巨人种族。

阿里斯托芬把人类看作是宇宙诸神的后代，似乎体现了他对人类起源的"无神论"理解。而奥林匹斯诸神则更多是习俗礼法的产物，具有更多的政治文明因素。所以在他的神话中，早期人类对奥林匹斯诸神的反叛就是人的自然对于道德习俗的反叛。这种对立就是自然和习俗礼法的对立。因此阿里斯托芬的哲学基础仍然是智者哲学关于自然和习俗的区分。喜剧诗人同样是智者哲学的信徒。他虚构的那个"前政治状态"或者"自然状态"的人类，和智者普罗塔戈拉的神话、霍布斯的自然状态理论非常一致。他也认同了智者的这种区分，没有对这种区分进行反思和批评。这就为他把爱欲和文明对立起来奠定了一个神话学基础。

宙斯和诸神商量如何对付这种人类。他们出于自私的考虑，既不能把人类消灭掉，又不能让人类无法无天下去。最终宙斯决定把人类劈成两半，并且让阿波罗把人的脸和脖子扭到切面，好时刻看到自己的伤口。这样既削弱了人类的力量，又能够让人类活下去。但是阿波罗没有完全履行宙斯的命令，只扭了人类的脸，没有扭人的脖子。可见诸神之间也无法做到完全的服从。在被切成两半后，人类因为奥林匹斯诸神（文明的象征）变得虚弱了，但是人类并未变得老实服从，而是急切地寻找自己的另一半，紧紧抱住不放，恨不得重新合为一体。由于他们不吃不喝，人类很快就要死光了。

于是宙斯决定拯救人类，他把人的生殖器移到了前面。在此之前，人的生殖器都在后面，人类的生殖不是通过交配，而是通过把精子和卵子下到地里完成的。在把人的生殖器移到前面后，当男女拥抱时就可以交配，并且生育后代，不至于会死绝。当男人和男人拥抱时可以发泄一下，能够继续做日常工作和其他事务。这样一来，恢复最原初的自然，让分开的两半合为一体就成为现代人类的最强烈欲望。

这一段意味着在阿里斯托芬看来，早期人类是无性的，因而是自足的。这是阿里斯托芬对性欲的原初性的沉默的摒除。他不承认性欲的原始性，性欲是后来的产物，甚至是阿波罗神的失误的结果。因此他也不承认从性交中获得快乐的正当性。现代人类由于这种分裂是不自足的。性欲是人类重新回到原始统一性的欲求，现代人类就不得不承受性欲的折磨，然后从性欲的满足中获得短暂的安息。人生是苦，性欲的满足是对人类的现实苦难的一种安慰。可见，他对人世的痛苦真相有更加真切的体认。这里充分体现了阿里斯托芬的悲观主义。一个搞笑的喜剧诗人的内心世界其实充满了悲观的情绪。一个真正的喜剧诗人如何能够不是一个悲观主义者呢？

每个人都不再是完整意义上的人，而是原人的碎片。因此每个人都在寻求自己的另一半。阿里斯托芬讲到了异性恋和同性恋的原因，并且对男同性恋进行辩护。他认为这样的男人比较有男子气，比较勇敢，因此在成年后将成为参与政治的高手。这样阿里斯托芬还是把勇敢作为政治生活的首要德性。这也就意味着他对斯巴达和克里特政体的推崇。当然这也可能是他对政治生活的玩世不恭的嘲笑。但是在柏拉图看来，哲人才是原人，哲人才是人的自然的真正完成，大众俗人都是对哲人的模仿，是哲人的碎片。同样，智慧，而不是勇敢，才是政治生活的首要德性。

接下来，他提到了一种更加微妙和深刻的东西。他说这些恋人虽然终日厮守在一起，却说不出想从对方那里得到什么，这种感觉超越了做爱的快乐感觉。两个人都憧憬着某种东西，却不知道究竟是什么东西，只是能够隐隐约约地感觉得到。然后阿里斯托芬又举了赫斐斯托斯的故事来说明，他以此暗示是赫斐斯托斯揭示了人类欲望的秘密自然。赫斐斯托斯是瘸腿的丑陋的，并且被妻子欺骗戴了绿帽子。首先是这个神认识到两个恋人的共同愿望是想融为一体，同生共死，回归原初的自然。于是阿里斯托芬给爱欲下了一个定义："我们先前的自然本性如此，我们本来是完整的。渴望和追求那完整，就是所谓爱欲。"① 在这一段中，阿里斯托芬揭示了人类生命最深处的"一体感"。这种一体感是最原初时代的完人的感觉，是人最原始的一种冲动和欲望。人对更高更大的整体性和统一性的追求可以说都是这种一体感的体现。可以说，人们在不同的层次上

---

① 柏拉图：《会饮》，刘小枫译，华夏出版社，2003 年版，193a，第 52 页。

通过不同的方法都在追求这种一体感，例如对于家庭、国家、人类、宇宙等更高存在的追求等等。尼采在《悲剧的诞生》中所描述的就是这种原始一体感。可见，阿里斯托芬对人性的观察更深入和透彻。但是因为他否定了理性和文明，所以他的这种原初自然更多意味着无知无识的混沌状态，他根本不能正确理解和维护这种感觉冲动。

最后，阿里斯托芬奉劝人们要敬畏神，以免被诸神再切一次。所以要让爱神引导和统领我们，不可亵渎爱神，得罪诸神通常都是由于得罪了爱神。如果能够和爱神相处好，就能够找到和拥有自己的爱人，爱神就能够让我们重返自然。爱欲是人重新回归自然的唯一方法。对诸神的敬畏既可以使得我们免遭厄运，也可以使我们复归自然。这种“不可得罪爱神”的说法在《斐德若》中苏格拉底也明确说过。苏格拉底因为害怕自己的文章亵渎了爱神，所以赶快另外做了一篇文章来称颂爱神。

这里阿里斯托芬要求人们虔诚的根据是基于对诸神的恐惧。他开头暗示人的原初自然是反文明诸神的，在人的自然被削弱的情况下，人就必须服从诸神。但是阿里斯托芬已经看到，诸神本身是非道德的，是暴力的，诸神只是意味着更加强大的力量，所以对诸神的崇拜只是对力量的崇拜。诸神世界不过是动物世界的翻版。诸神的世界应该低于人的世界。但是诸神同时是礼法的来源和象征，是文明的基础和开端。这就意味着文明的基础是反文明，法律的基础是反法律的，道德的基础是反道德的。这种认识使得阿里斯托芬不再对道德、文明、法律怀有敬畏之心。所以他对诸神和文明没有好感，他的不虔诚是出于对诸神和文明的暴力性本质的认识，从而更加推崇能够给人提供快乐和安慰的爱欲，爱欲被设想为文明的对立面。他奉劝世人的虔诚只是对诸神的欺骗。通过欺骗诸神，我们就可以顺利地享受爱欲带给我们的一体感，这种一体感虽然不是原初的一体感，但是最接近原初一体感。

但是在苏格拉底和柏拉图看来，道德和法律的真正来源是理性，理性才是真正的超道德和超法律的东西，由此他们走向对理性主义的推崇。而阿里斯托芬错误地把这种超道德和超法律的东西理解成暴力、恐惧和野蛮，这就和智者、尼采等人的观点走到了一起。因此诗人阿里斯托芬对人的自然的理解完全是非理性主义的。在他把爱欲看作是人的自然时，他根本没有把理性作为人性的自然的本质。这样他对人性的自然的理解就是错误的。但是他必须通过理性的思维把自己的观点表达出来，却根本看不到理性的存在和作用。因此他缺乏自我反思和自我审视的能力。这表明他也不知道自己在说什么，并未意识到自己的无知。

下面，我们对比赫西俄德的黄金时代、《圣经》中的伊甸园、霍布斯的自然状态论、弗洛伊德的精神分析学、尼采的生命哲学来理解阿里斯托芬的这个神话。赫西俄德的黄金种族没有痛苦和悲伤，衣食无忧，死亡像睡眠一样，死后变成了人类的守护神。柏拉图则认为在黄金时代，人类被各自的守护神治理，他们满足于简单的口腹之欲，生活得无忧无虑。《圣经》中的伊甸园是无性的，也就是说亚当和夏娃是自足的、圆满的，他们不需要通过性交获得一体感。但是当他们一旦涉及性，自足性就消失了，他们就感到了自己的残缺和不足，所以象征圆满的伊甸园就消失了。霍布斯的自然状态论是前政治状态，是人人相互为敌的状态。阿里斯托芬虽然没有直接描述巨人种族是人人为敌的状态，但是我们可以设想，这些巨人是人人为敌的，因此他们也才对诸神表示不驯服和反抗，所以巨人种族是一个好战的种族。只有在他们的好战天性遭到削弱以后，他们才能进入政治社会，也就是对诸神的服从，但是他们好战的本性仍然保留下来了，所以阿里斯托芬强调服从和虔诚的必要性。阿里斯托芬的理论也和弗洛伊德的精神分析学也非常接近。这个巨人或者原人就类似于弗洛伊德的本我或者力比多，被切割以后的状态就相当于自我，诸神相当于超我。人们对于礼法的服从只是出于对被再次切割的恐惧，他们都追求回归本我或者原欲，也就是对混沌的复归。弗洛伊德把文明的起源看作是对爱欲的压抑的结果，这和阿里斯托芬是一致的。同样，阿里斯托芬的爱欲论和尼采的生命哲学也非常一致。他们都推崇这种生命的原始一体感，但是这种生命的原始一体感只是意味着非理性的混沌无知。

阿里斯托芬的这种理论是苏格拉底所反对的。首先，阿里斯托芬否定了政治的一体感的可能性，他推崇的是非政治化的乡村田园般的生活状态。而柏拉图则描述了政治一体感的可能性。《理想国》就是柏拉图对这种政治一体感的论证。在这种政治一体感中，公民们万众一心，肝胆相照，情同手足，共呼吸共患难。整个国家就像是一个人一样。其次，从原初开端状态来看，阿里斯托芬的原初一体感是肉体的一体感，而柏拉图的回忆说则表达了灵魂的一体感。回忆说揭示了灵魂和理念的原初统一性状态，人的出生本身意味着从这种原初一体感的堕落。再次，从追求目的来看，阿里斯托芬推崇的是肉欲性的混沌的一体感。而柏拉图推崇的是灵魂的理性直观的一体感。这种一体感是天人合一的境界。这种同一性境界不是混沌状态，而是理性的空灵清明、宁静至乐的状态。哲人只是观看者，“夫物芸芸，各复归其根”。他消灭了自我欲望，内心不起任何分别，达到绝对的觉知和清醒，同时又彻底投入万物之中，和光同尘，与物为春，逍遥自在。因此阿里斯托芬的一体感是没有差异性的一体感，柏拉图的一体感是始终存在异质性的一体感。

阿里斯托芬的立场，一言以蔽之，就是“反文明”。他推崇爱欲，但是他只看到爱欲的非礼法性质或者反文明性质。阿里斯托芬对人的自然爱欲的理解仍然是智者式的，错误地认为爱欲是反文明的，文明是对爱欲的压抑。他推崇远古意义上的自然状态和乡村生活，但是他并不真正理解这种乡村自然生活的真相。正如现代很多“复古主义”者所表现的那样。复古主义者并不理解自己推崇的远古状态的真实意义，只是把古代作为反对现代的一个武器而已。这种利用本质上还是一种现代应用。阿里斯托芬对诸神的卑鄙的嘲笑，也就是对礼法和理智的嘲笑，他对虔诚的推崇本身就是一种反讽和嘲笑，只是他必须隐藏自己的不虔诚。

阿里斯托芬是玩世不恭的人，是破除偶像的人。他要撕掉人世的虚伪的面纱，其中就包括泡赛尼阿斯和厄里克希马库斯以道德和技艺掩饰自己的男童恋的纵欲主义的虚伪。但是这种虚伪中也包含了某些真实的东西，所以当阿里斯托芬完全抛弃这种虚伪时，他就陷入了另一种错误和片面。他的错误表现在他对理性的彻底拒斥和否定，他对人的理性视而不见，只字不提，认为理性是人为的、虚假的、派生的，这也是他反对和批评苏格拉底的原因。但是他却又是一个悲观主义者，他知道人要回归原初的同一性是不可能的，因为肉体上的合二为一是不可能的。所以在他的思想深处，他认为人生是苦，爱欲是苦。他的一切搞笑都可能包含了苦涩的泪。他和叔本华的意志主义、弗洛伊德的死本能观点似乎走到了一起。

## 七、阿伽通的颂辞（爱欲与文明）

在阿里斯托芬的讲辞之后，厄里克希马库斯表示对苏格拉底和阿伽通还是有信心的。但是苏格拉底表示他心里没底，不知所措，这当然是他表面上的反讽。因为他清楚地看到了他们讲辞中的错误和片面。阿伽通表示这是苏格拉底在设法使他心慌。苏格拉底则认为阿伽通面对众多观众都神情自若，面对他们几个人不可能感到不知所措。阿伽通立刻指出，少数聪明人比多数愚蠢人更让人心慌。这也表明了这次会饮的规格和水平之高。苏格拉底指出那天的演出他们也都在场，阿伽通并没有把他们看作聪明人。一个人如果做了丢人的事情，他会在聪明人面前感到羞耻，但是不会在大多数人面前感到羞耻。斐德若及时制止了他们的交锋，恢复了酒令的秩序。

这是诗人和哲人的又一次斗争，涉及荣誉的问题。荣誉是文明的根本标志之一。所以是不是看重荣誉，表现了一个人对文明本身的态度。阿伽通是悲剧诗人，悲剧诗人是神的故事的传达者，是文明的奠基者，所以悲剧诗人显得是站在文明之上的人，他追求来自世人的荣誉。但是诗人对高于荣誉的智慧是一无所知的。相反，苏格拉底并不看重荣誉，也不害怕丢人，并不看重他人的评价，他看重的是智慧或者真理。为了追求智慧或者真理，是不是丢人并不重要。所谓“不耻下问”。但是诗人则不会如此，诗人并不追求真理。因此在智慧面前，诗人其实是很没有荣誉的。当然他们并不害怕，他们都很自信。

阿伽通正式开始自己的讲辞。① 他首先表示之前人们的讲辞似乎都不是在赞美爱神，而是在称颂从爱神那里得到的好处，所以他必须首先说明爱神的本质和作用是什么。他提到了斐德若，他的讲辞显得主要是针对斐德若的。可能因为他们都是被爱者，他们都无需为男童恋进行辩护。因为斐德若是从爱神带来的好处开始自己的讲辞的，他似乎要克服斐德若的功利主义。所以他是从审美主义或者唯美主义的角度开始自己的讲辞。这种唯美主义将导致他远离人世间的真相，从而显得非常柔弱和虚幻。

这表明唯美主义和功利主义其实是一体两面，相反相成的。这种关系我们在现代性以来的启蒙主义和浪漫主义那里也可以看到。只有在苏格拉底的理性主义那里，这种分裂的关系才得到了完全的克服。可以说，阿伽通的唯美主义也不可能真正揭示爱欲的本质。阿伽通的讲辞的特点是显得非常有条理，这是他的良好的理性训练的表现，但是他对于理性却几乎只字未提，因此他也不知道自己在说什么。

他首先谈了爱若斯的身体外形之美。他认为爱若斯是所有神中最有福气的，因为爱神最美和最好。这里他显得把美和好等同起来了。这充分体现了他的唯美主义的立场。“美就是好”显然比“好就是利益”的观点更崇高一些。但是美并不就是好。苏格拉底的讲辞将表明美和好的真实关系。一方面美低于好，另一方面美又能够导向好或者善。只是在人们把美看作好时，人们才追求美。如果美不是一种好，人们就不会追求美。

---

① 阿伽通是高尔吉亚的学生。他的悲剧已经变得缠绵悱恻，剧情也不再取材于传统神话，而是自编自创的。因此阿里斯托芬把他看作是危险的创新者。

所以正如利益、道德、技艺、一体感都是在被看作好的前提下才被追求一样，美也是因为被看作好才被追求的。在苏格拉底看来，一切都是在被理解为好的前提下被追求的，对好的追求才是人类最根本的和唯一的欲望。但是阿伽通的唯美主义却没有看到这一点，他对于爱欲的认识是不彻底的。

他列举了爱神之美的四个方面。第一，爱神最年轻。因此他不同意斐德若的观点。如果爱神最古老，那么诸神之间就不会发生那些相互残杀之类的事情，而是会相互友爱，和平相处。因此诸神的残暴是在命定女神（Necessity）统治时期发生的，在爱神统治了诸神之后，诸神之间就实现了和平和友爱。可见，诸神之王似乎不是宙斯，而是命运女神或者爱神。古希腊人认为在宇宙中存在一种不可违背的必然性，这种必然性是诸神也必须遵守的。一切违背必然性的行为都会受到惩罚，因此这种必然性意味着正义和秩序。智慧就在于承认这种必然性，并且心甘情愿地遵守。但是这种必然性命运并不能够提前阻止诸神之间的残酷斗争。相反，爱神意味着和平和友爱，爱神可以阻止诸神之间的斗争。因此爱神就意味着文明，意味着文明的开端。在阿伽通看来，开端是野蛮的，后来才是文明的。所以他并不是厚古薄今的复古主义者，而是推崇新潮文明的现代派。文明意味着和平，野蛮意味着战争，文明高于野蛮，和平高于战争，阿伽通是反对战争的和平主义者。

第二，爱神是轻柔的。他举了荷马对阿特女神的描绘，但阿特女神却是伤害和蒙昧的象征。爱神则居住在世间最轻柔的地方，也就是神和人的灵魂之中。而且爱神并不是住在所有灵魂中，它只住在最柔软的灵魂中，而不会住在刚硬的灵魂中。正如我们一般所说的，富有爱心的人都心地温柔，刚硬的心一般没有爱。文明意味着柔软温和，所谓“温良恭俭让”。野蛮意味着刚强难化。但是柔软的心也可能是多愁善感、喜怒无常的，因此也可能是比较情绪化和滥情的。所以他也没有提及爱欲中的理性因素。

第三，爱神是优雅的，粗俗或者不优雅和爱神水火不容。优雅意味着文明，粗鲁意味着野蛮。爱欲是文明的根源。文明意味着一种形式（礼仪），野蛮意味着无形式。文明形式意味着秩序，野蛮则意味着混乱。所以我们不能否定文明形式的重要性。但是文明也不能迷失在“文”中，不能对“质”视而不见。我们必须看到“文”的根源在于“质”，不能以“文”害“质”，也不能以“质”害“文”。子曰：“质胜文则野，文胜质则史。文质彬彬，然后君子。”① 阿伽通显得比较尚文，有些以“文”害“质”的倾向。孔子似乎更加崇尚“质”。子曰：“先进于礼乐，野人也；后进于礼乐，君子也。如用之，则吾从先进。”②

第四，爱神气色鲜美，只生活在花艳香浓的地方，不会生活在残花败柳之中。他似乎要确立美好事物的优先性和至上性，也就是要确立文明的优先性。阿伽通对爱神的赞颂同时就是对文明本身的歌颂。他把爱神和文明等同起来，把无爱和野蛮等同起来。但是这样一来，他就要否定和贬低残花败柳，把爱神和那些残缺的不完美的事物分割开来。我们看到，他只选择了世界的一半，而舍弃了世界的另一半。

这和《巴门尼德》中青年苏格拉底的观点非常接近，而巴

---

① 《论语·雍也》。
② 《论语·先进》。

门尼德则批评了青年苏格拉底的这种片面性。因为残缺的事物，例如残花败柳，也是世界的基本组成部分。如果我们忽略了那些卑微的事物，蔑视那些低贱的事物，那么爱神就不意味着整全，我们就不可能同时公正地对待完美的事物和不完美的事物。苏格拉底将教导我们不要忽视那些不完美的事物，在不完美的事物中就隐藏着完美的事物，我们要善于从不完美的事物上升到完美的事物。

其次，阿伽通歌颂爱神的德性。爱神显得具有正义、节制、勇敢和智慧四种美德。第一，爱神是正义的。爱神既不会伤害人或神，也不会被神或人伤害。爱神是非暴力的，也就是文明的，正义和文明是同一的。而暴力则意味着不正义和野蛮，不正义和野蛮是阿伽通反对的。法律是文明的核心，所以他提到了法律，而正义就是法律，这样他就对自然的正义一无所知。在他看来，爱欲是文明的根源，文明法律和爱欲是和谐一致的。这也表明他没有看到爱欲的反文明或者超文明的特性。苏格拉底则揭示了爱欲的超文明特性。阿里斯托芬则强调爱欲和文明法律的对立性，没有看到爱欲和文明的一致性。这也体现了悲剧诗人是国家的立法者，悲剧创造了诸神，诸神构成了法律的终极权威。喜剧则是对悲剧的这种创造的嘲讽和瓦解，喜剧注定是不虔诚的。但是悲剧和喜剧是相互补充的，两者对于人类的健康存在都是必需的。只有哲学实现了悲剧和喜剧的最高统一。

第二，爱神是节制的或者明智的。节制就意味着对快乐和欲望的控制。爱欲是最强烈的快乐，是一切快乐的主人，能够统治各种快乐和欲望，所以爱神肯定是节制的。阿伽通以快乐的强烈程度作为划分爱欲的高低等级的标准，强烈的快乐和欲望能够抑制不强烈的快乐和欲望，这也就意味着他把最强烈的快乐等同于最好的快乐。爱欲就只是对快乐的追求。这是苏格拉底曾经反复批评的观点。在《斐莱布》中，苏格拉底就指出，最强烈的快乐并不就意味着最好的快乐，最好的快乐是和至善或者理性相关的快乐。因此理性和至善才是爱欲或者快乐的真正主人。只有在理性的支配下，一个人才是真正节制的。

第三，爱神是勇敢的。爱神导致和平，爱神是反战的。真正的勇敢并不是表现为战争中的勇敢，而是对战争的克服和超越。阿伽通认为战神阿热斯也不能抵御爱神，而被爱神俘获了，俘获者胜于被俘获者。这是阿伽通对勇敢的文明化理解，和苏格拉底、孔子等人的勇敢观念是一致的。苏格拉底强调非暴力性的勇敢观念。在他看来，真正的勇敢并不是不怕死，而是对至善的无畏追求。猛士的勇敢只是匹夫之勇。

第四，爱神是最智慧的。在此阿伽通歌颂了自己的技艺。爱神是诗人中的诗人，使诗人成为诗人。爱神能够使对诗艺一窍不通的人立刻成为诗人。爱神具有无穷的创造力，对于和诗艺相关的一切都样样精通。诗人是根据灵感创作的，灵感的来源是爱神的激发。这是阿伽通的“灵感论”或者天才论。他进一步提到所有生命都是爱神的智慧创造的。爱神是孕育新生命的推动者，和生命的繁衍相关。这里显示阿伽通否定了同性恋的正当性。苏格拉底也在一定意义上肯定了爱欲和生育的关系。但是苏格拉底却肯定了同性恋的正当性，因为苏格拉底把理性和至善看作是真正的自然，真正的生育是灵魂的智慧和德性的生成。如果同性恋是指向理性和至善的，就同样是合乎自然的。而阿伽通对自然的理解仍然是非理性的。他还进一步认为其他技艺也都是爱神激发的，凡是崇拜爱神的艺人都成就非凡，声名远扬。不崇拜爱神的艺人都没有成就，寂寂无名。他列举了诸神中的各种情况，例如阿波罗、缪斯、赫斐斯托斯、雅典娜、甚至宙斯都受到爱神的激发，发明了各种技艺。最后阿伽通说明“爱神就是对美的热爱”，诸神在爱神的统治下变得文明友爱。

在这里，第一，阿伽通揭示了一种对名誉的爱。这种爱是前面的人都没有提到的。如果诸神是有爱欲的，那么诸神的爱欲首先就是对名誉的爱。因为诸神是文明的开端，所以对名声、荣誉的爱是文明的开端。这种爱超越了单纯的身体的生存和满足。这种爱欲是人不同于其他动物的秘密之一。人类的尊严和高贵也在于对名誉的追求和维护上。这就是文明和名声的关系。可以说，诗人的首要目标就是这种对名誉的爱。名声才是阿伽通最为看重的。

第二，阿伽通认为爱欲是技艺之母，技艺和文明相关，因此爱欲就是文明的创造者。阿伽通的爱欲崇拜、天才崇拜根本上还是文明崇拜。相反，厄里克希马库斯则没有正确揭示爱欲和技艺的关系，而是试图以技艺压抑或者控制爱欲。

第三，如果阿里斯托芬的爱欲是身体的爱欲，那么阿伽通的爱欲就是灵魂的爱欲。灵魂的爱欲显然高于身体的爱欲。当然一切爱欲都是灵魂的属性，只是因为不同爱欲的指向性不同，爱欲就显出了高低贵贱的区别。只关注生存的人是低贱的，没有尊严的。阿伽通的唯美主义是对人的生存层面的超越。当然，如果不关注人的生存，那么同样可能是危险的、野蛮的。

第四，他强调智慧和名声的关系。他似乎是从名声理解智慧的，或者说他是在通过智慧追求名声。在他看来，智慧和名声是等同的，拥有名声就是拥有智慧。但这是对智慧的误解。

智慧并不等于智慧之名。智慧和智慧之名是两个东西。哲人并不追求名誉。也许我们可以说，阿伽通对美的爱实际上是对名声的爱，他其实并不是爱美本身，而是爱美所带来的名声。这或许是阿伽通的讲辞中蕴含的内在意向。

最后，他谈论了爱若斯的作用或者恩惠。他用高尔吉亚式的辞赋风格表达了爱神的恩惠。爱神是最美和最好的，它使其他事物都成为美的和好的，使“人间充满和平，大海平滑如镜，风暴已经沉默，忧伤也已酣睡”。可见，他对爱欲的歌颂和阿里斯托芬对爱欲的歌颂是非常不同的。阿伽通把爱欲看作是文明的基础，阿里斯托芬把爱欲看作是文明的对立面。作为悲剧诗人，阿伽通看到的是爱欲和文明的和谐，喜剧诗人阿里斯托芬看到的是爱欲和文明的冲突。他们两个人各自都是片面的。只有把他们两个人的讲辞合在一起才是完整的，苏格拉底实现了两者的最高结合。阿伽通虽然称颂文明，认为文明的起源是爱欲，他也称颂了技艺，看到文明的核心是技艺，但是他也和阿里斯托芬一样，对于理性和至善却只字未提，说明他也根本没有看到理性和至善在人类文明中的根本作用。例如对名誉的爱也是战争的原因之一，所谓“冲冠一怒为红颜”。如果没有理性的引导，单纯地对名誉的爱是不可能带来和平的。因此他对于爱欲和文明的认识也是片面的，非理性主义的。阿伽通的整个讲辞用一句话概括就是“让世界充满爱”。但是世界的问题绝不是一个“爱”字就能够解决的。

我们看到，阿伽通的唯美主义导致他对人间的苦难视而不见，阿里斯托芬则揭示了这种苦难，所以悲剧诗人显得是喜剧性的，而喜剧诗人则显得是悲剧性的。悲剧是创造性的，而喜剧是揭露性的。悲剧创造了人类生活的精神“氛围”，喜剧则揭示了这种氛围的虚假性。悲剧是人类文明的开创者，但是悲剧在阿伽通这里已经堕落了，也就是说，悲剧诗人开创文明的能力正在逐渐丧失。正如尼采对悲剧衰落的批判性分析所揭示的，欧里庇德斯的戏剧体现的是悲剧衰落，从而是文明衰落的开端。但是在尼采看来，欧里庇德斯的堕落是苏格拉底的哲学启蒙的结果。所以尼采真正批评的是哲学家苏格拉底，而不是悲剧诗人欧里庇德斯。阿伽通作为欧里庇德斯的后学，其堕落就更加明显了。但是我们要看到，尼采对苏格拉底的批评是错误的。因为悲剧文明的衰落在于悲剧本身的"基因缺陷"，也就是悲剧缺乏人类最重要的自然因素即理性，这种理性的贫乏构成了悲剧的先天缺陷，因此悲剧的衰落是不可避免的。而苏格拉底创建了一种蕴含了充分的理性因素的文明，这种理性的文明是整全的，是合乎人类的自然的，所以才是天长地久、与世长存的。

阿伽通的唯美主义在后现代性中得到了巨大展现。后现代性本质上是一种审美主义，这种审美主义根本上是作为启蒙理性主义的反叛者而产生和发展的。这种造反因为其极端性和片面性注定是错误的和不能长久的。对阿伽通的唯美主义的理解有助于我们理解当前的审美主义文化潮流。

## 八、苏格拉底的颂辞（爱欲与至善）

### （一）苏格拉底盘诘阿伽通

苏格拉底首先表示自己在阿伽通的讲辞后已经没有什么可

说的了。但是他对阿伽通和其他人的讲辞的片面性看得一清二楚，因此他只强调了阿伽通讲辞的辞藻的华美，没有称赞他的讲辞的内容。

接着，他反讽地强调自己的处境很可笑，因为他对赞颂之辞从来就是一窍不通。他以为赞颂就是只说真话，有根有据，挑出最美的讲。但是他听了前面的这些人的讲辞才知道，赞美就是把一大堆漂亮话堆到对象身上，即使说的是假话也若无其事。所以他们都不是在真正赞美爱若斯。这意味着赞颂从来都不可能是真实的，因为赞颂本身就要求把对象的阴暗面隐藏起来，但几乎没有什么事物是没有阴暗面的，所以赞颂不可能是真实的。这似乎表明了苏格拉底对于人们的这种通常做法一无所知，同时也表明他其实对世道人心看得最真切、最透彻，因此他要坚持"理性的诚实"，而不是像世人那样对理性不够诚实。于是苏格拉底要求按照自己的方式讲实话。别人都一致赞同。这段表明哲人和俗人的区别就在于是不是坚持"理性的诚实"，所谓"至诚如神"。哲人始终在理性的觉知和洞察下生活，而俗人则没有这么清晰的理性洞察力，所以他们大多数时候都不知道自己在说什么、做什么，他们对于自己的生活缺乏反思性、觉知性的洞察力。这也就是他们都处于"根本无知"的梦或者醉的状态的原因。

接下来，苏格拉底开始盘问阿伽通。他问爱欲是不是对某人或者某物的爱。这暗示了爱欲的非自足性。正如父亲、母亲或者兄弟等称呼都是关系性的概念，而不是自足的概念。同时他也暗示爱欲是非属己性的，而父亲或者母亲等关系则是属己性的。他进一步表明爱欲是欠缺的，不欠缺就不会欲求。即使人们追求现在已经拥有的东西，也是为了将来能够继续拥有。

在苏格拉底看来，爱欲的本质就是欠缺和不足。阿伽通只能接受苏格拉底的这种观点。接着，苏格拉底开始对阿伽通的观点进行分析。如果爱是对美的爱，那么爱欲就是缺乏美的。爱欲就是趋向自己的对立面。这样苏格拉底就否定了阿伽通关于爱神最美的观点。阿伽通只能承认自己不知道自己在说什么。接下来，苏格拉底又问美和善好是不是一回事。阿伽通认为美和善是一回事。苏格拉底问如果爱若斯不美，那么它就不善。所以爱若斯既不美也不善。阿伽通勉强同意。苏格拉底说你不能驳倒真理，但是驳倒苏格拉底是容易的。苏格拉底的言下之意是真理高于任何个人，不能只是听从或者反对某个人，必须把对真理的追求看得更高。所谓“依法不依人”。

这一段苏格拉底表明爱欲是不自足的，是不美的，也是不善的。爱欲在前人那里的优点几乎都被否定了。爱欲就是一无所有，爱欲就是虚无，所以爱欲才要追求真善美等事物。这是苏格拉底对爱欲的真实面目的首次揭示。当然苏格拉底对爱欲的虚无本质的揭示只是初步性的或者预备性的，下面他将开始对爱欲的提升。他把爱欲和理性结合起来，爱欲将在理性之眼的引导下达到最完满的实现。苏格拉底认为爱欲是处于贫乏和丰盈之间的，因此爱欲是从缺乏到丰盈的上升之路，从虚无到实在的上升之路。只有在对至善的观照中，爱欲才能达到最高的丰盈和完满。爱欲只有此时才能止息，即实现自我扬弃。

在基督教的思想体系中，爱和欲望被区别开来，爱被区分为世俗的爱和神圣的爱，世俗之爱是堕落的、罪恶的，而神圣的爱是拯救的、灵魂的。这种爱最终和信仰结合起来。爱不被看作是欠缺，而是完满。基督教认为上帝的本质就是完满的爱，上帝出于完满的爱创造了世界。真正的爱是完满的，它不是欠缺和欲求，而是奉献、创造和牺牲。这体现在耶稣基督在十字架上的死亡。

从现代性的立场看，这两种爱欲观似乎代表了两种不同的爱欲的形式。哲学是通过理性的引导达到爱欲的最高实现，基督教是通过信仰的引导达到爱欲的最高实现。但是，如果我们从古典政治哲学的角度看，理性和信仰的对立是哲人和俗人的对立的一种形式。信仰是对理性的模仿和分有，正如俗人是对哲人的模仿。因此并不存在一种通过信仰而得就的观念。只有哲学的理性智慧才是使灵魂获得圆满和至善的唯一方式。

### （二）苏格拉底忆述蒂俄提玛的教诲

苏格拉底表示教给他爱欲之奥秘的是一个外邦女先知。当时苏格拉底还年轻，就像在《巴门尼德》中一样。这位女先知可以设想为是成年后的苏格拉底，是对人性和爱欲的本质有了清楚认识的苏格拉底。这也暗示哲人就是先知，哲人具有预言的能力，哲人是真正掌握诸神或者人性的奥秘的人。苏格拉底是借助于女先知的口来传达自己的观点。这样，他就通过神秘传达的方式既表达了又隐藏了自己的观点，既说了又没说，既降低了他的观点的冲击性，又使他的观点更加具有感染性。这表现了苏格拉底对修辞术的高超应用。正如《庄子》中充满了这类寓言一样。

而女性的身份意味着苏格拉底已经消除了自己的野性或者血性，体现了他对血气之勇的扬弃，包括对强烈爱欲的扬弃和升华。而青年苏格拉底还不理解爱欲的本质，也像阿伽通一样认为爱若斯既美又善，是一个年轻的浪漫主义者或者唯美主义者。也就是说，他还没有看到爱欲中隐藏的理性和至善的奥秘。因此蒂俄提玛批评了他，并且教导他，爱欲和理性、至善其实是一回事，理性和至善就包含在爱欲之中，所以我们不要蔑视爱欲。但是也不要盲目推崇爱欲。我们应该在理性的引导下，凭借爱欲的力量上升到至善，这样我们才能达到人性的自我实现，这才是爱欲的真正实现。

女先知从爱若斯是谁，什么样子，有什么作为三个方面开始讲述爱欲的奥秘。

1. *爱若斯的居间性*（201e-204c）

这段的主题是揭示爱欲的意向性或者居间性。当苏格拉底说爱若斯既然不美，就是丑的时，蒂俄提玛提示说不美并不就是丑，正如在无知和智慧之间存在正确的意见。她首先否认爱若斯是神，接着否定爱若斯是不死的，但也不是会死的，而是介于会死者和不死者之间的。最后她揭示爱若斯就是一个“精灵”，也就是守护神之类的东西。精灵是处于人类和诸神之间的存在。本来人和神是不来往的，正是凭借这个精灵的能力，神和人才得以沟通和交流，它把人类的祈求和献祭传达给神，把神的指令和酬报传达给人。于是精灵就把人类和诸神联系起来，世界因此达到了一个整体性。于是精灵感发了所有献祭、谶语、算命之类行为。这是女先知对自己的技艺的说明。先知就是被爱神激发的，先知是处于神和人之间的居间者。此处也可以说是苏格拉底对厄里克希马库斯的回应。厄里克希马库斯的技艺似乎是对爱欲的征服和控制，而苏格拉底则揭示没有爱欲，就没有占卜技艺或者通灵术。其他技艺则不值一提。因此苏格拉底并未否定占卜、献祭之类的事情，他并不是现代意义上的无神论者。

接着，苏格拉底问到了爱若斯的起源，即他的父母是谁。这是对斐德若的爱若斯没有父母的说法的反驳。蒂俄提玛说爱若斯的父亲是波若斯即丰盈，母亲是珀尼阿即贫乏。在阿弗洛狄特出生那天，珀尼阿来行乞，趁着波若斯睡着之际，珀尼阿想到自己的缺乏，就睡在了波若斯身边，并且怀上了爱若斯。爱若斯是在阿弗洛狄特出生那天投胎的，所以爱若斯是阿弗洛狄特的帮手和仆从。这是对泡赛尼阿斯的回应。爱若斯兼具了丰盈和贫乏双重属性。一方面继承了母亲的自然，是脏兮兮的，既粗鲁又不修边幅，居无定所。这是对阿伽通的爱神是最美的观点的否定。一方面，又继承了父亲的自然，总是在追求美和好的东西，勇敢、热切、硬朗，追求知识，热爱智慧，是一个猎手、施魔者，巫师、智者。所以它介于死和不死、贫乏和富有、智慧和无知之间。相反，神不爱智慧，不搞哲学，因为神是有智慧的。凡夫也不爱智慧，因为他们总是以无知为有知。所以只有哲人才追求智慧，始终处于智慧和无知之间。如果爱欲是对美的爱，那么智慧就是最美的，对美的追求就是对智慧的追求。这是对阿伽通的纠正和回应。

这一段柏拉图显然是按照苏格拉底的样子描述爱若斯的。苏格拉底就是爱若斯的化身。哲人才是真正的爱者。哲人就是爱神，哲人就是居于人和神之间的精灵，这样我们就可以理解苏格拉底的“精灵”。苏格拉底本人就是一个精灵。所以亚里士多德才认为哲人是人类中最接近于神的人。当然哲人的神是指纯粹理性本身，并不是奥林匹斯诸神和宇宙诸神，因此哲人是半神，是超人。如果我们不能理解哲人的这种身位，就不能真正理解哲学。这种爱欲的居间性或者中介性暗示了哲人的居间性或者中介性。当然一般人也在爱和追求，但是他们爱和追求的东西并不是真实的，而是真实对象的影子。虽然他们也在追求善，但是他们却对善本身一无所知。而且他们把爱欲和理性错误地分离或者对立起来。所以他们都不能被称为爱者。只有哲人才认识爱欲中的理性，才知道爱欲指向至善，所以哲人不追求虚假的东西，而是追求至善本身，并且最终把爱欲中的理性提升为理性的直观，实现了爱欲的真正自然。因为世人的爱欲的虚假性，所以世人的爱欲中包含了快乐和痛苦。因为哲人的爱欲的真实性，所以哲人的爱欲中只有快乐，没有痛苦。这是柏拉图对阿里斯托芬认为哲人没有爱欲的有力反驳。

爱欲的居间性暗示哲人始终处于任何对立的事物的两边，而不固守或者局限在任何一边。哲人是贫穷的，因为他从来不为自己的物质财富操心。但是哲人又是富有的，因为他充满了智慧，内心也充满了求道的快乐。哲人是有死的，正如任何一个人都会死一样。但是哲人又是不死的，因为他看到了生和死的虚假性，生和死都没有最终的真实根据。所以他超越了生和死的虚假对立。哲人也是无知的，正如世人一样，但是哲人知道自己的无知，这种自知无知本身就是智慧和真知。而世人虽然也无知，却不认为自己无知，而是固执于自己的知识，这才是最大的无知。因为看到了无知，所以哲人不教条性地固执任何观点，因为认识到了无知，所以哲人并不否定理性认识的真理性。哲人就是处于贫穷和富有、有死和不死、有知和无知之间的人。

这种“不落两边”的处境就是“依顺中道”的智慧。这也是一切大哲人的共同认识。例如孔子就认为自己的心灵就处于“无可无不可”的状态。庄子也说他要处于“有用和无用之间”。老子也说：“圣人无常心，以百姓心为心。”“知，不知，上；不知，知，病。夫唯病病，是以不病。圣人不病，以其病病，是以不病。”① 佛陀也强调不要落入断见和常见两种偏执性的立场。“自作自觉则堕常见，他作他觉则堕断见。义说、法说，离此二边，处于中道而说法。所谓此有故彼有，此起故彼起，缘无明行，乃至纯大苦聚集。无明灭则行灭，乃至纯大苦聚灭。”② 居间者就是没有任何规定性的，也没有任何局限性的。这种居间性是中道智慧的体现，中道智慧就是居间性的智慧。既破又立，随立随破。凭借这种居间性，哲人们都达到了自由无碍的大自在大安乐的境界。

2. *爱欲的好处*（204c-207a4）

接下来，蒂俄提玛讲授了爱欲的好处和利益。爱总是对美的爱，但是人们追求美是为了使美成为自己的一部分，或者人们追求善就是使善成为自己的一部分，善成为自己的一部分就意味着幸福。幸福似乎是人的终极目的，无须进一步追问了。幸福不再为了其他目的，幸福就是目的本身。

那么什么是幸福呢？幸福当然不是一种个人单纯的主观感觉，如果把幸福看作是个人的主观感受，那么不同的人对于同样的事物有不同的感受，这样幸福就无法得到一个客观的规定和考察。如果一个人能够产生某种幸福感，那么这应该是一种主观和客观相符合的状态。因此幸福就是一种主观和客观的一致状态。这和真理的定义几乎是一致的。只是真理是从认识论的角度界定的，而幸福是从爱欲论的角度界定的。因此，作为主客观相一致的原则，幸福是一种包含了客观规定性的完满状

---

① 《道德经》，第七十一章。

② 《杂阿含经》，第 300 经。

态。即幸福意味着无所欠缺，因此幸福就是无所欲求。如果爱欲意味着欠缺，而幸福就意味着没有欠缺，幸福的状态就是没有爱欲的状态，也就是静止的状态。这就是幸福的至上性和完满性。所以当亚里士多德认为神是最幸福的时，神就是处在无所欲求的完满的静止的状态。

而人类的自然就注定是对幸福的追求，幸福是人类的最自明、最自然的目的。只有从幸福出发，我们才能理解人性的自然和人类的一切活动。幸福是我们认识人性之谜的一个关键。在人性的问题上，幸福论的目的论的唯一结论就是性善论，所有人都在追求幸福，即使是杀人犯、纵火犯，他的行为中也包含了对幸福的追求。因此性善论是唯一正确的人性论。即使在基督教的体系中，天国的幸福取代了尘世的幸福，使得幸福的问题变得比较复杂，但是也仍然以幸福为旨归。在苏格拉底这里，“天国的幸福”和尘世的幸福并不是分裂的，而是内在地交织在一起的。在现代性的思想体系中，完全否定了更高的幸福，只把尘世的肉体的幸福看作是唯一的幸福。这样对幸福问题的理解就显得非常狭隘和片面了，不能符合人性的真实需要了。

蒂俄提玛继续说，虽然所有人都在追求幸福、追求善，但是我们并不把所有人都称为爱者，只把某一些人成为爱者。虽然所有人都是爱者，但是只有在少数人身上，爱欲才表现得特别突出，我们才把这些人称为爱者。正如存在各种各样的创作，凡是无中生有的活动都可以称为创作。因此诗也是一种创作，但是并不是所有创作都被称为诗，只有和音乐、节律相关的创作技艺叫做诗。因此诗被看作是所有创作的代表，诗人就成为所有创作者的代表。其他的创作者并不被称为诗人。同样，只有整个全身心地热情投入某一种爱欲的人才被称为爱者。而热衷于赚钱、搞体育和搞哲学的人，都不能被称为爱者。

这里蒂俄提玛强调了爱欲的狂热性、投入性和彻底性。只有忘我地狂热地投入到爱欲中的人才被称为爱者。如果人们在爱欲中没有达到这种彻底的忘我，他就不能被称为爱者。因此搞哲学如果不是全身心地忘我地投入，也不能被称为哲人，哲人就是忘我地投入对智慧的追求的人。一边搞哲学，一边赚钱，这样的人是不能被称为哲人的。因此，虽然所有行为都出于爱欲，这是爱欲的普遍性。但是并不是所有的行为都配得爱欲之名，只有和整个人格的存在相关的行为才是爱欲行为。爱欲就是一种彻底的投入。在这种投入中，一个人超越了自己的自我和算计，进入到一种疯狂状态。哲人的疯狂就是基于哲人的爱欲。这种彻底的狂热投入才改变了哲人的人格存在，导致哲人的灵魂的转向和上升。没有这种狂热，灵魂的转向就是不可能的。爱欲凭借狂热的投入，超越了日常性的世俗利益，显得是超功利性的和自我牺牲的，但是这种狂热和牺牲却指向了更高的好处和利益，即真正的智慧和幸福。这样哲人的爱欲行为才是可以被理解的。这段对爱欲的好处和利益的探讨可以看作是对斐德若的讲辞的回应。

接下来，蒂俄提玛批评了阿里斯托芬的说法。她说爱欲并不就是指向自己的另一半，恢复到所谓的整体性。只有这一半或者整体是好的，才是值得追求的。即使是手足坏了，人们也会砍掉。因此人们除了好的东西，什么都不会追求。当阿里斯托芬认为人类是在追求原初的整体性时，他没有看到只有在人们把整体性看作是好的情况下，人类才会追求整体性，否则人类就不会追求整体性。他只看到了现象，没有看到本质。最后，蒂俄提玛给爱欲进行了定义："爱欲就是追求自己永远拥有的好的东西。"①

在这里，蒂俄提玛和爱欲和善好紧密联系起来。善是爱欲的唯一目标。只有从善的角度，我们才能理解人类的爱欲行为。除此之外，没有其他的角度。我们不要被人类行为的表面上的差异性所蒙蔽，而是要看到这些行为的共同性。这是对善的根本性和目的性的强调。这样苏格拉底就打开了一扇理解爱欲奥秘的大门。这是任何其他人都没有认识到和揭示出来的。爱欲论和至善论的目的论结合起来。哲人追求的善和世人追求的善本质上是一致的，只是俗人追求的是善的影像，而哲人追求的是善本身。哲人的爱欲既是超功利性的，又是功利性的，因为它和物质利益无关，所以显得是非功利性的。但是它仍然是对善的追求，只是这种善是善本身，而不是善的影像。一个人如果获得了这种善本身，就永远拥有善好。因此这是一种永恒的利益和好处，而世俗的利益却是短暂的虚幻的。

蒂俄提玛进一步解释了爱欲行为是如何追求善的。她认为爱欲行为就是在美中孕育和生产，既凭借身体也凭借灵魂。人都有生育能力和愿望，但是人只会在美中生育，而不会在丑中生育。生育是神圣的，只有美才能和神圣相结合，而且只有美可以解除生产的痛苦。所以爱欲并不是对美的爱欲，而是借助于美进行生育。进一步，通过凭借生育，生命才会延续，会死的才成为不死的。生育是会死者中的不死的方面。所以爱欲归根到底就是追求不死。但是对不死的追求同样是因为不死被认

---

① 柏拉图：《会饮》，205a。

为是好的，对不死的追求也是对好的追求。不死为什么被看作好呢？因为生命本身就是好的，而且生命也都追求好，所以追求不死也是追求善的一种表现形式。不死也就是好的一种形式。如果不死是不好的话，人们就会宁可立刻死去。

苏格拉底在此贬低了美。爱欲的对象是善，美并不爱欲的真正目标，美只是媒介、手段和工具，美是助产者。美是服务于善的。美不是自足的独立的，这是对阿伽通的批评，也是对一切唯美主义者的批评。唯美主义对美的崇拜注定是片面的和狭隘的。他们推崇的所谓的“审美教育”根本就是不可靠的，是对人性的奥秘一无所知的表现。如果不把美和善结合起来，我们就不能理解美的本质。现代唯美主义显得是对功利主义、理性主义的反叛。美和善、真无关，美似乎是非理性的和非功利的独立存在。但是这样一来，对美的理解就变得非常狭隘和抽象了。美就变成了一种不可捉摸的幽灵。相反，古代学术讲究“文以载道”，文服务于道，也就是认为美不能脱离善和真。在当代学科分化的状况下，美学、伦理学、哲学、科学等分离开来，这使我们对美的认识变得越来越困难，对人性的真理的认识也变得越来越困难。这就是“道术为天下裂”。所以只有把学术重新整合起来，我们才有可能认识真理。

我们要记住，苏格拉底是丑的，这和他的不生育相关。虽然他也生育了身体的儿女，但是他并不看重这种生育。而且他也不写作，不追求名誉的不朽。他把自己的技艺比喻为助产术，他只是为其他人的灵魂进行接生。他认为智慧是美的，他的灵魂在哲学的训练中就变得美。他的灵魂的美只是诱惑年轻人的一种手段。但是这种美仍然是善。美只是善的一种表现形式。因此苏格拉底似乎既不追求身体上的不死，也不追求灵魂上的不朽。苏格拉底为什么不追求这种不朽和不死呢？我们只能认为苏格拉底认为他在“当下”就已经达到了不朽和不死，所以他不需要追求外在的或者人世的不朽和不死。这个“当下”就涉及到苏格拉底的智慧的奥秘了。如果我们始终生活在当下，我们就立刻进入了永恒。当下和永恒并不是对立的两个东西，而是相互依存的。当下就是永恒。因为当下和永恒都是没有任何规定性的，我们无法真正把握它们。一切规定性都是“假名安立”的，并不是对事实本身的把握。哲人苏格拉底看到了人世现象的虚假性，因此他超越了生死的假象，进入了直接观照事实本身的永恒境界。

3. 爱欲的原因（207a5-212a）

接下来，蒂俄提玛说明了爱欲的原因。她先后提到了三种爱欲：生命之爱、名声之爱和智慧之爱。她先是表明这些爱欲都是对不死的追求，对不死的追求本质上就是至善的追求，只有在对美本身的直观中才能达到至善的境界。

她首先谈到了生命之爱。生命之爱的核心是传宗接代。人和动物都追求生育，为了后代不惜牺牲自己的生命。因为任何个体总是处于不断的流变生灭状态，不仅是身体方面，还是灵魂方面，还是知识方面。所以任何个体都是有死的。但是爱欲的本质是介于有死和不死之间的，因此个体动物和人要超越自己的死亡，就必须通过传宗接代的方式延续自己的生命，依靠新陈代谢来实现种的保存和永恒。这样个体显得是“种”的存在方式。种高于个体，个体事物通过“种”而获得了永生不死。

蒂俄提玛在此提出了一种全新的生命观。这种生命观摆脱了日常的利己主义或者个体主义的思维方式，试图从更高的视野，更加整体性地认识生命。也就是说，她从个体生命的层次上升到种类生命的层次，试图从种类保存的角度认识个体生命的存在意义。可以说，种类生命是个体生命的意义的根源。只有通过种类的存在才能理解个体的存在。“人以群分，物以类聚”，一切个体事物都是从属于某个种类的，而且种类的存在确实比任何个体事物都要持久，所以我们肯定个体事物的真实性，就不得不同时肯定种类事物的真实性。甚至可以说，没有种类事物，就没有个体事物。

因此从存在论上看，共相先于殊相，普遍先于特殊，一般先于个别。这是合乎理性认识的。如果脱离了种类的保存，只是局限在个体事物的范围内，我们就不可能理解个体事物的行为和存在的终极意义。从实在性来看，种类的实在性要比个体的实在性更加根本。种类的实在性更加接近于永恒。永恒存在是善的更高形式，个体存在比种类存在在善的等级上要低。这也意味着因为永恒存在被看作是善，所以一切个体才追求永恒存在。对于永恒存在的追求就是对至善的追求的一种表现形式。这就是苏格拉底对不死和善的关系的一种揭示。

这也是我们理解柏拉图的理念论的基本思路。理念论就是确认了种类之物的永恒性、真实性和绝对性，而扬弃了个体事物的真实性和绝对性。这也是对一切经验主义和个体主义的否定。

尼采的权力意志的生命观就没有达到这种高度，没有从“种类高于个体”的视角看待生命。虽然他批判了叔本华的个人主义生命观，但是他的权力意志的生命观仍然是个体主义的。只不过叔本华是追求个体生命的保存，而他是要追求个体生命的强大。他们都没有超出个人主义生命观的局限性。而且尼采的权力意志是非形式的，纯粹质料性的。这是他出于对柏拉图的形式-理念论传统的批判，所以不能真正揭示生命存在的真理。

但是苏格拉底显得对这种说法非常惊奇和怀疑。可能青年苏格拉底蔑视生命和生育的低俗性，对灵魂的完善抱有更高的希望和追求。此时，他还没有真正理解生命的奥秘和意义。蒂俄提玛则以智者的态度要求苏格拉底尽管相信她的话就可以了。这似乎是柏拉图在暗示苏格拉底并未提出理念论，理念论是柏拉图自己的“发明”。这是不是表明苏格拉底的哲学是“贵无论”，而柏拉图的哲学是“崇有论”呢？

接着，蒂俄提玛谈到了第二种爱欲即名声之爱。名声之爱的核心就是名垂千古。她说人们希望流芳百世的成名欲如此强烈，甚至超越了身体方面的爱欲，可以牺牲自己的生命和儿女。她认为阿尔刻提斯、阿喀琉斯和科德洛斯的死都是为了名声而死的，并不是像斐德若所说的那样是为了爱而死。在她看来，对名声的爱欲仍然是对不朽的爱欲。对名声不朽方面的爱欲属于灵魂方面的生育。所谓灵魂的生育就是依靠智慧（审慎）或者其他美德进行生育，并且因此获得不朽的名声。她提到了诗人、技艺发明家、政治家和立法者之类的人。诗人和搞发明的手艺人都属于这种生育。其中最重要最美的生育是用于治国齐家的节制和正义之类的德性。她没有提及勇敢。虽然勇敢也可以使人获得不朽的名声，但是勇敢毕竟是比较低级的德性。

接下来，蒂俄提玛表明了男童恋的真实意义。男童恋的目的就是生育灵魂的子女，也是为了获得不朽的名声。人们宁愿要灵魂的子女，而不要身体的子女。她提到了荷马、赫西俄德和其他伟大诗人，还提及了斯巴达立法者吕库戈斯和雅典的立法者梭伦。他们都通过立功、立德、立言，生育了各种美德，留下了不朽的名声。这仍然是对泡赛尼阿斯、阿里斯托芬等人的回应和修正。

当蒂俄提玛把诗人和立法者的爱欲看作是第二种爱欲时，她实际上贬低了诗人和立法者的爱欲。因为对名声的爱欲仍然是“有所待”的，名声仍然是人间性的，是世间法的。任何名声最终都会在历史消失。如果某个国家灭亡了，那么这个国家或者民族的名人也就会消失。如果人类灭亡了，那么所有的声名都会消失。所以对于声名的爱欲只能是第二等的爱欲。真正的哲人并不追求不朽的名声。

最后，蒂俄提玛提到了第三种最高的爱欲即智慧之爱。智慧之爱的特点就是“神游象外”。她不知道苏格拉底是否有能力领悟这种爱欲，但是她仍然决定要把这个秘密毫无保留地传达给苏格拉底。施特劳斯认为这是柏拉图对公元前 416 年的宗教秘仪泄露事件的暗示。但是我们还是要撇开历史方面的考虑，只关注文本和思想本身。可以说，蒂俄提玛之所以这么做是因为她已经认识到青年苏格拉底的自然天赋适合这样的教诲。这也意味着青年苏格拉底还不是一个哲人，正是在接受了这种爱欲秘密后，苏格拉底才成为哲人。成为哲人依赖于对爱欲秘密的认识。后来的事实证明苏格拉底确实领会了蒂俄提玛的爱欲教诲。这也表明真理或者智慧并不适合向所有人传播，真理“离言绝相”，不是可以通过语言传达的普世性教条。

如果一个人认为自己掌握了真理，迫不及待地向所有人布道，希望所有人都立刻相信他的话，这本身就是没有掌握真理、愚昧狂妄的表现。正如孔子所说的，真正的哲人要做到既不失人，也不失言。对该讲的人不讲，会使对方失去接受教诲的机会，没有尽到教育的职责，耽误了他的人格和智慧的成长，这是失人。同样，对不该讲的人讲了，对方根本不接受真理，反而嘲笑和诽谤，这样真理就被玷污和嘲弄了，这是失言。真正的哲人必须因材施教，随机设教，必须尽可能避免这两个方面的过失。

接着，她谈到了爱欲（灵魂）的上升之路。她把爱欲的上升划分为六个层次。第一阶段是爱一个美的身体；第二阶段是爱所有美的身体；第三阶段是爱灵魂的德性之美；第四阶段是爱美的操持和礼法；第五阶段是爱各种知识的美；第六阶段是爱美本身。蒂俄提玛认为美本身是自在永在，不死不灭，不增不减的，是绝对的、纯粹的自身同一。所有美的事物都是对美本身的分有，美的东西生生灭灭，而美本身却永恒存在。

然后蒂俄提玛对自己的说法进行了总结，并且指出，只有到了这个境界，人的生命才是值得过的。

> “一旦一个人惊鸿一瞥，借助于必不可少的精神凝视瞥见美本身，与之融为一体，过去那种可怜的生活还值得过下去吗？难道你不觉得，她说，只有当精神的眼睛亲眼见到那仅仅对精神的眼睛才显现的美，一个人会触及真实而非影像，从而生育真实的美德（δ ἐαρετ ἡν ἀληθ ἡ），而非美德的影像（ε ἰδωλα ἀρετ ἡs）？”①

因此，在看到了绝对的、纯粹的美本身后，这个人就会达到“常、乐、我、净”的至乐境界，对世间的一切美的事物就不再感兴趣了。最后，苏格拉底表示对蒂俄提玛的这番教导心

① 柏拉图：《会饮》，212a。

悦诚服，认为爱若斯是按照人的天性能够找到的最好的助手。他希望所有人都能够敬奉爱若斯，投入真正的爱欲之中，最终能够过上美好的生活。

我们看到，这个所谓的秘教实际上就是哲人的培养之路。一个人要成为一个哲人，首先必须从爱美的事物开始，逐渐上升到爱美本身或者美的实相。灵魂爱欲的这种上升过程是从个别到一般，从具体到抽象，从感性到理性的过程。其中，第一和第二阶段是对身体的美的爱，是形象的、感性的阶段。第三、第四和第五阶段是对灵魂的美的爱。行为举止、礼法和知识都是灵魂的知性的产物，是知性的阶段。行为和礼法属于实践领域，而知识属于理论领域。理论高于实践，理论比实践更加抽象。第六阶段是对美本身的直观，这是纯粹理性的阶段，是爱欲上升为理性直观的顶峰和终点。

也就是说，哲人爱欲的上升之路就是哲人的灵魂从感性阶段，到知性阶段，最后达到理性阶段的过程。在感性阶段，未来哲人仍然处在对美的影像的阶段，但是他已经开始通过这种爱欲产生理性（逻各斯）的能力。只是这个阶段的理性还处于萌芽阶段，不能导致灵魂的根本转变。男童恋的目的就是借助于爱欲培养理性。在知性阶段，哲人的灵魂开始学习各种知识，包括实践的政治知识和纯粹理论知识。对知识之美的爱欲就是学习，学习是培养理性的最好方式。这个阶段的理性虽然已经开始超越了感性阶段，已经不再依赖于感性事物，但是理性还依赖概念、语言进行学习和认识，仍然没有真正成熟起来。在理性阶段，理性扬弃了概念和语言，直接观照美本身。纯粹的理性就是静观的理性。理性本质上就是直观和观看。对美的实相只能直观，不能占有，因为美的实相是没有形象的，正如阿伽通所暗示的。因此美本身是“无相的美”。对“无相的美”的直观不是通过感官的眼睛，而是通过理性的眼睛。理性不再关注事物的影像，而是直接关注事实本身。理性对美的实相的直观洞见是灵魂获得智慧的根本方法。只有在看到实相之际，智慧才真正出现。这就是佛教中所谓的“转识成智”。

理性对美的实相的直观最终带来爱欲的转变。在此过程中，爱欲也经历了三个阶段。在第一个阶段，爱欲是匮乏的追求的爱欲，这也是我们一般人所处的爱欲阶段。在第二个阶段，在理性之眼看到了美的实相之后，爱欲获得了最高的满足，达到了自足丰盈的状态。爱欲的欲求、匮乏的方面被最终扬弃掉了，爱欲因此转变为一种充足和满足的状态。这种状态就是佛教所谓“寂灭为乐”的状态。这种境界就是至善的境界。可以说，至善就是理性对美的实相的直观和爱欲的最高满足丰盈的结合状态，也就是理性和非理性都达到了自己的顶峰的状态。在此，美的实相也是获得至善的手段和媒介。至美和至善是同一个东西。哲人因为看到了美的实相，所以对美的影像就不再感兴趣，借此他超越了这个现象或者影像的世界。因为在对实相境界的理性直观中获得了最高的满足，哲人的灵魂达到了至善的状态。获得至善意味着灵魂不再骚动不安，获得了常人无法体验的无欲无求的大自在大安乐。哲人对世间的一切都不再抱有爱欲和渴望。因此哲人的非爱欲本质上是他的爱欲获得了最高满足和实现的表现。在古典哲人看来，至善的状态也就是神的状态。哲人的灵魂也就是趋向于神的状态。在第三个阶段，爱欲并不会最终停留在这种满足和寂静状态，它必然会在这种大自在、大安乐中进入更高阶段即“流溢”的阶段。对于实相的洞见和顿悟，使得哲人的慈悲心升起，他看到世人都在追逐那些事物的影像，感到深切的悲悯。这种悲天悯人的心情使他的爱欲流溢出来，普及他人的灵魂，试图引导他人的灵魂也逐渐走上转变升华之路，获得最高的满足、幸福和至善。这就是“普渡众生”“同体大悲”的境界。没有这种内在的甚深的至乐和自由，一切启蒙和救度都是没有根基的。在这个阶段，爱欲就变为布施、牺牲和奉献。所以和理性的三阶段相对应，爱欲也经历了三阶段的转变过程。

我们还需要指出，灵魂的上升之路也就是灵魂的自我回归之路。因为至善至美并不外在于人的灵魂，而是内在于人的灵魂之中。“心外无物。”只有在灵魂的爱欲获得了理性的净化后，灵魂才能发现自己的内在的美和善。也就是说，只有在理性足够成熟，逐渐摆脱了对事物的影像的追逐，达到了对实相的认识后，这时灵魂才会意识到事物的实相只在自己的内心之中。所以对至美至善的追求并不是灵魂的外向追求，而是灵魂的自我实现和回归。这个过程和柏拉图在《斐德若》中描述的灵魂上升过程基本是一致的。在《斐德若》中，柏拉图描述了灵魂出生前对理念世界本身的凝视，而在灵魂进入肉体后就逐渐遗忘了理念世界的美和善，所以在经过灵魂的净化后，或者理性对欲望的驯服后，灵魂的翅膀才能逐渐上升，再次看到理念世界。所以理念并不外在于灵魂本身，而是作为潜能存在于灵魂内部。因为理念世界内在于灵魂本身，对理念世界的认识只是灵魂的自我认识。因此在灵魂回归自我，理性洞见到实相后，理性转变为智慧，即“转识成智”。实相就内在于灵魂之中，智慧不是外在性的智慧，只是灵魂的“本来面目”。这种智慧本质上就是佛教的“无所得智”。

柏拉图描述的这种灵魂的上升过程可以和黑格尔的《精神现象学》中描述的精神发展的过程进行比较。在《精神现象学》中，精神首先关注的就是感性的“这一个”。感性的“这一个”是没有任何规定性的，因此是最抽象的。然后精神逐渐上升，经过“苦恼的意识”等知性的概念的阶段，最后上升到精神哲学的理性阶段，首先是在宗教、艺术中，最终在哲学的绝对知识中获得完成自身。黑格尔和柏拉图的不同在于他把精神现象学同时也看作是历史过程，因此黑格尔的精神现象学同时是历史哲学，这样他就彻底背离了柏拉图的非历史主义哲学。对于古典哲人柏拉图来说，哲人人格的塑造和培养是哲学的最高的目的，如果我们要提升和完善政治，就必须培养出优秀的哲人。而所谓的人类历史只是政治史，而政治和政治史都低于哲学。黑格尔则更重视政治，而低估了哲学。他认为哲学不能脱离历史和时代，他试图使哲学服务于政治，使较高东西服务于较低的东西。可以说，黑格尔仍然没有摆脱基督教文化对哲学的贬低。

在此，我们还需要对爱欲、理性和至善的关系进行进一步说明。

在爱欲和理性的关系问题方面。首先，从个人灵魂的成长来看，爱欲是人性的根本动力来源。我们不能忽视和贬低爱欲。如果否定和贬低了人性中的爱欲，我们就不能正确认识人性。其次，理性比爱欲更加原初。理性才是一切灵魂的根本奥秘。或者说，爱欲中必然也包含了理性。爱欲是理性中的动力性原则，理性是爱欲中的方向性原则。爱欲是人格存在的核心，爱欲比感官更加原始和根本，所以爱欲的认识比感官的认识更加真实和深刻。爱欲能够把握的，感官可能无法把握，感官把握的对象最终是爱欲把握的对象。如果爱欲的指向性本身就要求存在领域的真实性，那么“存在领域”就在爱欲的追求得到了证明或者辩护。这样苏格拉底就把人的爱欲从这个世界引向了永恒的世界。这个永恒的世界才是爱欲的真正对象。但是爱欲必须在理性的引导下，顺着理性认识的方向上升。可以说，纯粹理性是从爱欲中提纯出来的。纯粹理性是爱欲的精华部分，是爱欲的灵魂。爱欲的存在本身就揭示了理性和至善的存在，但是爱欲不能真正认识这种理性和至善。再次，在最高的理性层次上，爱欲中的理性将升华为理性的直观。只有理性是唯一真实的，是一切变化中的不变者，是一切运动中的静止者。理性静观一切事物的变化运动，而理性本身却是不动的。① 爱欲只有在理性对美的实相的直观中才能获得最终的满足和实现。因此哲人是最爱欲化的。他全身心地投入到对真实存在的追求中，而不关注世人追求的影像。哲人最终摆脱了生生灭灭的领域，进入到不生不灭的领域。

在爱欲和至善的关系问题方面，一切爱欲都是对善的追求。爱欲指向善，人们对任何事物的追求都是因为人们把对象看作是善的。世人的错误在于他们的理性没有完全成长起来，不能看到理念的实相，只满足于对世间美好事物的追求，只是在追求善的影像。至善只有在理性直观到理念实相后，爱欲获得最高满足和寂静后，才能出现和获得。人格的至善是爱欲的最终对象。在苏格拉底看来，即使在最低俗和最卑鄙的行为中

① 《理想国》是完全非爱欲的。其中的每个人都是非爱欲的，都不受到爱欲的支配，它是扬弃了爱欲的天国。

也包含了对至善的追求。至善就存在于最日常或者最低俗的事物之中，我们不要脱离低俗或者日常性事物去追求至善。或者说，本体或者道体必然在现象界显现，只是显现得并不充分，我们需要智慧去发现现象中蕴含的实相。①

苏格拉底在人的一切爱欲追求中看到了至善的影像，爱欲的本质是对至善的追求。如果像斐德若所说的爱欲是为了获得好处，或者像泡赛尼阿斯所说的爱欲是为了单纯的快乐，或者像厄里克希马库斯所说的爱欲是技术支配的对象，或者像阿里斯托芬所说的爱欲是对原始整体性的追求，或者像阿伽通所说的爱欲是对美或者名声的追求，他们都没有真正理解爱欲的本质，都没有把这些东西看作是善本身的一种表现形式，都没有把爱欲和善本身联系起来。爱欲中就包含了善的因素，所以把爱欲理解为一种纯粹的盲目冲动是不正确的。即使在最低级的爱欲中也包含了最高级的理性和至善的因素。只有把爱和善联系起来，才是对爱欲的真正辩护。

这种爱欲论基于苏格拉底的至善论的目的论。苏格拉底的哲学目的论告诉我们，目的决定了本质，我们只有从爱欲的目的才能认识爱欲。爱欲是人性的根本。爱欲的本质就是对善的追求，那么人性本善也就是合乎逻辑的结论了，由此苏格拉底确立了性善论的乐观主义立场。“存天理，灭人欲”根本上就

① 《庄子》中的一个寓言也讲到，东郭子问庄子：“所谓道，恶乎在?”庄子曰：“无所不在。”东郭子曰：“期而后可。”庄子曰：“在蝼蚁。”曰：“何其邪?”曰：“在稊稗。”曰：“何其愈下邪?”曰：“在瓦甓。”曰：“何其愈甚邪?”曰：“在屎溺。”佛教的佛性论也认为“秽土就是净土”，因为众生心灵不净，所以认为这个世界污秽不清净。但在佛陀看来，这个世界就是净土，“众生罪故，不见如来净土，非如来咎，舍利弗，我此土净，而汝不见。”（《维摩诘经》）

是引导爱欲趋向天理，偏离了天理，人欲就会遭到扭曲。所以最终不是消灭人欲，而是引导人欲趋向至善。人的爱欲只有在至善中才能获得终极满足。如果人的这种最深刻的追求不能被满足，人们就会追求那些表面上的刺激和满足，以此来弥补内在的空虚和不安。如果人的最内在的欲望得到了满足，那么人就不再追求感官上的表面上的刺激和满足。因此我们应该更加关注内在的欲望，而不是感官欲望的刺激和满足。这可以说就是苏格拉底的重要的哲学教诲。而哲人达到的至善境界就是理性对实相的直观和爱欲获得最终满足的结合状态。

苏格拉底关于至善的这种观点是古典哲学的最高观念。康德关于至善的观点似乎比较接近这种观点。但其实它们具有本质的不同。苏格拉底的至善是纯粹理性对理念实相的直观中达到的，灵魂的理性和快乐同时达到最高状态。而康德的至善观念是道德和幸福的结合，这种结合是以道德和幸福的根本冲突为前提的。康德虽然肯定了质料性的爱欲快乐的正当性，但是他否定了纯粹理性的直观智慧的可能性，不承认纯粹理性直观中本身的快乐，只承认实践理性意义上的道德行为。这种对理论理性的否定恰恰是古典哲学所根本反对的。

总而言之，在苏格拉底的讲辞中，爱欲、理性和至善构成了三位一体的关系，这是苏格拉底的爱欲论的根本内容。在这种爱欲论中，包含了理性和爱欲的两条平行的线索。一个是理性的上升过程，从感性阶段到知性阶段再到理性阶段。理性直观的美的对象也逐渐从感性之美，上升为知性之美，再上升为美本身。在理性对美的实相的直观中，理性转变为智慧。这类似于“转识成智”。

与此同步，爱欲也经历了三阶段的转变过程。即从追求获取的贫乏状态，再到因为理性直观到美本身达到智慧的满足充实的状态。在这种状态中，爱欲变得像水面一样寂静、安宁和止息了。这就是“寂灭为乐”的至善状态。最后，爱欲从这种寂灭状态转变为流溢的状态，也就是在“同体大悲”的慈悲之爱中，爱欲开始施予和布施，就像阳光照耀万物一样，爱欲的这种流溢并不就会使自身减少，而是不增不减，不生不灭。因此，爱欲引领我们从非存在趋向存在，从贫乏趋向充盈，从追求占有的状态到充实施予的状态，从恶趋向善。理性的上升和爱欲的上升是同步进行的。在这里，理性似乎是服务于爱欲的，而不是控制爱欲。理性对美本身的认识就是为了使爱欲获得最高的满足。

可以说，至善包含了理性对美本身的认识和爱欲的最高满足两个方面，两者缺一不可。这种爱欲慈悲和理性智慧同时出现的过程和状态我们可以称为“悲智双运”。这也就是人性的最高程度的完善，因此也就达到了接近于上帝之爱的高度。因此柏拉图描述的灵魂的至善状态或者爱欲的充盈状态非常类似于基督教中的“上帝之爱”。上帝出于爱创造了世界，上帝的一切作为都是在爱的流溢中完成的。这种爱欲状态也类似于佛教的“慈悲之爱”。一方面，佛教批判了世间的爱欲，认为“一切众生，从无始际，由有种种恩爱贪欲，故有轮回。……是故众生欲脱生死，免诸轮回，先断贪欲及诸爱渴”。[①] 另一方面，佛教又提倡菩萨道的普渡众生的慈悲心和菩提心。慈悲不是出于强迫性的，而是灵魂爱欲的充实和满足之后的自然地流溢。可以说，慈悲之爱是爱欲的最高表现和完成。

---

① 《圆觉经·第五品》。

按照施特劳斯的观点，这一段描述是柏拉图对哲学的本质奥秘的“诗意呈现”。我们可以这样理解施特劳斯的观点。因为哲学是纯粹的理性直观，哲学本身是无形无相的，是无法呈现的。如果不通过“表法”的形象化方式展示出来，我们对哲学的奥秘就一无所知。所以苏格拉底的这段描述是对哲学奥秘的诗意呈现。可以说，对爱欲的奥秘的展示就是对哲学的奥秘的展示。这种诗意呈现是想象力的产物。这种想象力是理性化的想象力，理性化的想象力是唯一合乎理性和人性的自然的想象力。因此想象力的好坏并不是在于是否具有独创性，而在于是否合乎理性。合乎理性也就是合乎自然。合乎理性自然的想象力才是最高的唯一的想象力。认为想象力就是天马行空的胡思乱想，这是对想象力的本质非常无知的表现。

我们还可以结合古人的“太上立德”的思想理解柏拉图的观点。在柏拉图看来，对美本身的认识可以生育至善的德性。这种至善的德性才是真正的德性。真正的德性不是政治德性或者道德德性，而是对自然（理念）本身的认识，即亚里士多德所说的“理智德性”。自然高于人类，自然是永恒的、真实的，只有在对自然的认识中才能获得真正的德性。自然的德性是真实性的，道德的德性是模仿性的。真正的道德并不是人类学的产物，而是天地之德的产物。人类的德性只是对天地之德的模仿。也就是说，善恶本身不仅仅是单纯的人类学规定，而是一种宇宙本身的实质性组成部分。所以一切人类文明都强调对于善恶的分别，都强调积德性善，这种共同性本身就是对道德善恶的宇宙学本体论性质的揭示。但是这种天地之德却显得是“无善亦无恶”的非道德或者超道德的，而任何人类学意义上的道德都显得是狭隘的、低级的。“至善非善。”因此各大文明的“太上立德”之圣人都深切地看到，人类是整体的一部分，作为部分，它当然低于整体。凭借这种认识，他们都超越了有限的人类文明的层次，达到了天地道德的层次。所以他们确立了健全的道德人格，成为文明的奠基者和开创者。只有超越人类，才能利益人类。所以我们要善于通过人类学的道德上升到宇宙学的道德。超越任何一种特定文明的道德的束缚，上升到天地宇宙的道德本身，这种上升才是灵魂爱欲的真正升华。可以说，柏拉图的对理念世界的直观从而生育出至善之德的观点，和张载所说的“为宇宙立心，为生民立命，为万世开太平”的观点是非常一致的。

我们还可以结合佛教的观点理解这段话。可以说，这里描述的灵魂的上升就类似于佛教的进入涅槃的“出世间法”。柏拉图描述的对理念世界的迷狂和佛教的涅槃境界是相似的。理念世界是不生不灭的，而“一真法界”也是不生不灭的，可以说理念世界就是一真法界。“一，即无二；真，即不妄。交彻融摄，故称法界。即是诸佛平等法身，从本以来不生不灭，非空非有，离名离相，无内无外，惟一真实，不可思议，故称一真法界。”① 涅槃境界是对理念世界的认识和融合。“贪欲永尽，瞋恚永尽，愚痴永尽，一切烦恼永尽，是名涅槃。”② 涅槃境界具有常、乐、我、净的特点。第一，涅槃是永恒的，它超出了三界轮回的命运，达到了不生不灭的境地。而理念世界同样是不生不灭的境地，它处于天外境界，是诸神朝拜的圣地。第二，涅槃不可能是死寂的状态，而是至乐的状态。这种至乐是灵魂

① 《华严经疏钞卷六十·华严经疏钞玄谈卷一》。
② 《杂阿含经》，卷18。

深处的幸福感、满足感、愉悦感，是静态的，深度的，和一般的动态快乐完全不同，和任何感官的身体的快乐状态没有任何关系。而柏拉图描述的对理念世界的沉醉也是一种迷狂的状态。这种沉醉迷狂是纯粹灵魂的，和肉体没有任何关系。第三，涅槃是有我的，这个我是纯粹的理性直观的意识，并不是一般意义上的欲望之我。这种理性-神识是摆脱了一切欲念和情感的，是一切轮回流转中不变的那个东西。柏拉图描述的对理念世界的直观也是灵魂的直观，这种灵魂是摆脱了肉体束缚的灵魂，是纯粹的灵魂本身。所以涅槃的同一性不同于阿里斯托芬描述的对原始混沌的回归，那种回归是无我的，是自我的泯灭，而在对理念世界的直观中是有我的，只是这个我不是一般意义上的我，而是纯粹理性活动的主体和最终目的。第四，涅槃是清净的，因为它摆脱了一切对物质名利的执着和贪恋，因此是静止的洁净的。柏拉图的理念世界也是纯粹的形式世界，没有质料的掺杂和染污，灵魂也摆脱了肉体质料的束缚。因此善本身或者理念世界都是“一真法界”，属于出世间法。对善本身的爱欲将引导我们超出世间，而趋向出世间的理念世界。

## 九、阿尔喀比亚德的颂辞

### （一）阿尔喀比亚德突然到来

苏格拉底讲完后在场的人都赞扬他，只有阿里斯托芬想说什么，因为苏格拉底的一段话影射到他。但是阿尔喀比亚德突然不请自来。这使得这场“谈笑有鸿儒，往来无白丁”的会饮立刻下降到现实政治生活中来，也暗示了爱欲的下降之路。阿尔喀比亚德已经喝得烂醉如泥。醉酒状态是一种激情状态，这暗示了他的政治激情。阿尔喀比亚德的性格特点是豪迈彪悍、无所顾忌、我行我素、独断专行。他头戴常春藤和紫罗兰编织的花冠。常春藤象征崇拜酒神狄奥尼索斯，紫罗兰象征崇拜阿弗洛狄特。这暗示了政治家的两个偶像。他在门口说他来是为阿伽通加冕的。这显示了政治家想和悲剧诗人的联合。他取下自己的飘带给阿伽通戴上。这时他还没有看到苏格拉底，正好坐在阿伽通和苏格拉底中间。这暗示了政治家在哲人和诗人之间的中间地位。政治家可能跟随诗人，也可能跟随哲人。但是政治家可能首先跟随诗人，而无视哲人，因为哲人的真实面目并不容易被辨认出来。这样诗人、哲人和政治人也形成了一种三角的竞争关系。但是哲人似乎并不愿意加入这种竞争。

当阿尔喀比亚德看到苏格拉底之后，大叫起来，说苏格拉底总是出乎他的意料，他还说苏格拉底应该挨着阿里斯托芬躺着，而不应该挨着最美的阿伽通躺着。这里暗示了哲人的隐匿性，哲人虽然处于众人之中，但是哲人并不容易被辨认出来。而阿尔喀比亚德具有对哲人的辨认能力。他的提议暗示了苏格拉底和阿里斯托芬的隐秘关系。哲人本质上也是喜剧性的，而不是悲剧性的。

苏格拉底向阿伽通求救，表示阿尔喀比亚德的情爱让他不堪其扰。自从他爱上了阿尔喀比亚德，对方就禁止他和别人来往，否则就嫉恨他，攻击他。所以他请求阿伽通赶快协调一下，否则阿尔喀比亚德的疯狂和作为有情人的狂热会让他感到害怕。当然这是苏格拉底的反讽和调侃。在这里，苏格拉底先说他是阿尔喀比亚德的有情人，然后又说阿尔喀比亚德是他的有情人，似乎前后矛盾。应该说，苏格拉底故意混淆了两者的身份。这里显示了哲人和政治人的复杂关系。苏格拉底不参与政治，他对于政治生活是敬而远之的，但是政治又是不可逃避的。他不得不面对阿尔喀比亚德之类的政治人的敌视和骚扰。他必须设法改善政治人，以改善自己的政治处境。所以他就显得是政治人的有情人。当政治人感受到哲人的人格和智慧的魅力后，就受到哲人的吸引，谋求改善自身，从而提高自己的政治能力，这样政治人反过来就成了哲人的有情人。但是哲人和政治人并不会因此真正成为恋人。他们的内在矛盾和冲突仍然是不可调和的。因此阿尔喀比亚德认为他和苏格拉底之间没有调和的可能性。

然后，阿尔喀比亚德要求阿伽通解下几条飘带，给苏格拉底戴上，因为阿伽通只是赢得了一场比赛，而苏格拉底赢得了所有比赛。这是对苏格拉底的哲人身份的确认和颂扬。阿里斯托芬虽然看到了苏格拉底的高超，但是他根本否定这种高超的意义。阿伽通似乎没有看到苏格拉底的高超。只有阿尔喀比亚德认可了哲人的这种高超。然后，阿尔喀比亚德就专制地“选举”自己做酒司令，这是他的僭主性格的表现。他要求先和苏格拉底喝，并且保证苏格拉底绝对不会喝醉，这也暗示了苏格拉底的节制和理性的超能力。厄里克希马库斯又提议让他赞颂爱若斯，但是阿尔喀比亚德认为当着苏格拉底的面，他只能歌颂苏格拉底，不能歌颂任何人或者神，否则苏格拉底就饶不了他。苏格拉底表示只要说真话就可以。苏格拉底似乎认为自己应该受到这种颂扬。这反映了苏格拉底的狂傲。这种狂傲是哲人发现了自然真理、又不得不面对世人的无知愚蠢时的基本表现之一。正如佛教中宣扬的“四无畏”一样。哲人不可能只是一味地谦卑。他的谦卑是面对自然的真理时的态度，而他的狂傲是面对世人无知时的态度。于是阿尔喀比亚德就开始颂扬苏格拉底。这似乎是柏拉图在显示哲人高于僭主，僭主服从哲人。阿尔喀比亚德表示他现在喝醉了，要有条理地讲出苏格拉底的神奇，是有困难的。这暗示了哲人的“大象无形”，所以要颂扬哲人的伟大和神圣，不是凡人可以用语言达到的。当然，我们也可以说，即使阿尔喀比亚德是清醒的，他也几乎不能完成对哲人苏格拉底的真正颂扬。柏拉图以这种方式表达了对哲人苏格拉底的崇敬和对哲学生活的辩护。

### （二）阿尔喀比亚德颂扬苏格拉底

如果说苏格拉底的讲辞是揭示哲人的爱欲的上升之路，展示的是哲人的“出世间法”，那么，阿尔喀比亚德的讲辞就是哲人的爱欲的下降之路，也就是哲人的入世行为。这样苏格拉底的讲辞和阿尔喀比亚德的讲辞就构成了一个哲人的爱欲的辩证运动的完整图景。如果只是展示哲人的爱欲的上升之路，仍然是不完全的。哲人的爱欲的上升是哲人的自我完善和自我净化，如果哲人只是停留于这种自我完善，仍然是不圆满的。哲人还必须进一步把自己的智慧和完善普及推广开去，使得整个政治社会也可以得到提升和完善。这才是哲人的爱欲生活的完全实现。可以说，哲人的出世行为和入世行为是密不可分的，哲人的出世行为同时就蕴含在他的入世行为之中。这样我们也就能够理解苏格拉底从来没有离开过城邦，面对城邦的不义判决，他也没有试图逃跑。他以出世的眼光看待自己的世间命运，他根本没有受到世间命运的支配和束缚，因此他始终是自由自在、宁静喜乐的。

如果苏格拉底的讲辞是从内在的方面展示爱欲的奥秘，那么阿尔喀比亚德的讲辞就是从外部的和行为的角度展示哲人的爱欲。柏拉图通过一个醉汉的口来展示哲人的真相是一种明哲保身的安全策略。醉话既可能是真话，也可能是假话，人们分不清这话的真假，也就不会对这话太当真，这样苏格拉底就不至于会遭到他人的嫉恨，同时柏拉图也以这种方式为自己的老师进行了辩护。借助于这种方式，哲人的真相既被展示出来，聪明的听众会理解他的话的含义，同时哲人的真相又被掩盖了，愚蠢的听众就会当作笑话一笑了之。柏拉图以玩笑的方式展示真理，不仅是他对修辞术的高明应用，更是智慧真理所要求的。以真理在握的严肃的态度和方式言说真理，本身就是一种愚昧和狂妄的无知的表现。因此哲人往往以玩笑的方式表达自己。

阿尔喀比亚德首先表示自己要使用比喻。虽然使用比喻是雅典人经常用的搞笑的方式。但是比喻仍然有更加深刻的内涵。正如在《圣经》中，门徒问耶稣为什么总是使用比喻，耶稣就指出："神国的奥秘，只叫你们知道；若是对外人讲，凡事就用比喻，叫他们看是看见，却不晓得；听是听见，却不明白；恐怕他们回转过来，就得赦免。"① 可以说，使用比喻一方面是为了和听众更加容易沟通，比喻就是使用听众能够听懂的语言解说听众不懂的道理。比喻的语言是浅显和通俗的，但是比喻指示的内容却是深奥的，是听众不熟悉的。比喻的方式就是通过浅显的方式讲授深奥的内容。进一步，我们甚至可以

① 《马可福音》，4：11-12。

说，一切语言本身都是比喻性的，也就是指示性的。即语言只是对事实本身的指示，事实本身都是离言绝相的，不能把语言和事实混淆起来。但是我们一般都只首先关注语言，而忽略了事实。所以要认识真理，我们就不能局限在语言层面，必须超越语言层面去认识事实本身。

阿尔喀比亚德对苏格拉底的颂扬主要是展示哲人苏格拉底的人格完善性，也就是展示哲人的智慧、节制、正义和勇敢。哲人是集四种美德于一身的人，因此哲人是“完人”的化身。所谓“太上立德”。一切德性的核心和根本是智慧。他首先认为苏格拉底就像是雕刻铺前摆的那些希勒诺斯，或者像是马尔苏亚的萨图尔。根据刘小枫先生的注释，希勒诺斯是林神，奇丑无比，经常喝得烂醉，肚子里装满各种神像。他经常和萨图尔混用，后来与酒神联系起来。据说希勒诺斯知道一些秘密，如果被人逮住就会说出一些秘密，但是后来人已经不了解他的智慧，只知道他曾经说过：“没有智慧最好。”

这似乎是对苏格拉底的无知之知的暗示。智慧必须包含了对智慧的自我扬弃。智慧当然是对自然真相的认识，但是智慧也是人为之物，而一切人为之物都使我们远离了自然真相。所以只有扬弃智慧，我们才能真正获得智慧。正如在《金刚经》中，佛陀就指出：“若人言，如来有所说法，即为谤佛，不能解我所说故。须菩提，说法者，无法可说，是名说法。”① 以智慧为智慧就仍然不是智慧。而希勒诺斯肚子里的神像暗示苏格拉底凭借无知之知，达到了诸神的高度，掌握了诸神的奥秘。如果诸神是文明礼法的奠基者，那么就意味着苏格拉底洞

---

① 《金刚经·非说所说分第二十一品》。

悉了文明礼法的奥秘。这就暗示了苏格拉底对于礼法文明的超越。他不再受到礼法文明的影响和支配，而是“依据自然而生活”的哲人。他的心中有大自在、大安乐。这也暗示苏格拉底的神圣性。苏格拉底像个巫师，这就和厄里克希马库斯的讲辞结合起来。哲人比巫师更加具有神性，哲人凭借智慧而高于诸神。

阿尔喀比亚德首先认为苏格拉底是狂傲的。在神话传说中，马尔苏亚的萨图尔曾经带着笛子参加音乐比赛，去向阿波罗挑战，结果失败并遭到了痛斥。阿伽通曾经指出苏格拉底的狂肆，阿尔喀比亚德再次指出了苏格拉底的这种面相。施特劳斯认为《会饮》就是展示苏格拉底的放肆和狂放。

我们如何理解苏格拉底的狂傲呢?

苏格拉底一方面自认为是无知的，他的智慧就是无知之知。这种无知之知是对一切人类知识的扬弃和解构，他看到了人世所谓的知识的虚假性，所以他根本不承认所谓的人类知识的正当性。因此他已经不再被任何人类的知识所迷惑和障碍了，他的内心是空空荡荡的，是无所挂碍的，处于极度的清晰、明澈、空灵的境界，也是高度自由自在的。他安住在没有任何观念知识干扰的境界中。另一方面，苏格拉底实际上是无所不知的。他的灵魂达到了纯粹理性的静观觉察的最高层次。通过这种纯粹理性的洞察能力，他知道人心和各种事物都是生生灭灭的，是各种条件因缘和合而生的，因此对于它们的知识都不是真知。只有不生不灭的东西才是真实的，对它们的认识才是真知。这就是柏拉图提出的理念之知。但是理念实相和对理念实相的认识却不是可以用语言表达的，用概念认识的。所以我们几乎也不可能对它们有一般意义上的知识。可以说，无知之知才是真知，无知之知也就是无所不知。

这样，我们就可以解释苏格拉底的预言能力。他凭借无知之知超出了人世，达到了宁静祥和的出世的超然境界。所谓“宁静致远”。这种宁静祥和导致他的理性极度灵明，对人世的一切都达到了无所不知的洞察觉知。因此他具有对人心的超常的洞察力，能够觉察每个人的内心世界的活动，当事者对于自己的内心活动的察觉都远远低于苏格拉底对于其内心活动的觉知。可以说，苏格拉底具有一双“上帝之眼”。这也是苏格拉底非爱欲化或者彻底理性化的结果。因此苏格拉底的骄傲是他的智慧的体现，也是对世人的无知的洞察。因此我们不能简单地把阿尔喀比亚德对苏格拉底的颂扬看作是对苏格拉底本人的颂扬，而应该看作是对哲学生活本身的颂扬。苏格拉底就是哲学的化身。这应该是苏格拉底没有阻止阿尔喀比亚德的原因。

我们可以把苏格拉底的狂傲和庄子的狂傲进行比较。两者的狂傲是完全一致的。庄子式的狂傲显示的恰恰就是对于人间事务的蔑视。在他看来，人间事务是短暂的有限的，根本不值得认真对待。只有自然是永恒的、真实的，真正的人生应该依据自然而生活，而不是依据人类文明道德而生活。我们对超人间的自然越是有深刻的认识，我们就越不会在意人间的功名利禄之类事物。俗人把这些低级的人类事物看得很重要，并且执迷不悟，拼命追求。这在哲人看来是幼稚愚蠢可笑的。但是哲人的超然也必然同时遭到世人的误解、嘲笑、排挤和嫉恨。苏格拉底、庄子之类哲人和世人的关系正是如此。

阿尔喀比亚德从言、行、思三个方面展示了苏格拉底的智慧的秘密。正如德谟克里特所说：“智慧生出三种果实，善于思想，善于说话，善于行动。”

首先，阿尔喀比亚德颂扬了苏格拉底的言辞。智慧首先表现为言辞，所谓“辩才无碍”“口吐莲花”之类都是智慧在言辞上的展示。他认为苏格拉底的言辞具有超常的魅惑力。在他看来，苏格拉底本人就是一个马尔苏亚式的吹箫手。马尔苏亚用乐器使人着迷，其乐曲是通神灵的，具有占卜的作用。苏格拉底则是使用语言的大师，所有人一听苏格拉底说话都立刻被迷住。他一听到苏格拉底的话，心就狂跳不已，眼泪直流，而伯利克勒斯和其他演说家都没法和他相比。他的灵魂被搅成一团乱麻，不能自主，甘愿做他的奴仆，并且认识到自己现在过的生活是没有价值的，不能再这样活下去。即使现在，他也抵挡不住苏格拉底言辞的魅力。他认识到自己忙于政治事务，却忽略了自己的灵魂。因此他感到非常羞愧，恨不得捂住耳朵，像逃避塞壬们一样，躲避苏格拉底。他知道不能违背苏格拉底，苏格拉底的话都是对的，但是一旦离开他，他就不免受到世人的逢迎的蛊惑。所以他就老是逃避苏格拉底，只要见到他，就会因为曾经答应苏格拉底的事情没有做到而无地自容。他甚至都希望苏格拉底早点死去。但是如果苏格拉底死去了，他也会很难过，所以简直不知道怎么对付苏格拉底。

这段话表明阿尔喀比亚德接受了哲学教育之后，试图改过自新、重新做人。但是这种美好的哲学生活并不是所有人都能够一贯坚持的，因为人对于感官快乐和政治荣誉的迷恋和执着是根深蒂固的。因此他虽然受到了苏格拉底的深刻影响，但是他最终也没能真正完全改变自己的生活。他仍然积极参与政治活动，最后死于非命。他认识到苏格拉底的话是真理，但是他却无能做到，这让他感到羞愧，甚至因此希望苏格拉底能够死去。这和《圣经》中的彼得面对耶稣的羞愧是一样的。

这里透露了深刻的心理学规律。所谓“至诚如神”，苏格拉底凭借他的纯粹理性智慧具有了一双“上帝之眼”，能够洞察人心的一切，几乎任何人都不能逃脱他的“慧眼”，人们在他面前是无法自我辩解和掩饰的，这更加使人觉得无地自容，这种极度的自我贬损最终会使人无法承受，从而导致人们对哲人或者上帝的报复，以此消除自己的羞愧感，掩盖自己的欠缺和丑陋。所以世人讲“水至清则无鱼，人至察则无朋”。同时也希望没有完人，说“人无完人”，因为在一个完人面前，所有人都将感到焦虑和羞愧，最终不是转变为“见贤思齐”，而是转变为对完人的仇恨和报复。正如在《普罗塔戈拉》中揭示的，否定了完人的可能性，世人就能够满足于自己的不完美和低劣性，能够快快乐乐地活下去。但是世界上可能确实存在完人，我们不能完全否定完人存在的可能性。

哲人就是完人。苏格拉底就是这样的完人。他的魅惑力就来自他的人格完美性。而这种人格完美性则来自他的理性智慧，来自他对真理和人的灵魂的洞察力。首先他能够洞察真理，其次他能够洞察每个人的内心世界。只有达到纯粹理性的人，只有不被欲望和情感所迷惑的人，才能具有这种洞察力。世人之所以不能成为完人，归根到底，不是能力的问题，而是认识的问题。也就是说，人们仍然没有看到实相，没有获得至善和智慧，被感官和现象所迷惑。一般人所谓的认识和知道只是言辞上的知性上的，不是理性的智慧的认识。世人往往只是追求美好的东西的影像，而不是真正的美好本身。即使人们认识到什么是正确的，但是人们仍然往往都追求错误的东西。

人们在认识和行为上的这种普遍的分裂仍然在于他们没有认识至善，只是把至善的影子看作是至善本身。所以我们还要在认识中下功夫。只有突破了现象和感官的局限性，看到了真如实相，获得了真正的智慧和德性，人们的行为才能真正发生转变，对于哲学智慧的服从才是真心实意、心甘情愿的。正如孔子所说："我欲仁，斯仁至矣。"因此"知难行易"才是真理。"知易行难"其实是低估了认识或者智慧的重要性。正如王阳明所说："知是行的主意，行是知的工夫；知是行之始，行是知之成。"

其次，阿尔喀比亚德颂扬了苏格拉底的行为。智慧也表现在行为的节制上。他指出没有人真正认识苏格拉底的真实面目。苏格拉底表面上既显得对漂亮人色眯眯的，似乎被美色搞得不知所措，但又显得对什么事都一无所知。阿尔喀比亚德指出其实苏格拉底的内心对于美色、富有、优越等东西根本不在乎，这些东西在他看来都一文不值。他的内心充满了节制，他的外表只是在装样子，和世人搞笑而已。这种节制使苏格拉底的内心世界是神圣的、尊贵的、美妙的、神奇的，以至于苏格拉底无论让他做什么，他都愿意做。

他例举了苏格拉底在两类事情上的节制。第一类事情是苏格拉底对快乐的节制力。他讲述了他和苏格拉底的交往过程。他对自己的美貌引以为傲，试图以此诱惑苏格拉底，但是苏格拉底始终无动于衷。他首先是和苏格拉底单独相处，其次是一起进行裸体锻炼，再次是共进晚餐，最后是同床共枕。当阿尔喀比亚德表白自己的心意，认为只有苏格拉底能够让自己变得优秀起来时，苏格拉底却用装傻的口气说，其实他是想和自己做交易，用哲学智慧的美换取外貌的美，以仅仅看起来的美换取实实在在的美，这是"以铜换金"，是想占他的便宜，他才不干。阿尔喀比亚德感到了苏格拉底令人窒息的高傲和狷狂。

他感到自己受到了鄙薄，但是又倾慕他的天性、节制和男子气概。他本来以为自己不可能碰到一个如此节制和忍耐的人，但是他却碰上了，用钱财、功名和美貌都不可能诱惑他。所以他不知道该如何和苏格拉底交往。第二类事情是苏格拉底对于痛苦的忍耐力。他们共同参加了波特岱亚战役，苏格拉底表现出了对饥饿、寒冷的超人般的忍耐力和对美味佳肴的节制力。他还提到了苏格拉底救了他一命，但是苏格拉底却拒绝了应得的荣誉。在德利乌门战役中，当全军溃败时，苏格拉底比将军拉克斯还要镇定自若，威风凛凛，以至于敌人都不敢攻击他。他最后说，无论在古人还是今人中，再也找不出像他那样整个人都值得赞叹的人了。没有任何人可以和他的神奇相比，除非不拿人和他相比，只有希勒诺斯和萨图尔等神灵可以和他相比。

这一段表现了哲人对于人世事物的蔑视和超然。苏格拉底的节制、忍耐和他的高傲、狂狷是一回事。他能够蔑视快乐的诱惑和痛苦的折磨。他体验到这些感受却无动于衷，不为所动。其他人却无法蔑视这些感受，只能受到这些感受的支配和控制。这样他们就和动物没有区别。苏格拉底才显现了人性的真正尊严和高贵。因此当其他人都无能做到节制和忍耐，苏格拉底却轻而易举地做到时，他的人性的神圣和高贵就立刻表现出来了。同时其他人的人性的鄙陋和软弱也就显现出来了，他们为自己屈从于这些欲望和快乐而感到自惭形秽。苏格拉底对于自己的感受的蔑视就显得是对他们的蔑视。

苏格拉底的节制和忍耐都来自他的理性化或者非爱欲化，也就是他不再受到自己的情感和欲望的支配。这种非爱欲化就在于他的爱欲在理性对实相的直观中获得了终极性的满足，他的爱欲追求已经止息了。因此他的满足了的爱欲就显示为一种非爱欲化。他认识到爱欲追求的终极目标是至善，而至善不是人间事物的善，人间事物的善只是至善的影子，他要追求实在的至善，而不是追求至善的影子。苏格拉底体验到了更高的快乐和幸福，他才对人世间的这些快乐幸福不再感兴趣。所以他的节制不是出于人为的控制，而是自然而然的，是基于苏格拉底的爱欲的终极性满足。就像一个人喝了琼浆玉液，就不愿意再喝白开水一样。在这种爱欲的终极性满足状态中，苏格拉底的灵魂和他的肉体感受产生了分离，他仍然会感到痛苦，但是他的灵魂仍然会处于宁静安乐的状态，这种肉体上的痛苦对他来说是极轻微的，是非常容易忍受的。如果节制只是出于人为的意志的控制，那么这样的节制就仍然不是节制，或者只是俗人的节制。我们可以推断，他的内心充满更加纯粹洁净的快乐。这种快乐来自理性的静观觉知。可以说，他对爱欲的扬弃在于他的人格的纯粹理性化。这种纯粹理性就是静观觉察的能力，也就是智慧。智慧首先就显现为节制，节制仅次于智慧。所以色诺芬就十分强调苏格拉底的节制。哲人的纯粹理性化使得哲人是最接近神的人。而神在苏格拉底那里就是纯粹理性本身。哲人比英雄更是半神或者神人。这就是苏格拉底的灵魂的奥秘。

最后，阿尔喀比亚德还特别展示了苏格拉底的沉思。在他讲述波特岱亚战役中，他提到苏格拉底曾经在大夏天从一清早一直站在一个地方出神，直到第二天清早太阳升起，祷告太阳之后才离开。人们都对苏格拉底的这种沉思能力感到惊异。这里当然也体现了苏格拉底对酷热的忍耐力，同时也是对会饮前苏格拉底的沉思的一种回应。

苏格拉底的沉思是一种超人般的沉思，类似于佛教中的禅定状态。从根本意义上说，言说和行为都依赖于沉思。只有在沉思中获得了智慧，才能在言说和行为中展示出来。我们只能推测，他在这种沉思状态中内观自己的各种觉知和欲念活动，并且始终保持在这种静观觉知之中。所以苏格拉底的沉思就是自我认识，自我认识就是“对知觉的知觉”，或者“对感知的感知”。

通过这种方式，就达到了直接性、简单性、绝对性和原初性。这也就是“返璞归真”，就是老子所谓的“致虚极，守静笃。万物并作，吾以观复”。在这种感知中，他达到了对实相的清晰的觉知，一切都了然于胸，洞若观火，明察秋毫，纤毫毕现。随着觉知的提升，他的欲望和观念活动就逐渐停息下来，他就体验到了超常的安宁和寂静，这种深度的安宁和寂静同时给他带来了深沉的愉悦和满足。正如佛教所谓的“寂灭为乐”。这种愉悦和满足是在任何日常感受中都不能达到的。由此，他超越了日常性的快乐的诱惑、对痛苦和死亡的恐惧。这也就是孟子所说的：“万物皆备于我。返身而诚，乐莫大焉。”他从外部世界中抽身而出，返回了自我的绝对世界中，体验到了自我的绝对独立性和超越性，因此他对外部世界的一切都不为所动，能够绝对地支配自己和外部世界，由此他达到了人性的最高境界和最高完善。

我们可以推测，通过沉思，苏格拉底达到了人性的至善的顶峰。即使是在战场上这种非常行动化和无思想的状况下，苏格拉底也能够进入沉思状态。这种沉思理性状态就是绝对意义上的自然状态。可以说，这种沉思和静观本身就是人性的至善的展示。人性的至善只有在这种静观觉知中才能完全实现。或者说，通过这种静观，苏格拉底最终和至善合二为一。苏格拉底在这种沉思-觉知中达到了“天人合一”的忘我境界。正如庄子《齐物论》中的一段："南郭子綦隐机而坐，仰天而嘘，荅焉似丧其耦。颜成子游立侍乎前，曰：'何居乎？形固可使如槁木，而心固可使如死灰乎？今之隐机者，非昔之隐机者也。'子綦曰：'偃，不亦善乎，而问之也！今者吾丧我，汝知之乎？女闻人籁而未闻地籁，女闻地籁而未闻天籁夫！'"① 苏格拉底在这种出神沉思中就是在倾听天籁。他向太阳祈祷，因为太阳神阿波罗是理性之神，《理想国》的主神就是太阳神。

最后，阿尔喀比亚德又回到了对苏格拉底的言辞的赞美上。他表示人们最初会觉得他的言辞很可笑，因为他总是谈一些铁匠、鞋匠之类的东西，但是往里面看就会发现其中的真理。苏格拉底的言辞实在是神明端正，包含了各种美德的神像，对于每个希望变得美好高贵的人来说，其中所有的东西都值得好好学习。所以他总是试图以有情人的身份勾引青年人，包括卡尔米德、欧绪德谟等人。最后那些年轻人反而成了有情人，苏格拉底反而变成了情伴。这表明苏格拉底是非爱欲的，但他是"不动的推动者"。

苏格拉底接近年轻人是出于对智慧和至善的爱，而不是出于对年轻人的爱。这种对智慧和至善的爱欲导致他希望年轻人也能够学习哲学，获得智慧，从而获得美好的生活。最后，阿尔喀比亚德警告阿伽通不要受到苏格拉底的诱惑和欺骗。这似乎是在暗示诗人不要受到哲人的启蒙诱惑。但是我们必须明白，只有经受了哲学的训练，人格才能真正变得完善，才能真正获得最高的快乐和幸福。

柏拉图之所以选择阿尔喀比亚德歌颂苏格拉底，暗示了哲

---

① 《庄子·齐物论》。

人和政治人的复杂关系。阿尔喀比亚德对苏格拉底的歌颂和臣服，似乎显示了政治人对于哲学家的驯服。我们知道，柏拉图始终在谋求哲人和僭主的联合。在他看来，只有这种联合才能实现对人性的大规模的改善。在《理想国》《法律篇》中，柏拉图都暗示了这种联合。这种联合的必要性在于哲人和僭主各自的局限性。哲人是非暴力的，所以哲人的教化是极为有限的。如果哲人要把自己的教导扩大，哲人就必须和僭主结合。僭主是暴力的原则，是欲望和激情的体现。缺乏真正的智慧是僭主的局限性。在柏拉图看来，如果僭主能够接受哲人的教导和法律，就能够把哲人的智慧和教导在政治社会内推广开来，这样就能够达到最好的人性的教化。可以说，哲人和僭主的联合是柏拉图的一贯主题。

但是这种结合可能只是柏拉图的一种理想化的假设。色诺芬在《论僭政》就已经提示，哲人想说服僭主几乎是不可能的。哲人和僭主的矛盾是很难消除的。柏拉图在自己的政治行为中屡次失败受挫也证明了这种结合的困难。当代著名的海德格尔的纳粹事件也说明了哲人和僭主结合的危险性和不确定性。哲学家如果要说服僭主，其可能性是微乎其微的，最终可能就是害人害己、身败名裂。所以一个哲学家想在政治有所作为，最好的方式就是教书育人，“得天下英才而育之”。如果能够培养出好的人格，就已经是在参与政治了，哲人不必一定亲身参与具体的政治事务。哲人凭借他的智慧，就已经是王者了，他并不需要任何行政职务和权力。

孔子也在政治上屡次受挫后，选择把教育活动作为自己的终生事业。当有人问孔子为什么不参加政治时，孔子说：“《书》云：‘孝乎惟孝，友于兄弟，施于有政。’是亦为政，奚其为为政?”[1] 中国古代的“帝王师”传统似乎继承了哲人王的理想。哲人的王位只意味着他对于人民的教育活动，而不意味着任何具体的政治职务。

所以苏格拉底始终强调自己不参与政治，拒绝任何这类联合。苏格拉底对哲人和政治的关系的观察可能更加敏锐和深刻。他放弃了柏拉图式的政治幻想，所以他也不写作。柏拉图似乎仍然没有摆脱自己的功名心或者对政治的幻想，并且因此向暴力妥协了。在理论层面上向暴力妥协是非常危险的。

从佛教哲学的角度看，苏格拉底的至善就表现在他消除了贪、嗔、痴三毒。首先，他没有任何贪欲，他家徒四壁，从来不去经营家务，从来没有对财富的欲望。他也没有对名誉的欲望，他从来不顾忌自己的脸面，也不会为了获得他人的赞赏而做任何事情。他也没有对性的欲望，他的婚姻完全是出于对城邦法律的服从。他对于自己的儿女也没有特别的关爱，他把一生都奉献给对至善本身的追求。其次，他没有嗔恨心，他从来不发怒。即使别人嘲笑他，他也无动于衷。他的内心始终是安乐祥和的。“不怨天不尤人”，安于自己的任何处境。他不会出于情欲而做出任何行动。最后，他也消除了无明愚痴。他达到的无知之知同时就是无所不知。他达到了纯粹理性的静观觉知的境界，消除了情欲带来的无明、无知，随时对自己的任何行为和处境都一清二楚。

因此苏格拉底和佛教的圣人几乎没有本质性的区别。苏格拉底和《维摩诘经》中描绘的维摩诘居士的形态非常相似。“执持正法，摄诸长幼。一切治生谐偶，虽获俗利，不以喜悦。

---

① 《论语·为政》。

游诸四衢，饶益众生。入治正法，救护一切。入讲论处，导以大乘。入诸学堂，诱开童蒙。入诸淫舍，示欲之过。入诸酒肆，能立其志。”①

苏格拉底也和老子描述的圣人非常接近。“绝学无忧，唯之与阿，相去几何？善之与恶，相去若何？人之所畏，不可不畏。荒兮其未央哉！众人熙熙，如享太牢，如春登台；我独泊兮其未兆，如婴儿之未孩，儽儽兮若无所归！众人皆有余，而我独若遗。我愚人之心也哉，沌沌兮！俗人昭昭，我独昏昏；俗人察察，我独闷闷。澹兮其若海，飂兮若无止。众人皆有以，而我独顽似鄙。我独异于人，而贵食母。”②

## 十、结尾

在阿尔喀比亚德说完这些话后，在场的人都笑了，认为阿尔喀比亚德的这些话只是表明他还在热恋着苏格拉底。苏格拉底认为阿尔喀比亚德是在打马虎眼，他的意图不是赞美苏格拉底，而是想离间苏格拉底和阿伽通。苏格拉底打趣说不能让任何人离间他和阿伽通。这表明苏格拉底以玩笑的方式把哲人的真相重新掩盖起来，哲人的隐匿性再次得到了强调。苏格拉底要求阿伽通躺在他身边，以表明哲人和诗人的友好，表明哲人苏格拉底要引导和教育青年诗人阿伽通。这样苏格拉底就处在阿尔喀比亚德和阿伽通中间，强调了哲人在政治人和诗人之间

---

① 《维摩诘经·方便品第二》。

② 《道德经》，第二十章。

的中心地位，政治人和诗人都应该接受哲人的教导。苏格拉底的这种提议遭到了阿尔喀比亚德的反对，他的政治野心使他不愿意服从哲人。最后，阿伽通表示希望得到苏格拉底的赞美，要按照苏格拉底的要求做。这表明诗人开始意识到哲人的神圣和智慧，希望得到哲人的教导。但是这时突然闯进来一大群醉醺醺的夜游神，躺在了他们中间。整个大厅变得乱哄哄的，秩序全乱了，个个互相逼酒，不再遵守任何规矩。这群人象征"无名的大众"。在这些庸俗大众中，任何美好和高贵的教导都是难以实行的。但是哲学教化却必须在这种政治社会生活中才能存在和发展。这是一副更加整全的画面。

阿里斯托得莫斯讲到，厄里克希马库斯、斐德若等人先走了，他也睡着了，等到鸡叫醒来时，看到阿伽通、阿里斯托芬和苏格拉底还在喝酒。如果我们把斐德若的功利性、泡赛尼阿斯的道德和厄里克希马库斯的技艺都看作是文明的一部分，那么，他们的观点都可以归入到阿伽通的关于文明的观点中。这样，我们就可以理解为什么在会饮最后只剩下阿伽通、阿里斯托芬和苏格拉底三个人在对话。苏格拉底带领他们在聊天，内容是苏格拉底要求他们承认同一个人可以兼长悲剧和喜剧。掌握技艺的悲剧诗人也会是喜剧诗人。他们似乎不得不同意。但是他们也没有认真听，都困得不行，阿里斯托芬先睡着了，最后阿伽通也睡着了。这种次序也表明，悲剧诗人高于喜剧诗人。在他们睡后，苏格拉底起身离开。阿里斯托得莫斯像平常一样陪着他。苏格拉底到卢凯宫待了一天，傍晚才回家。这意味着哲人苏格拉底始终处于纯粹理性的清醒觉知状态，他永远不会陷入昏睡。昏睡意味着非理性状态，这和哲人的本质违背。

这一段似乎暗示悲剧诗人高于喜剧诗人，阿伽通高于阿里斯托芬，而哲人是同时兼长喜剧和悲剧的，哲人高于诗人。悲剧诗人是建构主义的大师，是政治文明的奠基者和创造者，喜剧诗人则是解构主义的大师，是对政治文明的反思和嘲讽。悲剧是文明的奠基者，而喜剧是反文明的。悲剧强调了爱欲和文明的和谐关系，而喜剧则强调了爱欲和文明的对立关系。从理性主义的角度看，悲剧高于喜剧，意味着理性高于非理性，文明高于野蛮。

哲人则是掌握了建构主义和解构主义这两种技艺的大师。他能够随时根据需要进行解构或者建构的工作。随立随破，随破随立。他没有固定的教条化的原则和观点，而是当机立断、因机设教。因为哲人的最高权威和标准是理性-自然，自然高于文明，一切文明是对理性-自然的模仿，哲人不论是创立文明还是解构文明，都是依据自然。凡是合乎自然的，他就支持；凡是违背自然的，他就反对。哲人是完全依据自然而生活的。只有依据自然，我们才能理解哲人的思想和行为。哲人完整地把握了自然和文明的关系。人类生活需要政治文明，抛弃政治文明，人类就无法生活，人性就不是人性。但是如果把政治文明绝对化，把道德法律绝对化，那么政治文明就成为对人性的压抑和束缚，所以必须善于处理文明和自然之间的辩证关系。两者对于人类的健康生活都是同等重要的。哲人能够同时从这两个方面把握两者的关系，凭借智慧，把握时机，当机立断，决定在特定的时间和场合采取建构主义还是解构主义。哲人同时兼备文明和反文明的两种能力，而悲剧诗人和喜剧诗人则各有所偏，他们都没有真正认识理性-自然。可以说，哲人苏格拉底的无知之知就是建构的技艺和解构的技艺的统一。

## 十一、结束语

《会饮》始于爱神颂，终于哲人颂。会饮中的每个人都想为爱欲辩护，都想升华爱欲。在他们的讲辞序列中，后一个几乎都是对前一个的扬弃和否定。

斐德若从利益这个最常见和普遍的问题入手。但是他并不知道爱欲的真正利益，他对爱欲的利益的认识是狭隘的、低俗的。所以泡赛尼阿斯从道德主义的角度否定了斐德若的爱欲颂，他要论证爱欲的道德目的和作用。这种观点显然比一般利益的观点要高尚一些。但是他只是看到了美德的影子，并未看到爱欲不能完全被纳入道德规范之中。所以厄里克希马库斯否定了泡赛尼阿斯的道德主义，而从技术主义的角度看待爱欲，试图把爱欲纳入到技术控制的范围。但是凭借技术控制爱欲的观点本身就是反爱欲的。所以阿里斯托芬重新提出爱欲的自然本性的问题，他几乎把爱欲完全等同于本能，以反文明、反理性的非理性主义的方式颂扬爱欲，他看到了爱欲的超文明的特性，但是错误地把爱欲和文明理性对立起来。所以他的这种观点遭到了阿伽通的反对。阿伽通的唯美主义揭示了爱欲的文明特征，强调了爱欲和文明的和谐关系，认为爱欲是文明的奠基者、创造者。但是强调爱欲和文明的一致性仍然是世间法和有为法，爱欲毕竟不能在世间法中获得完全的满足。所以苏格拉底的理性主义强调爱欲的本质是对至善的追求，爱欲最终就是对至美本身的理性直观和沉醉。这可以说是苏格拉底的“出世间法”和“无为法”。只有在“出世间法”或者“无为法”中，爱欲才能最终实现自我，达到最终的完满。

所以苏格拉底对爱欲的歌颂是最高层次的。他的颂辞包含了爱欲带来的好处，爱欲对美德的实现，爱欲对技艺的创造，爱欲对一体感的追求，爱欲对文明的塑造，以及爱欲包含的理性和至善的超文明特征。可以说，前面的所有颂辞都以修正的形式包含在了苏格拉底的颂辞之中，他的颂辞是对所有颂辞的扬弃和修正。因为苏格拉底的这种洞见和真知灼见，所以他才受到了阿尔喀比亚德的歌颂。

如果说前面六个人的颂辞都是限于言辞方面，那么阿尔喀比亚德的颂辞是对苏格拉底的"行动"方面的展示和歌颂。这样他就以"行动"扬弃了"言辞"。所谓"听其言，观其行"。只有言辞和行为相结合，才能达到整体性。这样整个会饮就构成了一个言辞和行为结合的整体。所以阿尔喀比亚德是整个会饮的终结者和裁判者。如果现象界对应于政治生活，本体界对应于哲学生活，那么《会饮》最终暗示了政治生活不能最终满足人的爱欲，我们的爱欲只有在超政治的哲学生活中才能获得真正的净化和最终的满足。这就是柏拉图对哲学生活的辩护。

如果我们把爱欲理解为现代哲学熟悉的"生命"，那么我们就会在更大的范围理解柏拉图的《会饮》。"娑婆世界，爱欲为本。"生命的本质就是爱欲。人皆有爱欲，人的爱欲总是对某物的爱欲，例如对金钱、财富、爱情、权力或者名誉的追求等。但是人们并未意识到他们在追求这些东西时都是把它们看作是善的。所以爱欲本质上就是对善的追求。但是生命爱欲可能并不真正认识善，这些东西可能给人类带来厄运。生命会去追求错误的目标。当然这个错误的目标也是真实的目标的影子，也分有了真实的目标。所以柏拉图要求我们沿着这个影子去认识真实的目标。至善只有通过理性的静观觉知才能显现出来。爱欲只有沿着理性的指示去追求才能达到至善。理性为生命提供了目标。理性是生命的灯塔，否定了这个灯塔，就否定了生命的本质。

可以说，生命由爱欲和理性两个方面构成，爱欲是生命的动力性原则，理性是生命的方向性原则。“爱欲没有理性则盲，理性没有爱欲则空。”因此两者必须结合起来，才能理解生命的奥秘。既然爱欲指向至善，人性就是以善为本，这就是苏格拉底的性善论的基本思路。通过坚持性善论的立场，苏格拉底达到了理性主义的乐观主义。凭借这种理性主义的乐观主义，苏格拉底最终克服了斐德若的功利主义、泡赛尼阿斯的道德主义、厄里克希马库斯的技术主义、阿里斯托芬的悲观主义和阿伽通的唯美主义，并且把他们的观点都系统地进行了修正和提升。因为苏格拉底的这种智慧和爱欲，所以只有苏格拉底才是配得最高的颂扬的。

柏拉图借助于阿尔喀比亚德的醉话赞美了自己的老师苏格拉底，塑造了一个哲人的完人形象，引导我们去“效法苏格拉底”。哲人就是地上的爱神，就是现实政治生活中的爱神。这样柏拉图的最终教诲就是：“做人就是做哲人，就是做苏格拉底那样的哲人。”

# 文以载道——《斐德若》释义

一般认为这篇对话是关于修辞学的探讨，和《高尔吉亚》的主题比较接近。但是这篇对话显然并不仅仅局限于探讨修辞学，而是包含了更深的思考。我们大体上可以把这篇对话分为三个部分。

第一部分是以爱欲问题为主题展示正确的文章写作之道。其核心是展示柏拉图对哲学之道的理解，也就是揭示哲学和爱欲最深刻的关联，表明哲学并不是无情之物。而且因为哲学是无形无相的思辨和静观，所以哲学是无法自我展示的，只有通过诗意的或者比喻的方式才能展示出来。这种观点思路和《会饮》中苏格拉底哲学和爱欲以及对至美至善境界的展示是一致的。

第二部分是告诉我们应该如何正确地写作。柏拉图表明写作只有和善道结合起来，才是有价值和意义的。这就是所谓的"文以载道"。舞文弄墨、诗词歌赋并不仅仅是为了传达一些浅薄的情感或者显示自己的才华，而是为了形象地传达哲学的真理和智慧。哲学和诗歌的冲突的根本原因在于诗歌是不是应该以传达哲学的智慧为根本目的。如果诗歌或者修辞学只是为了获得大众的喝彩，迎合大众的低级趣味，那么这种诗歌就是无道的，反哲学的。这是柏拉图批判修辞学或者诗歌的根本原因。

第三部分是柏拉图对文字写作的贬低。柏拉图似乎认为即使我们的写作和善道结合起来，做到了“文以载道”，但是写作本身的意义也是有限的。这是由文字本身的局限性决定的。所以对于传道而言，面对面的辩证法对话才是更加有效的。因为这种言说和对话能够做到“因材施教”“应病与药”，而文字写作却不能鉴别其对象，不能针对不同的对象进行不同的教导。因此文章的写作只是追求德性和智慧的活动之中的花朵和果实，而完善人格的养成才是最重要的最根本的。这就是所谓的“太上立德”。“有德者必有言，有言则不必有德。”如果我们不能养成完善的人格，只会写作华美的文章词赋，那么这也是“不务正业”。真正的正业是修身立德，而不是舞文弄墨。所谓“行有余力则以学文”。因此古人从来没有把写作文章看作是重要的工作，舞文弄墨只是雕虫小技，立言被看作是“三不朽”的最低层次。可以说，我们应该如何写作，如何看待写作，这绝对不是一个微不足道的问题，而是事关世道人心的问题，因此柏拉图对写作技艺的探讨本质上就是对“立言”的立法。

## 一、引子

对话的开始是斐德若和苏格拉底在城外相遇。柏拉图之所以把这篇对话安排在城外，似乎是因为城里和城外意味着不同的政治环境，城内是政治性的，而城外是非政治性的。哲学对话本身是超政治的，所以在城外才比较安全和正当。正如《理想国》的对话安排在港口城市和夜晚。

苏格拉底问斐德若和吕西亚斯、厄庇克拉底在一起干什么，斐德若要求苏格拉底和他一起散散步聊一聊。苏格拉底显得非常高兴。斐德若说吕西亚斯写了一篇文章，主题是美少年应该接受一个不爱他的人，而不是接受一个爱他的人。

苏格拉底把吕西亚斯的观点看作是一种诱人的“民主理论”。根据这种民主理论，吕西阿斯也可以说不应当接受富人而应当接受穷人，不应当接受青年而应该接受老人。因为民主理论的核心是平等，这也将意味着不应该有人和人之间的各种区分。对于美少年来说，接受一个爱他的人还是不爱他的人，本质上是没有差别的。这里蕴含了柏拉图对民主理论的批判。

苏格拉底请斐德若背诵一下这篇文章，但是斐德若表示他不能背诵。苏格拉底认为他肯定背过这篇文章，现在正想表现一下自己，希望有人可以分享他的狂热，所以他就不要再装模作样，赶快背吧。于是斐德若愿意试试看，但是他又表示自己还不能逐字逐句地背诵，只能说几个要点。这时苏格拉底看到斐德若左手拿着一个东西藏在衣襟下面，他猜想就是这篇文章。于是苏格拉底要求斐德若直接读这篇文章。通过这种方式，苏格拉底对斐德若的热情进行了打击，也暗示了他对吕西亚斯这篇文章的贬低，为他后面讲解如何写作埋下了伏笔。可以说，斐德若的狂热正表明了他在爱欲和哲学问题上的年幼无知。

苏格拉底建议沿着伊立苏河走，找个安静的地方读文章。斐德若表示这很容易，他们正好都光着脚，趟水没关系，而且夏天在河里走很舒服。他们走了一段时间，苏格拉底说前面有棵梧桐树，有树荫、凉风和草地，还可以在那里躺下。可以说，这里的“河水”象征“爱河”，他们正在穿越爱欲之河。

另外，河流的意象也暗示了赫拉克利特的“一切皆流，无物常住”，在《克拉底鲁》中苏格拉底曾经对这个观点进行了分析。夏天的火热象征爱情之火，因为这篇文章谈的就是爱情，凉风和树荫象征对爱情之火的冷却。

斐德若问苏格拉底此处是不是波瑞阿斯掠走俄里蒂亚的地方，苏格拉底表示了肯定。但是他又提到在下游一里远的地方，穿过狩猎女神的圣地，有一座波瑞阿斯的祭坛。这个神话故事也是爱情故事。狩猎女神意味着对灵魂的捕捉。斐德若问苏格拉底是不是相信这个故事，苏格拉底表示如果他不相信，倒是很时髦的。因为一些有知识的人，应该是指无神论者和智者，对这个故事提出了新的科学解释。但是苏格拉底表示这些科学解释其实都是虚构的，而且似乎都有些“残忍”。这种“科学的残忍”我们可以通过尼采的一段话进行理解。

“一切生者在周围都需要一个氛围，一个充满神秘的气氛；如果把它这个外罩取去，如果判决一个宗教、一个艺术、一个天才，就像是没有氛围的星辰在运行，那么人们就不该再惊讶它迅速的枯败、僵化与不能生产了。所以一切伟大的事物实在都是这样的。”①

也就是说，我们的生存需要神话传说，揭穿这些神话就会破坏人们的生存热情，所以真正的哲人是维护这些神话传说的。苏格拉底恰恰是出于这样的考虑而对这些新科学不以为然。所以他说：“我还不能做到像德尔斐神谕所说的‘认识你自己’，在我认识自己之前去研究其他事物，这对于我来说确

---

① 尼采：《历史对于人生的利弊》，姚可昆译，商务印书馆，1998年版，第46页。

实是可笑的。因此我不去研究它们，而是接受流行的观点；正如我现在所说，我并不是研究它们，而是研究我自己。”① 我们可以说，苏格拉底的观点和孔子的“古之学者为己，今之学者为人”的立场是一致的。真正的学习研究就是“认识你自己”，自我认识是一切认识的基础和前提。自我认识是修身的技艺的一部分。自我认识是自我完善的根本方法。完善我们自己才是我们的一切学习和研究的最终目的。但是很多科学研究都是在舍本逐末，都不再是为己之学，而是为人之学。尤其是现代科学和技术结合在一起，最终变成了政治意识形态和享乐主义的工具。所以我们要好好体会柏拉图写下这句话时的意图，并且尽力反思和矫正自己的学术研究的目标和方法。

苏格拉底表示他非常喜欢这个水草丰茂之地，附近还有神庙，称赞斐德若是好向导。斐德若认为苏格拉底一点不像本地人，反而像个需要带路的外地人。因为苏格拉底几乎从来不去外国，甚至几乎从来不出城。苏格拉底表示自己爱好学习，把所有的时间和精力都用在学习上了。山川草木不可能教他知识，所以他始终和人在一起。苏格拉底表示要躺下休息，听斐德若读文章。他的这种姿势也似乎暗示了对这篇文章的不屑。

这段话显示哲人苏格拉底和政治城邦的关系。哲人是既入世又出世的，他是介于入世和出世之间的。一方面，哲人和政治生活及其主流价值观念保持距离。对真理的追求使他必须考察政治城邦的主流价值观，这种考察和反思使得哲人超出了政治城邦的价值观，所以他不可能在政治生活中感到满足和亲

---

① Plato. *Phaedrus*. In *The Collected Dialogues of Plato*, Edited by Edith Hamilton and Huntington Cairns, Princeton University Press, 1963. 230a。

近，也不可能无反思地接受和认可城邦的价值观。所以哲人是出世的。前苏格拉底的自然哲人特别明显地表现出哲学的这种出世特点。另一方面，真正的哲人不是离群索居、独来独往的，而是把自己融入人群，“和光同尘”。因为苏格拉底认识到，哲学智慧首先不能是对宇宙星空的认识，而是对人性人心的认识。而自我认识是认识人性的基础。自我认识只有在和他人的交往中才是可能的。我们必须在人群中考察自己的想法的真实性，而不能闭门造车，自以为是。和他人的对话是验证自己的观点的手段和方法，发现真理则是最终目的。通过自我认识，我们就能够更好地认识人性本身。对人性的认识则是完善人性的必要前提。完善人性才是一切认识的最终目的。否则，我们的科学认识就没有了方向和意义，迷失在虚无飘渺的万有之大海之中。如果我们对比在《泰阿泰德》中苏格拉底对塞奥多洛讲的那段离题话，就可以更好地理解苏格拉底的这种观点和生活。

## 二、对一篇文章的分析和苏格拉底的仿制

### （一）吕西亚斯论爱情的文章

斐德若开始念这篇文章。文章的大意是劝告美少年接受不爱他的人，这比接受爱他的人要好。爱他的人为了得到他的爱会做出很多许诺，但是一旦成功就会反悔；而不爱他的人则量力而行，保持理智。爱他的人会算计自己的付出能够得到的回

报；而不爱他的人不会算计。爱他的人不能自我控制，会移情别恋；不爱他的人则没有这个问题。不爱他的人范围更大，因此更有可能选择好的人。爱他的人会到处炫耀吹嘘；不爱他的人则能够控制自己，不爱慕虚荣。如果他和爱他的人交往，会受到他人的非议，而和不爱他的人交往则没有这种麻烦。爱他的人会出于嫉妒心而限制他的交往，因此会引起争吵；不爱他的人则没有嫉妒心，鼓励他和他人来往。爱他的人一旦爱情消失，友谊也会随之消失；不爱他的人则能够始终保持友谊。爱他的人会一味讨好他，使情欲伤害了他的判断力；不爱他的人则不是爱情的奴隶，为了当前和将来的利益，保持清醒的头脑。总而言之，他不应该把爱情给予那些需求迫切的人，而应该给予那些知恩图报、患难与共、忠心耿耿、理智尊严、能够保持一生友谊的人。

苏格拉底听完了文章，反讽地说他已经神魂颠倒了，和斐德若一起陷入了迷狂。但是他却把这种状态归因于斐德若的眉飞色舞，而不是这篇文章。苏格拉底认为这篇文章只是简洁明了，首尾一贯，辞藻华美，内容则不值一提。斐德若认为文章的内容更好，没有人能够写得更好。苏格拉底不同意，他表示以前听到过无数这类文章，比这篇文章要好。

吕西亚斯的这篇文章实质上是对爱情的否定和贬低，告诫年轻人不要被爱情冲昏头脑，要冷静地以功利主义的态度对待爱情。这反映了吕西亚斯对爱情和利益的狭隘理解，反映了他心智的平庸。斐德若对这篇文字的推崇也表明了他对于爱情和利益的态度。我们可以进一步联系在《会饮》中斐德若关于爱情的态度。在那里，他似乎还在爱情的无私牺牲和自我利益之间摇摆不定。他一会儿歌颂无私的爱情，一会儿又表现出对利益的重视。但是在这里，他已经完全转向了对个人利益的看重。这也是他推崇这篇文章的根本原因。而苏格拉底反对对爱情和利益的这种庸俗理解，所以他批判了这篇文章和斐德若对这篇文章的赞美。在他看来，吕西阿斯根本没有认识到爱欲的本质，也缺乏对利益的深刻理解。苏格拉底不是爱情至上论者，不会单纯推崇爱情本身，他要揭示的是爱情中的更高的哲学意义，也就是说，他要把爱欲进行理性的升华，把爱欲引导或者转换为对理念和至善的爱。同样，他认为利益并不是简单的物质利益，真正的利益是灵魂的或者精神的利益，物质利益低于并且必须服务于精神利益。真正的爱情应该有助于实现人的精神的智慧、德性和利益。这才是爱情的真正价值和意义。接下来苏格拉底将要充分地揭示这个真理。

### （二）苏格拉底论肉体之爱（凡俗的迷狂）

这时，苏格拉底表示有种外来的声音进入他的脑袋，并且形成了一篇文章，他可以把头脑中的这篇文章朗诵出来。于是斐德若要求苏格拉底以同样的主题再写一篇。两人经过几次交锋，苏格拉底装作被逼无奈而屈服，开始朗读这篇文章。但是他表示要把头蒙起来，飞快地把话说完，不要因为害羞而中断。这个情节表示，这篇文章的主题是被斐德若限定的，同样是对爱情的贬低和否定，并不能够表达自己的真实观点。为此苏格拉底感到羞耻。

苏格拉底首先表明，有个美少年，很多人都爱他，其中一个人爱他，但是控制了自己的爱情，这个人劝美少年接受不爱他的人，而不是接受爱他的人。这个开头容易让人想起《阿尔喀比亚德》的开头，这个美少年应该是具有政治抱负的政治人阿尔喀比亚德，而那个能够掩饰自己的爱欲的人则是哲人苏格拉底。他们之间具有一种类似于同性恋的关系。当然这种同性恋也同样是失败的，苏格拉底并未能够把阿尔喀比亚德培养成哲人，甚至没有培养成为一个合格的政治家。

接下来，苏格拉底要求首先应该对爱情进行定义，然后才能对爱情是好还是坏进行讨论。苏格拉底暗示吕西亚斯的这篇文章的错误在于没有对爱情进行定义和分析，只是笼统地谈论爱情。这里体现了苏格拉底或者柏拉图的理性主义的风格和方法，追求主题的明确性和严格性。在《会饮》中，苏格拉底的讲辞也体现了这种特点。我们在很多时候没有首先去精确地反思和界定自己讨论的主题，就开始长篇大论的写作或者言说，最终往往离题万里、不知所云。

于是，苏格拉底从理性和欲望的关系角度对爱情进行定义。他认为每个人都有自己的主导性原则，这种原则大体上有两种，一个是追求快乐的天生的欲望，一个是追求善好的后天的理智。这两个原则有时是一致的，有时是不一致的。当我们在理性的判断力的指导下追求至善时就被称为节制，当我们在欲望支配下追求快乐时就被称为放纵（wantonness），例如饕餮之徒和酒鬼等。然后他对爱情进行了定义。

> “当非理性的欲望超过了做正确事情的理智的冲动，追求在美中的快乐时，它的力量又被人体中对美的同类欲望所加强——它就成为超过一切欲望的最强烈的欲望，这种欲望就从这种力量中获得了它的名称，被称为爱情。”①

---

① Plato. *Phaedrus*. 238c.

苏格拉底的这个定义符合我们一般人对爱情的理解，即爱情是一种最强烈的欲望，这个欲望往往会消除一切理性成分。我们还要看到，这个定义强调的是爱情的肉欲方面的因素，是对“世俗的爱情”的定义，这并不是他对爱情的最终定义。所以苏格拉底认为这个定义并不是自己下的，而是在神灵的感召下做出的。这个神灵可能就是指酒神，所以他暗示自己的文风和酒神相似了。我们知道，酒神是非理性的象征。在古希腊时期，人们在酒神崇拜活动中往往冲破习俗禁忌、伦常规范，陷入一种无所顾忌的放纵和迷醉的状态，释放出在理性、道德、法律束缚中的压抑。对此尼采在《悲剧的诞生》中有非常充分地说明。这时，苏格拉底首先把爱情和酒神等同起来，似乎就是在强调了爱情的非理性特征。

根据这个定义，苏格拉底对爱者进行了批判。在心灵方面，爱者只是快乐的奴隶，他只会和比他弱小的人交往，尽可能削弱被爱者。爱者喜欢被爱者的缺点如胆小、无知、迟钝等。爱者善于嫉妒，限制被爱者和他人交往，限制被爱者的成长。因此爱者对于被爱者的心灵成长没有好处。其次，在身体方面，爱者更喜欢那些弱不禁风的少年人，这些少年人足不出户，不劳作，不锻炼，不健康，只靠涂脂抹粉取悦他人。再次，在财富方面，爱者把被爱者看作是自己的私人财产，希望被爱者一无所有，并且一辈子独身，无儿无女，这样就能够独自霸占被爱者。爱者在情欲的支配下享受肉体的快乐，少年人始终忍受监视、忍受屈辱和闲言碎语。爱者在有爱情时是有害的，在没有了爱情时也是有害的。当他的理性和节制逐渐取代了爱情和疯狂后，他既不能履行自己的承诺，也不能承认自己的过错，最终背信弃义，溜之大吉。被爱者只好追赶着讨债。因此爱者只是为了满足自己贪婪的欲望，所以不要接受有爱情的人。

我们如何理解苏格拉底的这篇文章呢？第一，苏格拉底的这篇文章中的爱欲主要是指一种肉体之爱。和精神之爱相比，这种肉体之爱是比较低俗的爱。这种肉体之爱也是一种世俗之爱，所以苏格拉底不可能对这种肉体之爱有太高的评价。第二，我们也可以把这种爱情理解为“政治关系”。古代人经常以爱情关系比喻君臣关系。美少年似乎可以比喻为政治权力，爱他但是掩饰自己的爱情的人似乎指哲人，爱他但是不掩饰的人似乎是指政治家。这样，苏格拉底在暗示，政治家对政治的爱是为了满足自己的私欲，最终只会败坏政治。哲人也关心政治，但是他没有对政治权力的贪欲，远离政治权力，以知识改善政治。如果政治能够接受哲人的关心，那么政治就能够获得改善。第三，苏格拉底也表明了对理性和欲望、快乐和至善的区分。他认为只有以理性引导爱欲，使爱欲对具体对象的追求转变为对不可见对象的智慧和德性的追求。这才是爱欲的最终升华和实现。只有在至善中才能获得真正的快乐。这种观点在后面的“理念之爱”中会得到充分表达。我们也可以对比《会饮》中苏格拉底的颂辞中对爱欲的升华。因此，我们不能简单地把爱欲分为肉体之爱和精神之爱，两者之间有着深刻的联系。即使在肉体之爱中也包含了深刻的精神元素，所以苏格拉底立刻开始忏悔对爱欲的亵渎，并且展示更加深刻的对理念的精神爱欲。

### （三）苏格拉底论灵魂之爱（神圣的迷狂）

在批评了肉体之爱后，苏格拉底表示他已经说完了。但是斐德若认为他只说了一半，还没有说被爱者有什么好处。苏格拉底说，爱者的害处就是被爱者的好处，他没有必要再浪费语言了。他认为自己的作品是缪斯附体的结果，他的文风已经改变为“史诗”风格了，至于这篇文章会产生什么结果就交给命运，他要过河回家了。

这里的河仍然是比喻爱河，暗示苏格拉底穿越了肉体的爱河。如果酒神风格是非理性的象征，史诗风格可以说是理性的象征。可以说，苏格拉底在此是以史诗中的理性否定酒神中的非理性。荷马史诗记载的特洛伊战争就起因于爱情，这场爱情引起了人间的巨大的战争灾难，荷马史诗似乎谴责了爱情。苏格拉底通过把爱情定义为非理性的迷狂，也对爱情进行了理性的批判。这种理性的批判并不是要否定爱情，而是要谋求爱情的升华。如果说吕西亚斯对爱情的否定是出于世俗的功利主义，苏格拉底对爱情的否定则是出于禁欲主义，这种禁欲主义并不理解爱情的本质，所以如果片面地坚持禁欲主义原则，最终必然导致人们的爱欲的普遍反抗。这是他和吕西阿斯的根本不同点。

斐德若表示现在正是“灼热的正午”，应该等凉快一点再走。这里可能是暗示肉体之爱的狂热，我们还没有驯服肉体之爱。史诗意义上的对爱情的理性的否定并不是真正的对爱欲的削弱，仍然是一种对爱欲的不充分的理解，或者对爱欲的压抑，这种压抑只会导致爱欲的进一步狂热。所以不论是贬低爱情还是歌颂爱情，我们大多数人都没有真正理解爱情的本质。

因此，苏格拉底表示斐德若的热情似乎帮助他催生出另一篇文章。他的“灵机”再次出现了，它禁止苏格拉底离开，必须赎回对诸神的亵渎。他认为自己现在像个预言家，心存惶恐，唯恐冒犯神灵。他觉得自己刚才的文章是“可怕的理论”，这种理论冒犯了爱神爱若斯和阿弗洛狄特，否定爱欲是渎神的。因为他批评了有爱情的人，颂扬没有爱情的人。苏格拉底认为自己最好立刻再做一篇，救赎自己的过错。他要像公元前7世纪的抒情诗人斯特昔科鲁那样，后者曾经因为骂海伦而瞎了眼睛，但是因为他立刻写了一首翻案诗，所以他又复明了。荷马也是因为冒犯爱神才瞎了眼睛，但是荷马不知道自己的错误。苏格拉底表示这次他要露出脸来讲话。一个真正有人性、有爱心的人一定会蔑视刚才的两篇文章，它们根本不懂得爱情的本质。苏格拉底推脱说刚才的文章是斐德若的意思，并不是他的意思。他现在要以斯特昔科鲁的意思重新作文。这样他的文章就从史诗转变为抒情诗，所以下面的文章属于抒情诗的范畴，在后面他则把这篇文章称为“节日赞美诗”。

可见，苏格拉底的文章经历了从酒神风格到史诗风格到抒情诗风格的转变，我们要把握其中的意义。酒神风格是一种非理性的爱欲，是对爱情的非理性的颂扬和歌颂。史诗接近客观冷静的理性，因此对爱情持贬低和否定的态度。但是这两种态度都不是对爱情的本质的正确理解，也就是说不能实现爱情的升华。而抒情诗则是对理性和非理性的结合，这种爱情的升华也就是对不可见对象的爱，也就是对理念世界的爱。这是以理性对象引导爱欲的升华。这种升华和结合的结果就是心灵的自由、解脱和和谐。这种心灵的自由和和谐是至善境界，这才是对爱情的本质的真正理解，才是爱欲的真正的实现和满足。苏格拉底要说明真正爱情的本质，实现爱欲的升华，达到理性和非理性的和谐。这种爱情的本质也就是哲学的本质。可以说，苏格拉底在这里的赞美诗本质上就是“哲学的颂歌”。

苏格拉底首先指出，认为“有爱情的人是疯子，没有爱情的人是理智的”，这种看法是错误的，认为“迷狂（madness）是一种邪恶”也是不正确的。因为最大的赐福也是通过迷狂的方式出现的，迷狂（madness）是诸神的恩赐。苏格拉底在此表达了对迷狂（madness）的推崇。这是非常难以理解的。苏格拉底被认为是理性主义哲学家，他不可能推崇非理性的东西。所以要理解柏拉图这里的观点，我们就需要首先反思对理性的看法。我们一般认为理性就是推理和计算。如果我们把理性仅仅看作是推理和计算的能力，那么我们就没有真正理解理性的本质。应该说，推理和计算只是理性表现出来的一种能力，这种能力并不能够代表理性本身。

按照古希腊哲学的含义，理性本质上是一种静观和沉思。这种静观和沉思本身是超出一切计算和推理的，只有在这种静观的前提下，推理和计算才是可能的。推理和计算本质上是一种“有所缘”的静观，我们凭借一些概念、符号等进行观看。而纯粹的理性静观则是一种无所缘的静观，是我们扬弃了一切概念、语言之后的直接观照。按照柏拉图的观点，这种静观是一种对不可见理念的静观，也就是对事物的本来面目的静观。因为不可见的理念是至美至纯至善的，所以对这种对象的直观也就会使人达到迷狂的极乐状态。这种迷狂的极乐是理性主义的迷狂。可以说，理性主义的顶峰就是这种至乐的迷狂。在此我们可以说理性和非理性完全结合起来。两者并不是像我们一般认为的是一种非此即彼的对立关系。

但是在现代哲学中，迷狂逐渐被看作是完全非理性主义的概念。在近现代哲人中，康德的“天才说”可以说是对迷狂的推崇，这种迷狂是在对美的理念的直观中产生的。浪漫主义对想象力的推崇也是对迷狂的推崇。尼采的酒神崇拜也是对非理性的迷狂的推崇。我们如何理解理性的迷狂和非理性的迷狂的关系呢？应该说，非理性的迷狂是缺乏自知之明的迷狂，是不能自我理解的迷狂，是一种迷乱的愚痴的迷狂。它虽然可以传达一些真理，但是却不能真正理解和认识。而理性的迷狂是理性认识的最高峰，是伴随对最高的实相的认识而产生的极乐体验。这种极乐体验是清晰的空灵的智慧之境。因此只有理性的迷狂才是值得追求的。这可以说是柏拉图对灵魂的最深刻的本质和奥秘的揭示。这样柏拉图就实现了对迷狂的理性主义的驯化，使理性和非理性协调起来，以达到灵魂的至善。如果我们不能把非理性的迷狂理性化，哲学理性就仍然是片面的不完备的。把迷狂纳入到哲学理性中是哲学思考的必要的一部分。

苏格拉底首先列举了四种迷狂。四种迷狂都涉及到人和神的交往，迷狂是一种神赐的礼物，是神圣的。第一种是预言的迷狂，是阿波罗神的附体。他从事实和名称两个方面说明预言的迷狂。德尔斐的女预言家和多多那圣地的女祭司在迷狂中做出了正确的预言，给希腊人带来了福泽。给事物命名的人把预言的技艺和迷狂联系起来，认为只有在迷狂中才能正确地给事物命名。第二种迷狂是秘仪的迷狂，是酒神附体的迷狂。有些人因为前世的罪孽遭到天谴而发疯，他的家人就祷告神灵，进行赎罪除灾的秘仪，那些发疯的人在迷狂状态中获得了痊愈。第三种迷狂是诗歌的迷狂，是缪斯的附体。凭借缪斯的附体，诗人的灵魂上升到出神入化的境界，写下了优美的抒情诗，赞美古代的丰功伟绩，为后世垂范。因此苏格拉底说不要害怕迷狂，不要认为理智就一定比迷狂好，迷狂是诸神的恩赐，是为了爱者和被爱者的共同利益。他认为自己的这种观点将会在智慧者中间流行，虽然不一定能够在博学者中流行。因为博学者只是掌握了一些肤浅表面的文字知识，而对世界的真相、对人性的事实和真理一无所知。

接下来，苏格拉底要揭示第四种迷狂，也就是哲学理性的迷狂。为了说明哲学的迷狂的本质，他决定首先对灵魂的自然以及它的生活和命运进行考察。灵魂既包括人的灵魂，也包括神的灵魂。下面就是苏格拉底对哲学的迷狂的著名论述。

1. 灵魂的定义

灵魂是不朽的，因为它是自动的。它推动其他一切事物，是一切事物的第一原则，一切其他事物的运动都来自于灵魂，因此灵魂不可能是产生出来的，灵魂的灭亡和产生都是不可能的，否则一切生成之物都要毁灭，所以“灵魂的本质就是自动”①。如果一个事物的运动源于外物，就是没有灵魂的，如果它的运动源于自身，就是有灵魂的。灵魂既没有出生也没有死亡，所以灵魂是不朽的。

在此柏拉图首先确定了灵魂不朽的概念。这个问题曾经是《斐多》讨论的主题。在此，柏拉图不再诉诸于繁琐的论证，而是直接表达了自己的观点。灵魂不朽或者不死对于柏拉图哲学的重要性是不言而喻的。柏拉图在此把灵魂看作是“第一推动者”。他认为灵魂本身是不动的，其他事物不可能推动它，但是灵魂又是运动的，它是其他事物的推动者，所以灵魂是不动的第一推动者，灵魂是既动又不动的。这样灵魂的运动只能是自我中心的旋转运动。所以他认为灵魂是自动者。在柏拉图看来，灵魂的不动就意味着灵魂是不生不灭、不增不减、不来

---

① Plato. *Phaedrus*. 245e.

不去，所以灵魂就是永恒不变的，永恒不变也就是不朽不死。因为不动，所以不死。而一切处于运动中的事物都是生生灭灭、变化无常的。

其次，柏拉图在此以运动现象解释灵魂的不朽。我们知道，柏拉图对运动持贬低态度。但是运动是普遍的现象，所以如何理解运动现象是至关重要的问题。通过把灵魂规定为第一推动者，柏拉图把运动也归因于灵魂，然后又把运动纳入到不动或者静止。这样柏拉图最终克服了运动，坚持了“静止高于运动”“存在高于生成”的基本观点。正如老子所言：“重为轻根，静为躁君。”① 灵魂的“本来面目”就是不动者，灵魂的运动是表面现象。事物的运动更是表面现象，是对灵魂的运动的分有和模仿。不动性才是灵魂的“本来面目”。所以追求灵魂的宁静也就是回到灵魂的“本来面目”了。亚里士多德把神看作是“不动的推动者”，同样是对柏拉图的灵魂观念的继承。晚期希腊哲学都把“不动心”作为哲学追求的最高目标，也是这种理性主义立场的表现。这种理性主义的原则就是通过运动回归静止，通过物质回归灵魂，通过现象回归本质。如果我们不把事物的运动归因于灵魂，世界和灵魂就无法结合起来，灵魂就似乎成了和世界运动无关的存在，这样就会导致精神和物质的二元论，既无法坚持灵魂的理性本质，也无法坚持世界的运动的理性根源。

接下来，苏格拉底讲述了灵魂的组成。他用马车喻表达他对灵魂的这种看法。和《理想国》中的思想一致，他把灵魂分为理性、激情和欲望三个部分。驭手象征理性，良马象征激

---

① 《道德经》，第二十六章。

情，劣马象征欲望。诸神的灵魂的驭手和马匹都是好的，也就是和谐一致的。人的灵魂则有良马和劣马之分。

在这里，苏格拉底把灵魂看作是一个整体，但是这个整体并不是单一性的，而是复合性的。正如城邦和宇宙一样，都是异质性元素的复合构成的。在这种复合性的整体中，就必然涉及哪个元素是首要的，哪个元素是次要的，它们之间的关系应该如何的问题。但是在《斐多》中，苏格拉底则认为灵魂是单一性的，因为只有灵魂是单一性的，灵魂在肉体死后才不会随之分解。如果灵魂是复合的，那么灵魂的分解是不可避免的。我们应该看到，柏拉图所谓的灵魂的单一性主要是指理性的单一性。只有理性才是灵魂的最终本质。按照柏拉图对灵魂的三分法，灵魂的“不动的中心”应该是理性，激情和欲望则是旋转的部分。因此在灵魂中，激情和爱欲都围绕理性中心而旋转。爱欲和激情的旋转则推动世界物质的运动。所以整个宇宙就成为一个以不动理性为中心的，由爱欲推动的运动系统。这样我们就能够理解，在灵魂本身中就包含了存在和生成的区分。理性是静止的，属于存在；爱欲是运动的，属于生成。所以理性高于欲望，静止高于运动。从外围到中心的回归也就是从爱欲到理性的回归。纯粹理性的生活就是不动的静观的生活。正如老子所说：“致虚极，守静笃。万物并作，吾以观复。夫物芸芸，各复归其根。归根曰静，是谓复命。”①

2. 理念的盛宴

柏拉图认为诸神和各种灵魂的运行目的是观照理念。灵魂以理念为食物，只有通过对理念的观照才能获得滋养。最初所

---

① 《道德经》，第十六章。

有灵魂都在整个宇宙中飞行，照管一切没有灵魂的事物。宙斯、赫拉、阿波罗等诸神一共统领12路队伍，在天界游行，各尽职守地照料万事万物。其他各类灵魂可以自由地跟随他们。在哲人苏格拉底看来，理念世界高于诸神的天界，理念世界处于天外世界（the place beyond heaven）。所以，诸神和各种灵魂如果要去观照理念获得滋养，就必须沿着笔直道路努力上升。苏格拉底说这种“天外的景象”还没有被诗人歌颂过，他认为我们必须把天外境界说出来。这个世界实际上就是理念世界。

“这个世界的存在无色无形无体；存在的本来面目，即所有真实知识的主题，只能被理性这个灵魂的舵手所看见。神的心灵也需要理性和纯粹知识所滋养，正如任何一个灵魂一样，都要关注适宜于其自身的食物。当它最后发现和直观着真实的存在时会非常高兴，以之为食，并且感到心满意足。直到天体的周期性运动带领它回到起点。在这条道路上，它将看到正义本身、节制本身和知识本身——这种知识和变化无关，和变化相关的知识是可变的，因为它认识那些我们认为真实存在的事物。不，真正的知识是关于事物的本来面目的知识。”①

这是柏拉图对理念世界的最高赞美，本质上也是对哲学的赞美。第一，理念世界是“不生不灭、不垢不净、不增不减”的，是真正知识的对象。真正的知识必须是关于理念世界的知识。第二，只有理性才能看到理念，理性本质上就是一种直观

① Plato. *Phaedrus*. 247c-e.

和看的能力。理性是灵魂的本质，对理念的观看需要以对爱欲的驯服为前提，也需要以对语言和概念的扬弃为前提。如果没有扬弃语言和概念，我们就只是停留在知性的阶段，而没有上升到纯粹理性的阶段，也就难以直观理念本身。第三，理念是至美至纯至善的，对理念的直观会给灵魂带来最大的快乐。这就是哲人的至乐和迷狂。第四，理念世界高于诸天诸神，诸神也需要理念的滋养。这意味着理念比诸神要高，诸神也要追求智慧。这样柏拉图无形中贬低了诸神，或者说把神学理性化或者哲学化了。这是我们理解柏拉图关于理念和神的关系的重要线索。第五，理念世界或者至善并不爱人，也就是说，最高的事物不是爱人的，因为至善或者最高之物是自足圆满的，所以没有任何的欲求。但是它能够使爱它的人获得最大的净化、幸福和至善，所以理念本身是可爱的、可欲的。第六，理念世界是无色无相的，因此是不可呈现的，只能通过“诗意呈现”的方式呈现理念世界的形象和地位。

近现代哲学基本上否定了柏拉图的这个客观的纯粹的理念世界的存在。他们把认识的目光转向现象世界，现代科学的目的只是认识变化的事物中的不变的规律性，而且这种科学认识是为了控制和改造事物，把事物纳入自己的功利主义和享乐主义的实践之中，以满足自己的欲望的需要。这种欲望的满足和灵魂的至乐迷狂相比其实是微不足道的。为了肯定科学的真理性，现代哲学家不得不把科学知识的真理性置于人类的主观性之中。例如康德认为知识科学的真理性并不存在于外界的现象，而只在于人类的先天主体性。所以科学对真理的认识也不需要灵魂的净化。还有，柏拉图对哲学的推崇和对神话宗教的贬低是不动声色的改造。而近现代哲学则是在反对基督教神学的前提下发展起来的。所以在柏拉图对话中，哲学和宗教的关系不是对立性的，而在近现代哲学中两者才成为对立性的关系。现代哲学谋求建立的理性世界本质上就是一个排除了宗教观念和宗教势力的世俗世界。

苏格拉底继续指出，所有灵魂都以理念世界的知识为营养，所以灵魂去观看理念就是“赴宴”。但是有的灵魂能够上升到诸天绝顶观看天外的理念景象，有的灵魂不能跟随诸神上升看到理念世界，最终就堕落到地面上。这些灵魂之所以不能跟随诸神上升，是因为他们的羽翼受到了损害。因为羽翼（wings）的特点是带着沉重的东西向上升。羽翼具有更多神性，羽翼的本质是美丽、聪明、善良，灵魂可以从这些优秀品质中获得营养。如果碰上相反的性质如丑陋、愚蠢、邪恶的品质，羽翼就会萎缩损毁。

这里的羽翼应该就是指爱欲（love）。爱欲是动力学原则，羽翼就是比喻这种动力的来源。按照柏拉图的这种观点，爱欲指向理念就会变得美好，指向现象就会变得恶劣。所谓“近朱者赤，近墨者黑”。如果我们用美好的东西喂养灵魂，我们灵魂的羽翼就会变得强壮有力，这样我们的灵魂就能够不断上升，直到看到理念世界的美景，获得最高的满足和幸福。所谓“人之初，性本善，性相近，习相远”。如果我们不能以美好的东西喂养灵魂，灵魂和丑恶的事物接触，灵魂就会逐步堕落和下降。所以对于我们的爱欲，重要的不是压制它，而是给它以美好的东西，使之逐渐变得纯洁和美好，成为我们向善的动力。换言之，理念是灵魂的真正食粮，如果灵魂获得了足够的理念食粮，就会变得强壮和纯洁。如果灵魂不能从理念世界获得足够食粮，灵魂就不可避免地堕落。

柏拉图继续表明，一个堕落的灵魂最终会失去羽翼，不断掉落，直到碰上坚硬的东西，例如身体。灵魂和身体结合的状态就是生命。这就是人的出生。因此人的出生是灵魂堕落的结果。灵魂的堕落是因为贪恋现象世界的事物导致的。现象之物都是不纯粹的、不完美的，如果灵魂贪恋这类事物，就会同样变得不纯粹、不完美。理念世界是至纯至美的，所以对理念的爱欲可以使灵魂变得至纯至美。诸神的灵魂就是至纯至美的，所以诸神没有身体和生命，是不朽的。而人的生命是不完美的、可朽的。当然，人和人的灵魂也是不同的。有些灵魂（应该是指哲人）能够紧紧跟随诸神的灵魂，努力去观看理念世界，但是他的灵魂仍有劣马之累，会时升时降，很难看清整个理念世界，只能看到其中的一部分。其他灵魂（应该是指俗人）虽然也希望上升观看理念，但是他们的羽翼软弱无力，束缚于凡俗的现象世界之中，天界对于他们可望不可及，何况天外的理念世界。他们在尘世的彼此争斗、相互伤害也使得他们的灵魂羽翼受伤，于是只能满足于真理的模仿者即意见。

这里柏拉图对人的灵魂类型进行了区分，即区分了哲人的灵魂和俗人的灵魂，指出了他们的灵魂的根本差异。哲人和俗人都是天生的，是根据他们的灵魂的纯洁性不同而划分的。成为哲人的和谐就是净化灵魂。同时，柏拉图也延续了知识和意见的区分，知识是对理念本身的观看，意见是对现象事物的认识。知识就是真理，意见则是可错的。知识能够滋养我们的灵魂，意见则是蒙蔽我们的灵魂。正如在《美诺》中，苏格拉底指出的，只有我们“用理性把意见绑住”，也就是对意见进行了理性的考察，意见才能变为知识。

苏格拉底指出各类堕落的灵魂都有不断轮回投生的过程。

各类灵魂的命运与他对理念的认识和迷狂相关。越是体验到理念的迷狂的灵魂就越是美好，他的命运就越好。相反，越是没有体验理念的迷狂的灵魂就越差，他的命运就越差。他认为人的灵魂运行一个周期需要一千年，要在十个周期，也就是一万年以后才能恢复羽翼。如果一个灵魂连续三次选择过哲学生活，那么在三千年后，这个灵魂就可以恢复羽翼，高飞而去，上升到天界诸神那里。其他灵魂在第一个周期后要接受审判，有的灵魂会下地狱受罚，有的灵魂则会进入天堂。两类灵魂都要自愿选择下一辈子的生活。有的从人变为兽，有的从兽变为人。但是只有见过理念的人才能投生为人。如果灵魂能够紧紧跟随一个神而看到真理，就能够永远不受伤害，没有悲伤，否则就会遭遇不幸和罪恶，然后堕落人间。他列举了九类灵魂的命运。第一类灵魂是哲人的灵魂。他们看到了大多数理念，成为智慧或者美的追求者，或者缪斯的热爱者。第二类灵魂看到的理念要少些，会成为国王、勇士等。第三类灵魂成为政治家、商人。第四类灵魂成为运动员、教练员或者医生。第五类灵魂成为预言家或者秘仪祭司。第六类灵魂成为诗人或者模仿性的艺术家。第七类灵魂成为匠人或者农民。第八类灵魂成为智者或者鼓动民众的政客。第九类灵魂成为僭主。

这里柏拉图表达了他的灵魂轮回说。其中哲人和僭主构成了两极。哲人的灵魂最终获得理性的净化而超出轮回，僭主的灵魂则几乎不可能获得理性的净化而超出轮回。这种灵魂轮回学说在他的很多对话中都有所表达。其中的基本思想是灵魂和理念的关系，或者按照人的理性能力，把人划分为三六九等。这种等级划分是根据灵魂中的理性成分的大小多少进行的。可以说，这种等级制是他的理性主义原则的表现，也是他的平等主义原则的表现。真正的平等是根据理性的能力大小进行确定的，而不是仅仅根据“人”的概念来确定。理性主义的等级制才是合乎人的自然理性的平等主义。正是根据这种理性主义的立场，柏拉图才坚持了真正的平等主义。而现代平等主义则贬低了理性主义原则，要求一视同仁地看待所有人，这样反而是最大的不平等。因为人和人的自然是不同的，需要差别对待，所以这种一视同仁就是实质性的不平等。

3. 回忆说

苏格拉底接下来鲜明地表达了回忆说的观点。

> “一个从来没有见过真理的人不能投生为人，因为人必须理解和普遍理念相关的语言，把杂多的感知整合为一个理性统一体，这个过程就是对理念的回忆，我们的灵魂出生前在和诸神游行的时候曾经看到过它们，当时灵魂漠视我们现在认为真实的事物，而仰望真实的存在。”①

这段话包含以下几层含义。第一，凡人皆有理性，人是理性的动物。这里柏拉图没有提到人的理性的差异性，而是强调理性的相同性。第二，人是说话的动物，理性和语言相关，说话是理性的运用。语言和理念相关，语言所指示的是理念，理念是语词的对应物。说话就是编织理念。第三，理念是至真至美至善的东西，并不存在于这个现象世界中。现象世界是对理念世界的模仿。因此现象世界的东西都是不完美的、不真实的。第四，认识就是回忆。灵魂的原初状态是理性的、纯洁的，灵魂在和肉体结合之前看到过纯粹理念。但是灵魂进入肉

① Plato. *Phaedrus*. 249c.

体后就变得污秽、沉重和迷失，把现象世界的东西看作是真实的，而忘记了自己的本性，忘记了理念世界。所以灵魂要认识理念、获得理性，就必须净化自己，这种净化就是消除欲望和激情对灵魂的干扰，使灵魂重新达到纯粹理性的状态。纯粹理性才是灵魂的真实本性，激情和欲望只是后天染污的结果。①只有在纯粹理性的净化状态中，灵魂才能回忆起至真至美至善的理念世界，从而恢复自己的本性和快乐。所以理念并不外在于灵魂本身，而是内在于灵魂之中的，灵魂的认识只是对自己的内在之物的认识。现象世界的感官事物不过是起到了触媒的引发作用或者唤起作用。摆脱灵魂轮回之苦的方式就是回忆和直观理念世界，尽可能超出感官世界。

由此可见，柏拉图的“回忆”并不是我们一般理解的回忆，而是一种认识论和方法论。对于理念的“第一印象”是在灵魂投生前就内在于灵魂之中了，认识不过是灵魂对自己内在的理念之印象的回忆。或者说，回忆就是灵魂的内观，是灵魂的自我认识和自我观照。真理就内在于灵魂之中。认识真理的方法不是向外求索，而是反观自身。灵魂越是外求，就越是误入歧途。回忆也是灵魂净化的基本方法。回忆就是内观。通过回忆，灵魂越来越摆脱了对现象世界的依赖，而转变向对理念世界的直观，并且在这种直观中认识最高的真理。

这种内观方法似乎是古往今来的智慧之人的共同教诲。例如老子认为：“不出户，知天下；不窥牖，见天道。其出弥远，

① 在《斐莱布》中，柏拉图还指出，欲望也是以回忆为前提的，这也就是强调理性比欲望更加原初，没有理性就没有欲望。而现代哲学强调欲望先于理性，理性只是欲望的工具，甚至是欲望的对立面。这都是违反了柏拉图的基本原则的。

其知弥少。是以圣人不行而知，不见而名，不为而成。”① 庄子的“坐忘”也认为：“堕肢体，黜聪明，离形去智，同于大通，此谓坐忘。”② 孟子的致良知论认为：“万物皆备于我矣。反身而诚，乐莫大焉。强恕而行，求仁莫近焉。”③ 李翱的《复性书》也认为：“是故诚者，圣人性之也，寂然不动，广大清明，照乎天地，感而遂通天下之故，行止语默无不处于极也。复其性者，贤人循之而不已者也，不已则能归其源矣。”佛教也认为不可“心外求法”，只求“明心见性”。他们都认为真理就在我们心中，感官认识不能给予我们真理。只有通过自我反思才能认识真理。这些观点都和回忆说的基本精神是一致的。

柏拉图继续指出，学习哲学就是进行回忆。回忆就是对理念的静观。对理念世界的静观凝视使哲人超出了世俗世界，他的感官逐渐和现象世界分离，他的灵魂变得越来越纯粹和纯洁，因此他的灵魂的羽翼就重新恢复了。

> “只有哲学家的灵魂可以恢复羽翼，这是适宜而正确的，因为他的灵魂尽可能地专注于对这些事物的回忆，而对这些事物的接近使一个神成为真神。因而如果一个人正确地运用回忆的方法，不断地达到对完善的神秘之物的充分观照，他并且只有他才变为真正完善的人。”④

可以说，在柏拉图哲学中，回忆是人的灵魂净化、自我完

---

① 《道德经》，第四十七章。

② 《庄子·大宗师》。

③ 《孟子·告子下》。

④ Plato. *Phaedrus*. 249d.

善的方法和过程，也就是使理性从激情和欲望中摆脱出来的过程，使人摆脱了外在世界的诱惑和困扰，安住在自己的内心世界之中，安住在事实真相之中。因为哲人聚精会神地观照内心中的神圣的理念，所以他必然漠视凡人重视的东西，他就不可避免地受到民众的指责和误解，被看作是疯疯癫癫的疯子。民众不知道哲人是被神附体的，这里表明的是哲人和民众的分歧和冲突。这种冲突也是古往今来的普遍现象。正如老子所说的："上士闻道，勤而行之；中士闻道，若存若亡；下士闻道，大笑之。不笑不足以为道。"①

如何理解柏拉图关于哲人是被神附体的说法呢？在柏拉图哲学中，传统的诸神被改造为以哲学的理念为食的诸神，而柏拉图哲学中的神则是纯粹的理性的灵魂，没有肉体和欲望的束缚，所以神始终和理念保持绝对的同一。可以说，柏拉图的"神"实际上是思维和存在的永恒的绝对同一的状态。这样的"神"不是信仰的对象，而是严格科学的真理的标准。哲人追求思维和存在的同一，就是最接近神的人。正是在这个意义上，柏拉图才说哲人是被神附体的人。在这里，柏拉图也肯定了哲学的神圣性，是他对哲学的辩护。在《理想国》中，柏拉图曾经指出，只有哲学是神圣的，其他都是人事。但是现代哲学却忘记了哲学的神圣性，而和世俗政治结合在一起，这是哲学的堕落和败坏。相反，现代哲学还把宗教看作是神圣性的，而柏拉图从来没有认为宗教是神圣的。所以现代哲学仍然是以神圣的眼光看待宗教，以世俗的眼光看待哲学。这是受到基督教观念的深刻影响的表现，和柏拉图的基本观点是对立的。

---

① 《道德经》，第四十一章。

4. 哲学的迷狂

接下来，苏格拉底开始讨论第四种迷狂，即哲学的迷狂。他认为这种迷狂是所有迷狂中最好的。一切迷狂都是忘我的出神状态，但是其他的迷狂都是为哲学的迷狂而铺垫的。哲学的迷狂和其他的迷狂有所不同。其他迷狂是非理性的迷狂，而哲学的迷狂是理性化的迷狂。其他迷狂是一种激动的疯癫状态，迷狂者受到某个对象的激动，完全被对方同化，成为对方的代言人，其意识和行动完全被对方所支配，对自己的行为和话语没有任何意识。哲学的迷狂也是一种出神的“无我之境”，但是在这种无我之境中，哲人并不是激动的，而是安宁的、平和的、超然的。他完全投入一种无涯无际的清静光明的境界之中。因此我们可以说，哲人的迷狂是“天人合一”的境界，他并不依附于某个对象，而是达到了和宇宙本身的同体，也就是所谓的“天地境界”。正如庄子所言的“吾丧我”的境界。这种境界是“吾心即宇宙，宇宙即吾心”的万物一体的真理境界，从中可以体验到一种“万物皆备于我”的喜悦和迷狂。这种哲学的迷狂是一种纯粹快乐，是一种在理念世界的“逍遥游”，是一种超然的静观，它消除了一切行动的欲望，达到了一种无欲无为的喜悦和宁静。

哲学的迷狂是真、善、美的“三位一体”。哲学的迷狂是真理的实现，是对真正的永恒的存在的完全投入。哲学的迷狂是至善的实现，这种至善带给人最高幸福。哲学的迷狂也是至美的实现，这种审美的快感是最纯粹的。

哲学的迷狂中综合了前面的三种迷狂，包含了预言的迷狂、秘仪的迷狂和诗歌的迷狂，其他三种迷狂都是对哲学的迷狂的模仿和分有。只有哲学的迷狂才是正确的、真实的迷狂。

只有哲学的迷狂才是真正值得追求的。

我们如何能够看到理念世界，如何能够体验到哲学的迷狂呢？柏拉图认为我们必须借助于“美”。

> “这是所有被神附体的形式中最好最高贵的一种，不论是对他本人还是和他相关的东西，爱美少年的人如果体验到了这种迷狂，就会被称为爱者。”①

在此，柏拉图表明，正确的爱是对美的爱，但是对美的事物的爱应该上升为对美本身的爱。对美本身的爱会给予我们最好的迷狂。可以说，美的迷狂是哲学的迷狂的最初形式。也就是说，只有首先体验美的迷狂，才能进一步达到哲学的迷狂。美的迷狂是我们最容易体验到的迷狂。对美的迷狂可以帮助我们超越世俗的功利主义的盘算，所以我们歌颂爱情的纯洁和无私，这都是因为我们在美中体验到非凡的迷狂的表现。在日常生活中，如果没有这种美的迷狂，我们就几乎不可能超越世俗的功利性的生活。这也许就是柏拉图首先推崇和看重美的迷狂的原因，并且把这种迷狂作为我们体验到理念的迷狂的“方便法门”。当然，并不是所有的灵魂都能够很好地通过对美的事物的爱升华为对美本身的爱。有的灵魂在落到地面后沾染了尘世的罪恶，忘记了天外的景象。只有少数灵魂具有回忆的能力，他们见到天界事物在人间的摹本，就欣喜若狂，但是又不知其所以然，因为人的器官是迟钝的。所以最终只有极少数哲人能够通过摹本看到原型，通过美的事物上升和看到美本身。对美本身的回忆和直观将带给他们最好和最高的快乐和满足。

---

① Plato. *Phaedrus*. 249e.

在苏格拉底看来，对美本身的爱和迷狂是引导我们进入理念世界的入口。他认为在天外的理念世界中，美的理念和其他理念一起同放光辉，美的理念不同于其他理念的地方在于美是处于可见和不可见之间的，美的理念处于理念世界的大门口。美是人从感官世界向理念世界上升的最好帮助。它最容易被感官所认识，又能够引导我们超越感官认识。

> “因为只有美注定了最能向感官显示，并且最为感官所爱。”①

智慧高于美的理念，但是智慧却是不可见的。美是智慧最好的助手。正如在《会饮》中一样，他认为我们应该从美的事物上升到美本身。如果看到了美本身的理念，我们就能够进一步认识其他理念。我们通过美的理念最终可以进入理念世界本身。因此，哲人首先被美的理念所陶醉而陷入迷狂，这种迷狂是最真实美好的迷狂。

接下来，苏格拉底讲到了美的秘仪。灵魂看到美本身获得了极乐体验，然后他们加入了一种秘仪，看到了最终的完整（whole）、单纯（unblemished）、静谧（steadfast）、欢喜（blissful）的景象，然后他们沐浴在最纯洁的光辉之中，此时还没有堕落和被埋葬在身体的坟墓中。

但是当灵魂和肉体结合后，在秘仪中得到的景象就逐渐模糊，人就变得迟钝，看到美的摹本时并不能够立刻看到美本身，也不再敬重美，而是受到快乐欲望的支配。只有哲人能够“敬美如敬神”，感到美的迷狂，使他的灵魂得到滋养。所以哲

---

① Plato. *Phaedrus*. 254d.

人把对美的爱看得高于一切，对父母亲友、财富名誉、道德礼仪等都弃之不顾。这种对美的体验就被称为“爱若斯”（eros）。这种美的迷狂也是一种纯粹快乐，是一种心旷神怡般的超凡脱俗的体验，因此也是一种超然的静观和喜悦。在此，苏格拉底把哲人的附体看作是爱若斯和阿弗洛狄特的附体。这样我们就可以理解苏格拉底经常在自己的讲话中经常提到“精灵”的附体。这也意味着哲人才是真正懂得爱的人，是真正的爱者。

柏拉图把哲学的迷狂看作是对美本身的迷狂。这样，他也把艺术审美纳入理性主义的范围之中。这可以说是对美的观念的净化。人们一般把美和欲望联系在一起，在此，柏拉图把美和欲望、快乐区分开，强调了一种理性主义的美学概念。在近现代哲学中，康德认为审美理念具有感性和理性的双重特性，审美理念是介于感性世界和理性世界之间的桥梁。这可以说也是对柏拉图的这种观点的一种继承。但是康德美学已经开始偏离柏拉图的基本观点。在后来的浪漫主义中，对美的推崇变得更加非理性主义，把美和理性对立起来，认为只有排除了理性，才能真正体验到美的迷狂。后现代主义进一步把这种对立激进化了。柏拉图的这种理性主义被看作是逻各斯中心主义，反对理性主义也就是反对视觉中心主义，反对形而上学也就是反对逻各斯中心主义。我们看到，当美学或者艺术脱离了哲学理性的时候，美学就逐渐分化，或者变得极端个人化而不可理解，成为了艺术家个人的梦呓一般的东西，或者变得极为大众化，而无法区分艺术和非艺术的界限。这似乎都是暗示了“艺术的终结”。

5. *爱欲的净化*

苏格拉底接下来回到了这篇文章的主题，即用这种美的迷狂解释人类的爱情。他认为跟随不同诸神的灵魂的气质也彼此不同，他们都会尽力选择模仿自己的神，并且据此选择情投意合的爱人。跟随宙斯的人会选择热爱智慧和领袖气质的人，跟随赫拉的人会选择帝王气质的人，跟随阿波罗、阿瑞斯等诸神的人也是一样。被爱的人就像是神一样受到尊崇。柏拉图在这里表达的似乎是性格类型学和爱情心理学的内容。最终苏格拉底指出，爱情的目标就是模仿神。

> "每个爱者都跟随他的神，并且寻找天性像他的神一样的少年，他们一旦得到他，就一起模仿神，说服这个少年，训练他在各个方面都尽可能与神相似。"①

因此苏格拉底表明爱情并不是"被快乐征服"，而是正确地也就是理性化地面对爱情。

这样柏拉图就把爱情理性化和神圣化了。每个人的心中都有自己的神，也就是人性的最高完善者。每个人都应该追求自己的神，即自我完善是每个人的天职。因此他也应该在自己的爱情生活中进行自我完善。也就是说，爱情并不是追求肉体的快乐，而是寻找志同道合者，和志同道合的人一起完善自己。所以两个相爱的人就是相互促进、相互完善。爱情的目标不是获得世俗的利益，而是指向神，也就是人格的最高完善。爱情只有在这种意义上才是值得推崇和赞美的。这就是柏拉图的精神之爱。这和基督教里面对爱情和婚姻的神圣化是一样的。在基督教中，爱情和婚姻被看作是崇拜上帝的方式。在柏拉图这里，爱情的神圣化也就是理性化。对爱欲的理性化才是我们对

---

① Plato. *Phaedrus*. 253b.

待爱情的唯一正确方法和态度。

苏格拉底再次使用“马车喻”来说明这种现象。当灵魂看到美的对象时，灵魂中就会激起爱欲之火，良马即激情温顺地听从理性的指挥，而劣马即欲望却不守规矩，难以驾驭，力图接近被爱者。当驭手被迫接近美的对象时就会回忆起美的理念，看到美和节制并肩而立，站在神座上。驭手会肃然起敬，而跌倒在地。劣马会再次向前冲。驭手竭力制止劣马的冲动，直到劣马精疲力竭倒在地上。劣马的野性被驯服了，听从理性的指挥。这时爱者才带着肃静和敬畏之心接近被爱者，就像对待神一样崇敬和侍奉被爱者，被爱者也仁慈地对待爱他的人。被爱者的心中慢慢地也充满了爱欲，并且要和爱他的人结合在一起。

> “如果在他们的灵魂中高贵的成分获得了胜利，这将引导他们过一种指定的哲学生活。他们在人世的生活就是最幸福和分有理性的一种。现在他们是节制的并且完全控制自己，他们征服了给灵魂带来麻烦的那个部分（即欲望），使给予美德的部分（即理性）获得自由。”①

也就是说，男童恋应该以哲学生活为核心。两个人的爱情应该以追求智慧为目标。这样他们的爱欲就会受到正确的引导，两人的羽翼因此得以恢复，在来世可以过上更好的生活。否则，如果他们转向非哲学的生活方式，追求虚荣的生活，他们就可能受到欲望的控制，他们就是“被快乐征服”的人，他们的灵魂就不能长出羽翼，必须继续在下界轮回。

这一段描述了驯服爱欲或者净化爱欲的过程。这种使爱欲

---

① Plato. *Phaedrus*. 256b.

服从理性的过程是非常困难的。欲望强烈地追求肉体的现实的快乐，但是欲望对尘世对象的强烈追求是因为它忘记了理念世界的完美对象。欲望真正追求的对象应该是理念世界的对象，而不是尘世的不完美的对象。只有在理念世界的完美对象中欲望才能获得最高的快乐和满足。所以欲望试图在尘世对象中获得快乐，但是它往往是不能满足的，而且往往被这种快乐伤害。灵魂如果沉溺于这种快乐就会变得越来越污浊，最终无法获得羽翼，重新上升到理念世界，只能在这个世界中轮回。如果理性获得了最终的胜利，欲望和激情服务于理性，那么灵魂就会获得理性的净化，而变得纯洁和轻盈，灵魂的羽翼重新获得力量，就能够再次上升，去观看理念世界，超出这个世界，并且体验到最高的快乐和幸福。哲学生活就是理性获得了最终胜利的生活方式，因此是最神圣的、最快乐的生活方式。

苏格拉底最后总结说爱者是伟大而光荣的，没有爱情的人往往混杂着世俗的智慧和谨慎的盘算，最终不过是具有俗人的庸俗美德。在这里，柏拉图对吕西阿斯的功利主义和庸俗思想进行了含蓄的批判。最后苏格拉底请求爱神不要拿走他爱的能力，请求吕西亚斯尽可能转向哲学，不要再写这类文章了。

至此，苏格拉底完成了对爱情的歌颂和辩护。爱者是神圣的、美好的，值得赞美的。否定爱情的人显然是愚蠢的、鄙陋的。但是苏格拉底并不是一个现代意义上的爱情至上论者。现代人对爱情的推崇是个人主义和非理性主义的，一方面推崇爱情对日常伦理和功利算计的冲击和蔑视，另一方面似乎要完全抛弃爱情中的理性因素，使爱情成为一种非理性的冲动。这种爱情观给爱情赋予了很高的精神内涵，却不能正确地理解这种精神内涵。也就是说，只有在哲学理性的意义上理解这种精神内涵，我们才能正确地对待爱情的精神意义。对于苏格拉底来说，哲人才是真正的爱者。哲人并不是薄情寡义的无情之人，而是怀有最崇高、最神圣的爱欲的人。哲人对智慧的追求是最大的爱欲。如果没有爱欲，我们就不可能追求任何事物，我们就会形同草木，如庄子所说“哀莫大于心死”。因此爱者的颂歌本质上是哲人的颂歌。

我们既不要无所顾忌地放纵爱欲，也不要简单粗暴地贬低爱欲。这种压抑只能导致爱欲的反抗和放纵，正如青春期的孩子一样。吕西亚斯的文章是对爱欲的否定。但是他的否定是出于世故的利益盘算，苏格拉底的第一篇文章也是对爱欲的否定，但是出于一种禁欲主义或者苦行主义。但是禁欲主义和享乐主义本质上是一致的，它对爱欲的理解和享乐主义并没有区别。对于爱欲，或者进行压抑，或者进行放纵，这都是错误的态度和方式。苏格拉底通过把爱欲神圣化和理性化，把爱欲纳入哲学认识活动中。他以此表明爱欲是动力学原则，没有爱欲的推动，就不可能有认识活动。所以爱欲和理性并不是对立的，而是相辅相成的。只有把爱欲神圣化或者理性化才是对待爱欲的正确态度，即对于爱欲既不要压抑也不要放纵，而是要进行正确的引导。这样我们才能超越享乐主义和苦行主义的片面性。在现代哲学家中，弗洛伊德的《文明及其不满》和马尔库塞的《爱欲与文明》认为文明出于对爱欲的压抑，真正的社会应该是爱欲的解放。但是爱欲的解放如果不是理性化的引导和升华，就不可避免地变为放纵。应该说，文明是理性引导爱欲的结果，而不是理性压抑爱欲的产物。所以对于欲望，重要的是引导，而不是压制。这就是苏格拉底的第二篇爱欲颂歌的内在含义。

总而言之，柏拉图的哲学之爱可以从两个方面理解。第一，爱者是指哲人，被爱者是真理或者理念。爱欲是动力学原则，理念则是目的论原则。对理念的爱欲才是美好的，对感官事物的爱欲则是错误的。所以爱欲本身无所谓好坏对错，只是看它指向什么对象。如果爱欲追求至善，就是好的，如果爱欲追求快乐，就是坏的。我们必须学会正确使用爱欲，这是我们每个人都必须面临的首要问题。如果我们能够正确地驾驭它，它就是我们最好的助手。如果我们不能正确地驾驭它，就可能反受其害。所以柏拉图才提出理念论的目的论，给我们的爱欲设定了一个最好的和唯一正确的目标。其他的任何目标都从属于这个目标之下。第二，爱者是指哲人，被爱者是指未来哲人。哲人因为体验到理念和美的迷狂，体验到了人性的最高真理和快乐，实现了人生的最高幸福。所以他希望把自己的认识和体验传达给他人。这就是他对少年人的爱情的目的。一个哲人必须善于寻找未来的潜在的哲人，对他进行培养和教育。他们之间的关系是纯粹的精神或者灵魂的关系，他们之间的爱情是对哲学生活的维持和发扬光大。如果潜在的哲人没有受到哲人的爱情和教导就可能“泯然众人矣”，这是可悲的。只有哲人是真正的爱者。哲人的爱是大爱，是一种“同体大悲”的慈悲之爱。

综上所述，柏拉图区分了肉体之爱和灵魂之爱。他否定了肉体之爱，而推崇灵魂之爱。柏拉图对肉体之爱和灵魂之爱的区分可以说也就是对政治之爱和哲学之爱的区分。政治之爱是追求名利，是受到欲望控制的爱。哲学之爱是对智慧的追求，是摆脱了名利诱惑的爱欲。换言之，任何生活方式都是以某种爱为核心的，只有两种爱，或者只有两种爱的目标，因此只有两种生活方式，即哲学生活和政治生活。只有哲学生活是正义的、神圣的、美好的，是属神的生活方式。政治生活则是低俗的、功利的、丑陋的。因此我们应该选择哲学生活。这种对肉体之爱和灵魂之爱的区分后来成为一种传统。例如在奥古斯丁的思想中，肉体之爱是世俗之爱，是罪恶的；灵魂之爱是上帝之爱，是神圣的。两种爱之间构成了一种对立关系，把人们区分为尘世之城和上帝之城。所以奥古斯丁划分人们的不同的根本标准就是爱欲的不同方向和目标。当然，奥古斯丁是在基督教信仰的背景下讨论这两种爱欲的，和柏拉图具有很大的差别。可以说，爱欲本身无所谓好坏，关键在于爱欲的对象是什么。如果我们的爱欲指向了真实的、永恒的对象，那就是高贵的、神圣的爱欲；如果是指向感官的对象，那就是低贱的、世俗的爱欲。当然，我们看到，柏拉图使用了神话或者抒情诗的方式，来展示爱欲的上升和净化。

## 三、苏格拉底探讨写作的技艺

在前面的两篇文章中，苏格拉底展示了杰出的写作技艺。第一篇是否定爱情，第二篇肯定爱情。两者相反相成，又都信手拈来。斐德若表示苏格拉底的文章非常好，吕西亚斯肯定甘拜下风。

斐德若提到有位政治家已经批评吕西亚斯是专门“写演讲稿的人”，这位政治家为了顾及自己的名声，怕被人认为是智者，可能以后不会再写文章了。苏格拉底却不以为然，认为每个政治家心中都有写作的欲望，渴望给后世留下传世之作。①

① 苏格拉底就克服了这种写作的欲望，一生不立文字。这种写作的欲望仍然是包含了对世俗的名利的欲望。

但是他们都自我膨胀地把自己当作神。所以这个政治家并不是因为写作本身而批评吕西亚斯。写作本身并不是可耻的，可耻的是不正确的写作。怎么才是正确的写作呢？作品好坏的标准是什么呢？这样就引发了下面关于写作的技艺的讨论。苏格拉底认为考察一篇文章的好坏是非常快乐的事情。因为这种快乐是和肉体没有关系的纯粹快乐，而一切和肉体相关的快乐都是先痛苦后快乐的，所以不是纯粹的快乐。这和《斐莱布》的观点是一致的。

接下来苏格拉底讲了一个蝉的故事。在这个故事中，苏格拉底似乎把蝉比喻为古代的诗人和哲人。和诗人相比，哲人是更高贵的、更值得赞美的，因为哲人一生从事哲学并且用哲学这种音乐崇拜缪斯诸神。因此蝉的歌唱实质上是对哲学的颂歌。在此，他把哲学比作音乐，这和《智者》《法律篇》中把哲学比作音乐是一致的。这种比拟告诉我们，哲学和音乐的精神是共通的，两者的根本目的都是追求“和谐”。音乐是有声的哲学，哲学是无声的音乐。哲学就是寂静无声的和谐之歌。在苏格拉底看来，哲学才是真正的诗歌，哲人乃是诗人中的诗人。哲人的作品就是他的人生，哲人的人生就是最美的诗歌。诗人的诗歌只是对哲人的诗歌的模仿和分有。这是我们理解柏拉图哲学观的关键。但是现代我们几乎没有人能够理解柏拉图的“哲学即音乐”的观点了。这就意味着我们都没有真正理解“什么是哲学”。

1. 修辞和真理结合（259e）

苏格拉底认为修辞和真理必须结合起来。他指出，如果要进行好的写作，就必须首先对主题具有知识。这仍然是强调知识的首要性。而斐德若表示他听演讲并不需要知道什么是正义、善和美，只要知道听众对正义、善和美的看法就足够了，因为演讲的效果取决于听众的意见，而不是真理。这当然是智者的看法，智者关心的就是如何说服听众，而不是追求真理。这表现了修辞学对真理的蔑视。苏格拉底反对这种观点。他以“指驴为马”的例子说明，如果我们对对象本身一无所知，那么我们的演说就是在错误地引导。他认为我们要先认识真理，然后才能演说。另一方面，他提到斯巴达人否定修辞术是一种技艺，认为真理更加重要，只要掌握真理就足够了，真理本身就能够说服人。从这里我们可以理解斯巴达人都不善言辞的原因。但是苏格拉底认为，我们仅仅掌握真理是不够的，还必须善于说服他人。真理本身并不一定能够说服人。而修辞术就是说服人的技艺。说服的技艺关系到人的灵魂，可以对人的灵魂施加影响。这里表明苏格拉底反对斯巴达人只重真理、轻视说服的观点。我们必须把修辞和真理结合起来。这种观点和《高尔吉亚》中的观点是一致的，苏格拉底试图以“哲学修辞学”改造高尔吉亚的“快乐修辞学”。

苏格拉底认为修辞术不仅在法庭等公共场合使用，而且也在私人场合使用。修辞学在私人场合的使用似乎是在暗示哲学修辞学，哲学修辞学是哲学辩证法的补充部分，哲学修辞学以诗意的方式把哲学辩证法的真理包装起来，传达出去。但是斐德若却认为修辞术只是一种公共场合的高谈阔论。苏格拉底提到了涅斯托耳、奥德修斯和帕拉默得斯三位英雄。在《克拉底鲁》中他认为英雄是缪斯的后代，是修辞学家。因为英雄必须善于演说，以便能够鼓舞士气，战胜敌人。所以英雄必须是演说家，不懂演说术，就不可能是真正的英雄。但是斐德若否定苏格拉底的这种说法。他认为如果苏格拉底说的涅斯托耳是指高尔吉亚，奥德修斯是指色拉叙马霍斯，帕拉默得斯是指芝诺，他是可以接受的。苏格拉底对此不置可否。这里苏格拉底似乎认为荷马、英雄、智者或者修辞学家是同一路人。因为他们都是“生成”的支持者，只追求说服；而哲学家是全新类型的人，他们是存在的支持者，以真理为目标。

苏格拉底进一步揭示了修辞术和知识的隐含关系。他指出人们在生活中到处都在使用修辞学翻云覆雨，颠倒黑白。在他看来，如果人们能够这么做，说明他们必须能够对事物之间的相似性有所认识，否则就不能把不同的事物等同起来。他们能看到事物之间的相似性，说明他们已经知道了事物的真理。通过这种方式，苏格拉底实现了从修辞学向对哲学真理的回溯。他力图说明即使是荒唐错误的演说也已经以哲学认识和真理为前提了。他似乎肯定演说家也是一些掌握了一定真理的人，并不是无知的人，他们只是不知道或者隐瞒了自己的认识。如果修辞术不顾及真理，修辞术就不是一种技艺。

> “如果一个演说家不认识真理，只追随信念，他的技艺就是一种可笑的技艺，或者说根本不是技艺。”①

也就是说，在苏格拉底看来，修辞术只有包含了真理，才是一种技艺。技艺的本质就是追求真理。一切技艺都以合乎真理为根本，技艺必然已经包含了真理，不包含真理的就不是技艺。如果修辞术只关心说服，不关心真理，那么修辞术就不是技艺。如果修辞术不是技艺，那么它就什么也不是，根本不值得作为技艺进行教学和传授，那些流行的修辞学书籍和原理都

---

① Plato. *Phaedrus*. 262c.

是毫无意义的。

苏格拉底以吕西亚斯的文章为例子来说明自己的看法。他再次否定了自己有演说或者修辞的技艺，认为自己刚才的文章是诸神的恩赐。哲人之所以否定演说术，是为了强调自己以真理为目的，而不是以说服为目的。如果说服成为首要目的，那么真理就不再是首要目的，哲人就不再是哲人了。苏格拉底首先区分了两类语词，一种是含义确定的，如铁或者银等；一类是含义不确定的，如正义、善良。他启发斐德若，修辞术是在意见不一致、语词含义模糊的地方才有效。所以一个修辞学家必须首先区分两类语词，知道人们对于哪些语词是模糊的，对于哪些语词是确定的。然后他必须敏锐地辨别出一个具体语词属于哪一类，这样他才能够有效地进行说服。这仍然是在暗示修辞术必须以哲学认识为前提。如果前面强调的是对事物的本质的认识，那么这里强调的就是对语词或者概念等本质的认识。

然后他提到了“爱”这个语词的含义是模糊的，所以我们才能一会儿把爱说成是好的，一会儿把爱说成是坏的。吕西亚斯的第一个错误就是没有事先对爱进行定义，把爱看作是含义确定的语词。其次，他指出吕西亚斯的第二个错误是这篇文章结构混乱，缺乏条理。他认为一篇好文章应该像一个有机体，每个部分都应该和整体和谐恰当。这些错误都表明吕西亚斯对爱欲的本质是无知的，对哲学辩证法的认识是一无所知的。相反，苏格拉底的文章则首先对爱的含义进行了界定，这也是苏格拉底对话的主要特征。苏格拉底对话就是以寻找某个观念的定义为主要目标。这是哲学辩证法的主要方法。所以苏格拉底仍然把这个定义看作是擅长修辞术的赫尔墨斯之子潘的附体，自己并没有任何修辞学技艺。我们可以对照《克拉底鲁》中苏格拉底对潘的词源学分析。

2. 探究真理的技艺

既然修辞术以真理为前提，苏格拉底开始讨论探究真理的技艺，也就是辩证法的技艺。他说自己的这篇文章是节日赞美诗，其中使用了两种相反相成的方法，即综合法和分析法。综合法是把各种杂乱又相互关联的事物归入同一个类型下，从整体上加以把握，使得论述主题可以更加清晰地展示出来。分析法是把整体分解为各个部分，但是不能把部分肢解。在《政治家》中，苏格拉底也说，他是分析和综合的爱好者，借此他获得了思考和说话的力量。他把这种综合和分析的方法称为辩证法。

> “我本人就是一个分析和综合的热爱者，我因此才能思考和言说；如果有人能够区别事物的一和多，那么我就‘在他后面，追随他的足迹，仿佛他就是一个神。’这个名称是不是正确，只有神知道，但是我将把那些能够正确地这样做的人称为‘辩证法家’。”①

因此辩证法就是分析和综合的交互使用。只有这种方法才能完整地正确地认识事物的本质。哲学就是辩证法。关于辩证法的技艺，我们还应该结合《理想国》《政治家》《巴门尼德》等对话进一步理解。

苏格拉底以上面两篇文章为例说明自己对辩证法的使用。他认为爱是一种迷狂。根据分析的方法，迷狂划分为两种，一

① Plato. *Phaedrus*. 266b.

类是凡俗的，一类是神圣的。凡俗的迷狂应该是指人和人的爱情，而神圣的迷狂则是指和四类神灵相关的。根据综合的方法，这四种疯狂都可以归入“非理性”一类。正如文章是一个有机整体，他的第一篇文章描述的是肉体的疯狂，经过划分的方法，直到发现真挚的爱情为止。但所谓真正的爱情是非常含糊的。第二篇文章描述的是灵魂的爱情。经过划分，直到发现最神圣的、最高贵的“哲学的疯狂”。它是人类的最大幸福的源泉。

这是苏格拉底对自己的方法论技艺的说明，向我们展示如何思考和写作的技艺。这样他就把辩证法的技艺贯彻到修辞学的技艺之中。这也就意味着修辞术的技艺并不是一种独立性的技艺，而是一种依赖于辩证法的技艺，辩证法是修辞学的灵魂。如果修辞学对辩证法一无所知，那么修辞学就是粗俗恶劣的东西。这可以说是苏格拉底以哲学真理对修辞术的驯服。这和《高尔吉亚》中苏格拉底对高尔吉亚等人的驯服是一致的。

但斐德若仍然表示他对修辞学感到茫然。于是苏格拉底开始考察一般人所讲的修辞学到底是什么。他提到了修辞学的基本结构，如序论、陈述、论证、引证、结尾等方面；并且提到了厄文努斯、提西亚斯、高尔吉亚、普罗狄科、希庇亚斯、波卢斯、普罗塔戈拉等一大批智者。接下来，他提到了修辞术的作用。斐德若指出它在公共集会上特别重要。苏格拉底似乎认为这些演说家只是掌握了“初步知识”（即正确的意见）的人。他们就像一个只有初步医学知识的人，就认为可以给人治病，但是他们对于如何使用这些知识仍然一无所知；或者像一个能够写点小东西的人，就认为自己是诗人和教师；一个会弹高音和低音的人，就认为自己是和声大师。这些修辞学家对于辩证法实际上一无所知，他们根本不会正确使用演说术。只有掌握了辩证法，才能正确地使用修辞学。

因此苏格拉底指出一个人要成为一个伟大的演说家，首先必须具备天赋、知识和训练三个方面，欠缺任何一个方面都不可能成功。他说："一切伟大的技艺都需要有一种补充，这就是对事物的自然的研究。"① 这种对于事物本身的研究就是哲学辩证法的目的和工作。哲学以认识自然的真理为目的，这种真理是超出政治的习俗性传统和观念的，所以哲学家并不看重人们的意见，并不试图迎合人们的意见。这样他们才能引导或者驾驭人民，使得人民能够尽可能地接近真理，而不是被人民的意见或者欲望支配。然后他提到伯利克勒斯的成功就在于他跟随哲人阿那克萨戈拉学习，获得了高度的思辨能力，认识了智慧和愚蠢的本质，因此他能够正确使用修辞术。

他还以医学的技艺说明修辞学的技艺，他认为修辞学和医学是同一种技艺，因为它们都是对事物的自然的科学研究。医学研究身体的自然，修辞学研究灵魂的自然。我们用医学保持身体健康，用修辞学促进灵魂的信念和美德。如果不把灵魂作为整体加以认识，就不可能认识灵魂的自然，甚至像希波克拉底所说的，也不能认识身体的自然。这意味着认识灵魂的自然是认识身体的自然的基础和前提。灵魂是形式，身体是质料。灵魂的自然决定了身体的自然，灵魂是身体的决定者，身体是灵魂的从属者。这种观点仍然是强调修辞学演说术必须以哲学辩证法为基础。

接下来，苏格拉底从客观性和主观性两个方面讲解如何认

---

① Plato. *Phaedrus*. 270a.

识自然。从客观性方面，他讲到了如何认识事物的自然。第一，确定认识对象是单一的还是复合的。第二，如果对象是单一的，就认识它是如何影响其他事物和被其他事物影响的。第三，如果对象是复合的，就认识其中的组成部分，认识每个部分的自然，确定是主动的还是被动的。这就是对事物进行辩证法研究的基本方法。如果不首先进行这种研究，我们就不能进行任何演说，以免错误的认识影响听众的灵魂。这意味着哲学的认识先于修辞的说服。从主观性方面，因为演说旨在影响人的灵魂，所以还要对人的灵魂的自然进行认识。第一，确定人的灵魂是单一的还是复合的，这就是第二篇文章所揭示的。第二，描述灵魂通过什么方式对其他事物起作用。第三，他还要划分灵魂的类型，以及灵魂受到影响的方式，解释产生各种情况的原因。然后，确定谈话的方式，哪一种谈话方式适合哪一类灵魂，以及通过谈话要在灵魂中创造或者打消一个信念，并且说明这么做的原因。最后，苏格拉底表示这是唯一正确的科学研究的方法论。

在这里，苏格拉底强调了因材施教的重要性。苏格拉底首先发现了个体灵魂的自然差异性，并且把这种差异性作为自己的一切教法的根本起点。能够发现灵魂中的这种差异性是智慧的基本表现。人的灵魂具有本质共同性，也就是理性的同一性，即人是理性的动物。但是人的自然又是有差异的，这种差异性就是爱欲的差异性。正是爱欲才使得人和人的差异性得以出现。所以真正的教法必须根据人的爱欲差异性进行。这就使苏格拉底的教法区别于一切智者的教法。智者看重的是学生的地位和财富，而不是个体的自然天赋。孔子的教法和佛陀的教法也都强调因材施教的重要性，都以对个体的灵魂的自然差异性的认识为前提。所以哲人没有固定的教法，他们的教法都是“应病与药”“随语应答”的教法，其最终目的都是为了达到灵魂的至善。所谓“殊途同归”。因此人格或者灵魂的至善才是唯一最终的目标。只有在这个终极目标下，我们才能理解哲人们的教法之间的共同点和差异性的根本原因。

最终，苏格拉底说明了正确写作的基本原则。

> “首先，我们必须考虑，我们想要拥有科学知识并且能够把这种知识传达给他人的对象是单一的还是复合的；如果对象是单一的，我们就必须研究它的自然能力能够对其他事物产生什么作用，通过什么方式起作用，或者其他事物通过什么方式对它起作用；如果对象是复合的，就要列举它的组成部分，对每个部分进行考察，就像我们对单一对象进行考察一样，要弄清楚它的自然能力，弄清楚它是主动的还是被动的，弄清楚它的构成。”①

苏格拉底把科学认识和研究置于一切修辞学演说之前。一切修辞学和演说术应该以哲学辩证法为前提。如果做不到这些，就不是真正进行演说。苏格拉底再一次批判了智者不顾及事物的自然和灵魂的自然，只以说服听众为目的的错误做法。总而言之，真正的修辞学是结合了哲学辩证法的修辞学，虚假的修辞学是对事物的自然和灵魂的自然一无所知，对哲学辩证法一无所知的修辞学。

我们知道，哲人的心灵始终处于清醒的反思状态，他试图觉知和考察一切，而不是投入到对象之中。他摆脱和超越了一

---

① Plato. *Phaedrus*. 271d.

切对象，包括他自己的各种存在、感受和体验，所以他处于不动心的状态。相反，诗人在进行艺术创作时，他必须使自己的心灵激动起来，并且使自己丧失自我反思，进入到一种忘我的“出神”状态，通过移情和投入达到和对象的同一性，在这种同一性中，诗人和对象完全融为一体，所以他能够栩栩如生地把对象描述出来。但是诗人却并不知道自己是如何描述的，是如何达到和对象的同一性状态的。如果诗人只是凭借“出神”般的想象力进行创作，而对真理一无所知，那么他的创作就不可能是正确的。所以柏拉图认为最好把艺术化的想象力和哲学的理性思辨结合起来，并且以哲学的理性真理引导和规范艺术化的想象力。

在这篇对话中苏格拉底对“神圣迷狂”的描述就是辩证法和修辞学完美结合的巅峰之作。这样我们就能够理解为什么这篇对话似乎分为两个完全不相关的部分了。他把灵魂的神圣迷狂的文章看作是“抒情诗”或者“节日赞美诗”。他在这首抒情诗中表达和贯彻的是哲学真理的内容，即用神话修辞学的方式传达了哲学辩证法的真理。可以说，这篇文章是“一石二鸟”或者“一箭双雕”的，它既表达了哲学的爱欲迷狂的真理，同时也展示了真理和修辞结合的写作技艺。通过这篇文章的“范例”，苏格拉底在教导我们如何把真理和修辞完美结合起来的技艺。他要求我们不能仅仅局限在对真理的探究中，我们还必须善于把真理艺术化地表达出来。

进一步说，柏拉图的所有哲学对话都是哲学辩证法和诗歌修辞学的完美结合的写作技艺的典范。如果说历史上的苏格拉底是完全非艺术化的，柏拉图则是强调哲学和艺术的结合。这也可以看作是柏拉图和苏格拉底的根本差异性。反观现代哲学著作，康德、黑格尔等人的哲学著作只有科学真理，没有修辞；尼采、海德格尔等人的著作则只有修辞，没有真理。两者都是片面的、错误的。

因此柏拉图之所以把两个看似不相干的问题即爱情和修辞学放在一篇对话中，他其实是在告诉我们，对待爱欲的技艺和对待修辞学的技艺是同一类技艺，爱欲和修辞学都是非理性的力量，它们都需要接受理性的引导，这样就可以最终达到理性和非理性的中和之道。理性和非理性的中和之道是一切技艺的共同目标。

3. 书写和对话（274b）

苏格拉底接下来考察写作的正当性问题。在这种考察中，他提到了文字和对话的区别。正当性的问题也就是是否合乎自然的问题，即书写和对话哪一个更加合乎自然，能够做到恰如其分、因人而异、因时制宜。他的基本看法是书写无法做到合乎自然，而辩证对话才是合乎自然的。如果修辞学家懂得合乎自然，那么他就成为了哲学家或者辩证法家。修辞学必须做到合乎自然，不合乎自然的修辞学就不可能是真实的修辞学。合乎自然也就是合乎真理。这是我们理解柏拉图关于修辞学的思考的关键。

首先，苏格拉底表明了文字写作的不恰当性。他讲到来自埃及的古老故事。他强调这个故事的真相只有古人知道，他并不知道。但是他又指出只要我们自己可以发现真理，就无需这类故事了。在埃及有个古神塞乌斯，在《克拉底鲁》中曾经提到过，他是各种技艺的发明者，例如数字、几何、天文学、跳棋，特别是文字。塞乌斯来到埃及国王萨姆斯这里，说明了各种技艺的作用，要把各种技艺传授给国王，然后再传给全部埃及人。对于文字，他认为这种技艺可以使埃及人更加聪明，治疗他们的遗忘。但是国王却说，发明技艺的是一个人，而使用技艺的是另外的人。如果人们使用文字的技艺，他们就会依赖外在的东西，而不再努力进行记忆，这样只会在他们的灵魂中播种遗忘。他们也不再回忆，只是用外在符号回想。文字的“药物”只是起到提醒的作用，并不能够医治遗忘。另外，人们会借助文字，自己学习很多东西，他们会以为自己掌握了真理。但是在大部分情况下，他们实际上仍然一无所知，他们的内心装满了智慧的赝品，而不是智慧本身。因为认识真理必须直接看到事实本身，合乎自然，这不是仅仅依靠书本知识就能够做到的。那些只掌握了书本知识便自以为有知识的人会误用知识，正如那些修辞学家那样，最终给自己和他人带来灾难。从一定意义上说，书本知识带来的灾难远远大于没有任何知识的灾难。

我们这些习惯于和书本文字打交道的人几乎已经不能理解苏格拉底这个故事的深意。

第一，智慧非关文字。自启蒙运动以来，我们一直认为只要普及知识，普及识字率，就能够消除人类的愚昧，促进人类的进步。可以说，这种启蒙运动的理想本身恰恰就是最大的愚昧。这种理想其实对于人性的自然和真理一无所知，只是一种片面的假想。我们现在对文字的依赖已经到了无以复加的地步，我们都以为通过文字书籍就能够认识世界，掌握真理，其实这恰恰已经违背了真理。正如在《普罗塔戈拉》中，苏格拉底坚持的“美德不可教”的一样，两者是同一个道理。因为获得智慧需要发明本心，回光返照，而这不可能是大多数人能够做到的，所以使大多数人都变得智慧是不可能的。真理是超越一切语言文字的。真理是合乎自然事实，而语言文字只是符号，不是事实。停留在文字符号上，就远离了事实本身。但是我们却往往把文字书籍看作是真理本身，仿佛真理就存在于语言文字之中。文字只是起到了提醒的作用，也就是佛教中所说的指和月的关系。我们必须通过语言文字看到事实本身。在《克拉底鲁》中，苏格拉底暗示了扬弃语言文字直接认识事实本身的可能性。老子则指出："道可道，非常道；名可名，非常名。"庄子也指出："道隐于小成，言隐于荣华。"

第二，文字书籍不能识别阅读者。现代性以来的普遍读书识字的做法会导致没有智慧鉴别能力的人也加入其中，他们以自己的片面观点理解书籍的内容，最终歪曲了真理。因此书籍的广泛传播和普及不一定带来知识的启蒙，反而可能导致书籍中的真理被歪曲。例如，在中世纪几乎没有人读《圣经》。而在启蒙运动以后，读《圣经》成了大多数人都可以做的，这种普遍阅读的结果就是人们发现了《圣经》中的大量错误，由此开始产生了"圣经批判科学"，这种圣经科学进一步加剧了基督教的信仰危机。古代圣人看到并不是每个人都有资格和能力阅读书籍，所以古代圣人并不努力普及知识和识字率。古代人在选择弟子或门徒的时候都非常小心谨慎，"法不轻传"，只有在他对学生的才能和德性进行了充分的考察之后，才决定是否进行传授，否则，传法给错误的人，对人对法都是非常有害的。故孔子才说："可与言而不与之言，失人；不可与言而与之言，失言。知者不失人，亦不失言。"① 所以苏格拉底并不写作。老子的《道德经》据说是在强制情况下写出来的。这都

---

① 《论语·卫灵公》。

是对书写的贬低和怀疑。

第三，老师的教导重于文字知识。苏格拉底还强调了老师（善知识）的重要性。如果我们认为通过自己阅读书籍就可以轻而易举地理解书中的含义，这是非常片面的。文字最终是死物，不能进行交流，书籍不能回答人们的问题，它们是沉默的。古代哲人当然理解这个道理。在他们看来，重要的是要阅读包含了真理的书籍，并且要让有能力的老师进行讲解。只有这样的老师才能透过文字的面纱揭开书籍中隐藏的真理，而不是依文解义，断章取义，障蔽真理。按照佛教的观点，读书和写作都只能是“文字般若”，而不是“实相般若”。如果我们只是停留在文字般若上，实相就隐匿了。如果不能通达实相，读书越多反而越愚昧。

我们还可以进一步扩展苏格拉底这段话的意义。第一不要依赖任何技艺，正如在《政治家》和《普罗塔戈拉》中神话故事所暗示的。人类越是依赖技艺，就越是不能信赖自己的德性和智慧，而被物所奴役。这样人类最终就可能在自己的各种发明和技艺中毁灭。因此古代人能够不依赖任何文字背诵大量的诗文，这实际上对记诵者的心智能力提出了很高的要求，并且也大大提高了他们的记诵能力。例如佛经是在佛陀灭度以后，阿难凭借记忆背诵下来的。所以文字的发明并不一定能够促进人类的进步。

第二不要所传非人。技艺的发明是一回事，技艺的使用又是一回事。我们往往忽视了其中的差异，认为一切发明的技艺都是好的，它们都能够给人类带来利益。但是这种想法忽视了世道人心的复杂性，就像一颗石头投入水中会激起多少浪花一样，很多事情我们是无法预知的。这些技艺并不一定给人类带来利益，正如自然物本身会危害人类的生活，这些人类的发明物也同样会危害人类的生活。就此而言，人类的生活和思想应该是越简单越好。相反，人类越是试图通过技艺打造一个完美的人类世界，他就越是丧失了和自然整体性的联系。人类世界归根到底是建立在巨大的未知世界之上的，普遍技术世界几乎注定是不可能建立起来的。一叶孤舟怎么能够在茫茫大海上永恒长存呢？如果我们的生活世界完全被各种技艺包围，那么我们最终也无法理解和使用自己的各种发明和技艺。在我们盲目追求所谓的高科技的时候，我们就越是把自己置于不可控制的地步，各种人为之物组成的世界同样是一个未知的世界。我们试图把未知的世界转变为已知的世界，在这个已知的世界中，一切危险似乎都消除了，自然的异己性不存在了。世界似乎是可知的，世界就是安全的。但是仅仅凭借认识和掌握外在世界的方式，不可能达到安全和幸福。如果我们对人性一无所知，我们就不可能对世界有真正的认识。

归根到底，只有对人性有真正的认识，能够完善人性，才能达到最终意义上的安全和幸福。所以古代圣人重视的是对人性的认识和教化，而不是外在的技术发明，外在的技艺发明仍然是身外之物，我们不可能通过控制身外之物达到自身的幸福。我们只有自己的内心达到至善和智慧，才能实现最终的幸福。我们必须根据自己的目的来追求我们的手段，而不是在手段的道路上迷失自己的目的。把手段当作目的，最终反而遗忘了自己的目的。我们必须把手段和目的整体性地结合起来思考世界和人生。

斐德若赞美苏格拉底讲故事能够信手拈来，苏格拉底则解释说宙斯神庙中的祭司说，最初的预言是从一棵橡树中发出来的。橡树如何能够说出预言呢？我们可以如此理解，能够倾听橡树的语言就是能够倾听天籁。天籁是寂静无声的，并不是人言。人言需要约定俗成的意义，才能传达信息。天籁并不依赖这种人为的约定，所以它是永恒的、自然的。也就是说，黄金时代的人并不是特别地依赖技艺，依赖人为之物。他们处于原始的“天人合一”的状态，没有因为“文明”从“天人合一”的自然整体性中脱离出来，他们保持了无我的纯粹质朴性。所以他们能够倾听橡树或者石头的语言。对比《政治家》中的说法，这个上古时代应该是指黄金时代。在黄金时代的人可以和动物交谈，能够听懂动物的语言。但是柏拉图对这个时代并没有很高的评价。因为他们仅仅满足于口腹之欲，他们的质朴单纯同时也就是愚昧无知。所以，只有存在哲学的时代才是真正美好的时代。但是，随着历史的发展，在越来越文明化的世界中，虽然人类显得聪明，能够听到各种不同的人的讲话，但是他们却只是局限在人事（文明）之中，不能再理解万事万物的真理。人类越来越不能聆听天籁，就越来越封闭在自己的世界中，世界整体性被遗忘，人类也同样变得越来越狭隘和愚蠢，但是他却还以为自己越来越文明和进步。

斐德若赞同苏格拉底的说法，苏格拉底接下来说：“那些认为留下成文的作品就可以不朽的人，那些接受了这些文字并且认为书籍可以产生清楚确定的结果的人，一定是对于阿蒙神的预言非常天真和确实无知的；即他们没有理解，写下来的文字只对那些已经知道作品的内容具有一点提醒的作用而已。”①这是苏格拉底对书写的否定，所以他一生“不立文字”。借此

① Plato. *Phaedrus*. 275c.

我们也可以理解老子、庄子等人对书写的态度。文字是人为的习俗的产物。对文字的依赖就是对人为之物的依赖。一切人为之物都是转瞬即逝的，所以根本不值得关心。只有超越文字才能超越习俗，进而直接认识自然。我们必须关注更加永恒的自然之物，而我们的人生本身就是需要首先关注的自然。我们应该关心自己的人生胜过关心自己的文字，不能因为关注文字而忽视自己的人生。正如希腊人蔑视那些为了拿奥运会金牌而专门训练的人一样，他们为了某个部分而忽视了整体。正如任何工作和技艺一样，文字必须服务于人生，从属于人生。我们的一切工作都是为了成就我们的人生，而不是把我们的人生奉献给某个更低级的东西，人生才是最高的东西，它不能奉献给任何东西。我们必须把提升自己的人生作为首要任务。

相反，我们现在越来越多地进行文字工作，对写作的盲目性和危险性一无所知。我们生活在一个越来越符号化的世界中，对真实的世界越来越无知。现代人似乎越来越热衷于写作，出版业空前发达。每个人似乎都可以写作，每个人都有了不起的“真知灼见”，也有越来越多的人以此为能事，炫耀自己的所谓“才华”。在书籍越来越多的世界中，“书灾”越来越严重，真正的好书被掩埋起来，人们越来越把自己掩埋和耗费在“文字垃圾”之中。它们不是在传播真理，而是在扭曲真理。可以说最大的毒害莫过于书籍的毒害了。真理是无法通过语言文字传播的。正如孟子所言：“尽信书，不如无书。”（当然，这里的书可能是指尚书。）不论是阅读还是写作，都是充满危险性的，如果我们对其中的危险性一无所知，盲目地阅读和写作，就可能酿成大祸，扰乱世道人心。

写作是一个技艺和手段，我们的目的乃是传达真理，所以我们就不能把手段看得高于目的。手段从属于目的。写作的唯一好处似乎就是可以“传之久远”，我们把自己发现的真理写下来，可以被遥远的后人看到，能够对后人有所帮助，这似乎是写作唯一高于对话的方法。但是苏格拉底立刻指出这种想法是幼稚的。如果后人并不关心真理，那么即使你在文字中写下了真理，他们也无动于衷。如果他们关心真理，那么他们自己最终也能够发现真理，因为真理是唯一的绝对的。通过写作传达真理的作用是十分有限的。而且书籍文字本身并不说话。

> “你会认为作品正在说什么，好像它们拥有理智。但如果你知道更多一点，而向它们提问，那么它们也只能用老一套来回答你。如果事情一旦被文字写下来，它就到处流传，传到能够看懂它的人手里，也传到与它无关的人手里。它不知道该向谁说话，不该谁说话。如果受到曲解和虐待，它总是要它的作者来援救，自己却无力为自己辩护，也无力保护自己。”①

也就是说，人们即使阅读包含了真理的书籍，也未必就能够从中发现真理，反而可能曲解其中的含义，最终误导危害他人。所以苏格拉底在自己的言说中才反复说自己的话不可信，不要太当真，他可能就是为了防止自己的观点被他人误解而危害他人。文字本身会消失，人们的写作习惯、说话习惯也经常变化，以前的文字和书籍很快就难以被后人理解了。我们不能重视文字胜于重视真理本身。真理非关文字。但是我们却仍然不得不借助于文字这种工具。所以柏拉图并未完全否定写作，

---

① Plato. *Phaedrus*. 275d.

只是教导我们不能把写作太当真。柏拉图也是通过文字书籍留下了美名和智慧，如果他没有写作，我们又如何能够看到他的作品，知道他这个人呢？

与贬低写作一致，苏格拉底非常推崇辩证对话。他认为辩证对话才具有正当性，因为它是合乎自然的、合乎真理的。“它是把知识写在学习者的灵魂中的谈话，它能为自己辩护，也知道对谁说话，对谁保持沉默。”① 斐德若回应说：“你指的是活生生的话语，而书面文字只不过是它的影像。”书写只是对对话的模仿，对话才是第一位的、本原的。所以对话是从事哲学的唯一正当的方式。而柏拉图没有写作学术论文，而是写作了模仿对话的“哲学戏剧”。这种哲学戏剧是尽可能地保持了对话的原貌。

对于哲人来说，对话就是治疗。因为每个人存在差异性，也就是说不同的人的问题不同，他们所处的矛盾不同，所以要根据不同的病症，给予不同的治疗。哲人的教化或者治疗是“应病与药”“随缘教化”“随语应答”。我们看到，他们经常对相同的问题进行不同的回答，似乎没有任何固定的观点和主张，他们都是针对每个人的不同根性而进行的。所以要“条条大路通罗马”就必须善于针对每个人的特点进行教化，否则就不可能达到目的。古代圣人重视的是自然和真理，而不是固守人为的观念。一切谈话治疗的目的都是人格或者灵魂的和谐和完善。也就是说，真理是一，是“中和之道”。这种和谐状态是心灵的宁静，是性格的完善，是理性和非理性的和谐状态。因此达到中和状态是圣人进行教化的最终目的。这种思路和目

---

① Plato. *Phaedrus*. 276a.

标与中医的思路非常相似。中医讲究“辨证施治”“同病异治，异病同治”，治疗的目的仍然是为了实现身体的阴阳平衡。所以柏拉图总是在对话中提到医药，佛陀也被称为药王和大医生。

苏格拉底夸奖了斐德若。他讲了一个“种子喻”，并且指出：“他不会看重那些用墨水写下和播种的东西，也不会用笔写下那些既不能为自己辩护，也不能恰当地教授真理的文字。”① 在哲人柏拉图看来，写作只是消遣或者儿戏，不能太当真。柏拉图的目的是要我们看到写作本身的局限性。这种告诫本身就是真理所需要的，也是柏拉图的隐微写作手法之一。他通过贬低自己的作品掩盖了自己作品中的真理，因此也保护那些不会阅读的人，这样，那些人就真的不会认真对待他的作品了。同时也启蒙那些热爱智慧的人，使他们能够自己去发现真理。

真理必须自己发现，知识是不可教的。“法不可言传。”这是真理所包含的根本属性之一。真理在语言之外。语言作品只是工具性的东西，作品之外的东西才是作者要传达的。至于读者能不能领会到“言外之意”，能不能看到真理，那是作者无能为力的。在一定程度上，我们必须依赖写作，因为我们的人生短暂，我们能够教诲的人有限，我们还想保留下自己的思想，所以我们只能通过写作的方式。但是鉴于写作本身的局限性，我们又不能过于依赖写作。所以我们必须善于把握写作的这种两重性，不能使自己的真理成为他人的毒药。

这种对写作的两重性的拿捏本身就是一种中道的技艺。我

---

① Plato. *Phaedrus*. 276c.

们必须处于既认真又不认真之间。正如佛教中的观点："依文解义，三世佛冤；离经一字，即是叛道。"依文解义就是只局限在文字本身，被文字所阻碍，看不到文字所指的东西；但是如果离开语文随意发挥，就可能曲解书籍的含义。我们必须善于在文字之内和文字之外同时进行思考，这里面的分寸必须好好把握。一般最初的阅读者是无能做到这一点的，所以必须有善知识、好老师的引导。

斐德若肯定这是一种非常高尚的消遣方式。但是苏格拉底立刻指出："我想要是能够用辩证法的技艺来严肃地讨论这些话题，那就更加高尚了。辩证法家会选择一个恰当的灵魂，把伴随知识的对话种植和播种到这个灵魂中，这些话语既能为自己辩护，也能为种植它们的人辩护。它们不是华而不实的，而是可以开花结果的，可以在别的灵魂中生出许多新的话语来。这些对话可以使这个种子生生不息，直到永远，也能使拥有这些话语的人享受到凡人的最高幸福。"① 也就是说，在苏格拉底看来，和写作相比，辩证法对话才是最高尚的。一个从事辩证对话的人就是一个哲学家。过一种进行辩证对话的生活就是过一种哲学生活。这是柏拉图对哲学生活的颂歌。柏拉图的哲学写作是对哲学对话的模仿。哲学对话高于哲学写作。哲学写作是不得已的"退而求其次"的做法。只要有可能进行哲学对话，就应该以对话为主。写作是消遣，哲学对话则不是消遣，而是严肃的教育。通过这种教育，我们使一个活生生的个人获得了提高和启蒙，而书籍只能等待未知的后人。我们要成就自己，同时也要尽可能成就他人，这意味着哲人应该首先关心和

---

① Plato. *Phaedrus*. 277a.

教育我们身边的人。

4. *为写作立法*（278b）

最后，苏格拉底总结了自己的观点。首先，在谈话或者写作之前必须对讨论或者写作的主题的真相有所认识，能够对它进行定义和划分，直到最小部分，必须拥有对个人的灵魂的自然的洞察能力，找到适合各种灵魂的自然的谈话和文章，用不同的方法对不同的灵魂讲话。其次，是在谈话或者写作中，“任何作品，无论是吕西亚斯还是别人写的，无论是过去写的还是将来写的，无论是私人作品还是国家官吏的立法建议，如果作者认为自己的作品包含着永远适用的重要真理，那么这作者就应该受到指责，无论这种指责有没有人说出来。因为一个人没有区分关于正义和不正义、善良和邪恶的幻影和真实，即使他得到民众的赞扬，也不能逃避这种指责。”① 也就是说，柏拉图认为文字写下来的东西都是幻相，并不是真实。真理必须要学习者本人亲自看到。否则，只凭借文字是不能认识真理的。这和他对现象世界与理念世界的划分的原则是一致的。文字始终只是可见世界的事物，它应该指向理念世界的对象，我们应该通过文字观看理念本身，而不是局限在文字语言中。所谓“得意忘言”。

因此真理比文字作品更加重要。我们必须把对真理的追求放在写作冲动的前面。如果我们没有对真理的认识，就擅自写作，只能自取其辱。当然，在现实生活也看到，写作冲动似乎压倒了真理冲动。人们更加看重写作而不是真理。这都是对柏拉图的这种告诫的违背。他认为写作的唯一目的必须只能是为

---

① Plato. *Phaedrus*. 277d.

了教诲，为了人格的塑造。

“只有那些为了理性和教诲而写下来的作品，那些为了灵魂的正义、高贵、善良而写下来的作品，才能做到清晰、完美，值得严肃对待。这样的话语才能被称作人的合法的子女：首先这些话语是在他自己的灵魂中发现的，然后是在他的儿子和兄弟的灵魂中自然地生长出来，只要他们的灵魂值得；最终他回归到自身。”①

苏格拉底认为只有这样的人才是值得效仿和赞美的。也就是说，一切写作都必须以人格净化为根本目的。如果我们不是以人格教化的目的而写作，那就是错误的、非法的。这就是柏拉图对写作的立法。

进一步，柏拉图也反对在任何作品中包含和宣扬一种普遍适用的真理。这是柏拉图对普遍主义真理观的最清晰的批判。现代性的最大观点就是普遍主义真理观，认为我们通过方法论可以找到放之四海而皆准的真理，然后通过在整个社会推广这种普遍真理，最终实现全人类的进步和解放，最终可以建立一个终极性的完美世界。但是我们却发现，现代性的理性主义却陷入了虚无主义的深渊。所以我们必须对真理概念有一个正确的认识。

首先，真理总是具体的、当下的，因为事实本身是千差万别的，脱离了一切事实的普遍主义的抽象真理是不存在的。所以苏格拉底认为，唯一的理论的普遍真理就是无知之知。“放之四海而皆准”的真理恰恰就是没有“放之四海而皆准”的真

---

① Plato. *Phaedrus*. 278a.

理。我们保持真理的唯一方式就是对一切观点进行不断审视和反思，这种反思使我们保持在无知之知的状态中。但是这种无知之知并不是愚昧无知，而是扬弃了一切语言概念的思维状态，而处于一种对万法实相有清晰洞察的空灵清明的明观状态。这种无知之知本质上是无所不知的。

其次，真理就是至善。至善就是和谐、中和，而事物本身却是千差万别的，我们要达到中道和谐，就必须根据具体情况进行完善和改善。因此没有普遍适用的方法可以使不同的事物达到相同的和谐状态。真理实现的和谐状态恰恰是无法通过普遍的方法达到的，它必须是基于不同个体的情况进行的。和谐是一种动态的平衡状态，随时建立但也可能随时崩溃，我们必须时时刻刻进行维护，才能保持这种和谐状态。一劳永逸地达到和谐状态是不可能的，认为有一种持续不断地向和谐状态的进步也是不可能的。维持这种和谐状态恰恰需要针对各种异质性的元素的构成和比例，随时不断地进行调整，这样我们才能彼此始终处于和谐的平衡状态。但是这在实践操作中是非常困难的。所以柏拉图才指出，认为自己的作品中能够包含普遍适用的真理本身是错误的，是违反真理的。

然后，苏格拉底要求仙女们能够为他传话，传达给吕西亚斯等写作演讲稿的人，给荷马等写作诗歌的人，给伯利克勒斯等写作政治文章的人，他们应该尽可能使自己的作品依照真理写作，并且能够使他们的作品为自己辩护，写作必须包含真理和知识，否则就是没有意义的。这样他们才能够配得“爱智慧”的名称，也就是哲人的名称。如果一个人只能绞尽脑汁，改了又改地写作，那么他们就只能被称为写演讲稿的人、诗人或者政治家等名称。可以说，哲人是最高的名称，是真理的维护者。而其他人都只是对哲人的模仿，是不完整的人。

斐德若提到了年轻的伊索克拉底，他后来成为希腊著名的修辞学家。在苏格拉底看来，他天赋很高，品性很好，如果他能够不满足于目前的写作，准备从事更加伟大的事业即哲学的话，他的成就就会更大。这是苏格拉底对未来哲学家的期待。最后，苏格拉底要求在离开此地之前，进行祈祷。他对主管修辞学的大神潘祈祷："亲爱的大神潘，还有你们所有这些出没于此地的神灵，请赐予我内在的美，这样我拥有的外在的东西就不会与我的内心产生冲突了。让我相信有智慧的人是富足的，至于财产，请让我拥有一个有节制的人可以承受和携带的也就可以了。"① 这个祈祷可以看作是苏格拉底为未来哲学家而进行的祈祷，希望他们都能够按照这个祈祷来生活。哲学生活才是最神圣的生活，最幸福的生活。这篇对话仍然是一部哲学的颂歌。

## 四、结束语

这篇对话的内涵和层次非常复杂和深奥。我们可以分别从几个方面进行总结说明。

在爱情问题方面，苏格拉底反对平庸的世俗性的功利主义态度，这是吕西阿斯在文章中表达出来的观点。这种态度是对爱情的贬低，把爱情作为功利主义的工具。我们对这种态度是非常熟悉的。苏格拉底第一篇否定爱情的文章表达了禁欲主义

① Plato. *Phaedrus*. 279c.

的态度。这种态度我们不太熟悉。但是在古代，禁欲主义是比较普遍的，但是禁欲主义同样不能够正确对待爱欲，也不能真正净化爱欲。禁欲主义仍然是一种错误地对待爱欲的态度。第二篇文章则转向对爱欲的理性化和神圣化的升华。其中，最重要的就是美的迷狂和哲学的迷狂。对于爱欲，重要的不是压抑和放纵，而是引导。这才是正确而智慧的态度。因此哲人才是真正的爱者，哲学生活是最好的爱欲生活。

在修辞学方面，苏格拉底要求修辞学必须和哲学辩证法结合起来。他试图把哲学引入到修辞学中，改变修辞学只关心说服他人，而不关心真理的错误。只有和哲学辩证法结合在一起，修辞学才是一种具有真理的技艺，否则宁可像斯巴达人那样抛弃修辞学。这种尝试同样在《高尔吉亚》中进行了反复说明。我们可以进一步对比《高尔吉亚》来理解这个问题。在民主制社会中，因为不存在确定的权威性的真理标准，人们都能够自由发表自己的看法，人们更加容易受到语言的迷惑和控制。在其他政体中，因为存在既定的权威性的真理标准，人们不需要对什么是正确和错误进行辩论，所以对演说术的需要就不强烈。这意味着在民主制社会中，人们在真假对错的问题上更加困惑和迷茫，这也就意味着更大的危险，这种危险比任何其他危险都要严重。这要求我们必须具有更强大的思维和判断对错的能力，但是这种判断力恰恰是人们最缺乏的，而判断力则涉及对人生的选择。

在书写和言说方面，柏拉图推崇对话而贬低写作。因为对话是活生生的，可以针对不同的个体进行不同的教诲。这是基于对人的自然差异性的发现而提出的。写作不能区分阅读者的个体自然，不知道该不该让这个人阅读。所以写作包含了很大的不确定性，这种不确定性也就是写作本身先天包含的危险性。我们必须在写作问题严格控制，不能让不成熟的著作到处流传，扰乱人心。所以苏格拉底“不立文字”，孔子“述而不作”，佛陀也一字未写，耶稣也是如此。他们把自己用于自己的人格完善和对他人的教诲。正如庄子所说：“若夫乘天地之正，而御六气之辩，以游无穷者，彼且恶乎待哉！故曰：至人无己，神人无功，圣人无名。”① 尼采也指出：“哲学家的成果是他的生活（这种生活比他的著作还要重要）。他的生活就是他的艺术作品，而任何艺术作品首先是属于艺术家的，其次才属于其他人。”② 柏拉图对话是柏拉图写的，但他是以苏格拉底的名义说话的，所以又不是他写的。他说了很多话，但是他又一句话都没有说，这正是智慧本身所要求的。正如庄子所说的：“无谓有谓，有谓无谓，而游乎尘垢之外。”柏拉图对文字写作的贬低实际上是要求我们不要关注他的文字，而以事实和真理为旨归。

---

① 《庄子·逍遥游》。

② Nietzsche：*philosophy and truth*，ed. And tr. by Diniel Brezzeale, Humanities Press International Inc.. 1979. P109.

# 大悲哲人心——《斐多》释义

我们知道，这篇对话的主题是关于灵魂不死的探讨。因为苏格拉底即将被处死，所以讨论这个题目是合情合理的。苏格拉底表示他希望通过对这个问题的讨论能够使自己相信灵魂不死，这样他在生命的最后时刻就能够坦然面对自己的死亡。对此，罗素认为苏格拉底显得不够伟大，因为这表明他仍然害怕死亡。应该说，罗素并未真正理解苏格拉底的真实目的和慈悲的内心世界。苏格拉底讨论这个问题的目的并不是为了自己，因为他凭借智慧已经达到了“生死一如”的超然境界，根本不会被死亡吓倒。因此在面临死亡的时刻，苏格拉底保持着坦然和微笑。相反，学生们面对苏格拉底的死亡，痛苦万分，痛哭流涕。他们不能接受苏格拉底即将死亡的事实，也不能坦然地面对死亡本身。所以苏格拉底希望他们不要被死亡吓倒，希望他们以智慧的态度面对死亡。他的这种态度被称为“反向关怀”。也就是说，面临的死亡的人反而劝告周围的人不要难过，要以坦然的心态面对死亡。能够进行“反向关怀”正是一切伟大圣贤的基本特征。苏格拉底希望学生们不要因为自己的死亡而放弃哲学，希望他们都能够继续哲学生活。他试图通过关于灵魂不死的对话，消除人们对死亡的恐惧，这可以称为对恐惧的净化。这种“拔众生苦”的精神就是大悲心。可以说，这篇对话是充分体现苏格拉底的慈悲心的作品。

苏格拉底是无辜受死的，因此这篇对话还涉及一个古老的难题，即“义人受难”的问题。我们可以和《圣经》中的《约伯记》和“耶稣受难”的事迹比较一下。约伯通过承认上帝的伟大和自己的卑微而接受了自己的无辜受苦。上帝是一切事物的原因和奥秘，面对上帝的伟大，任何人都是卑微的，任何人的痛苦也都是微不足道的，所以真正的信徒应该完全皈依上帝，相信上帝的安排，不因为自己的悲惨命运而责备上帝。耶稣是通过对《旧约·诗篇》中的那个义人受难的认同而接受自己的无辜受苦。他把自己看作是诗篇中的那个义人，把自己的命运看作是对《诗篇》的证实，因此是对上帝的律法和存在的证实。可以说，不论是约伯还是耶稣，他们都最终通过信仰的方式消除“自我”而获得了解脱。苏格拉底作为哲人是通过依据理性和智慧而获得了解脱。当然，我们要正确理解理性和信仰的关系。在古典哲学中，理性是最高的，和知识真理相关，而信仰或者虔诚则和意见相关，最多是正确的意见，是对理性和智慧的模仿和分有。所以信仰不能和理性相提并论。

## 一、引子

本篇是伊奇和斐多在佛利城的对话，是斐多对苏格拉底最后一天的忆述。当时在场的人有三类人。本地人斐多、克里同、安提斯泰尼、阿波罗多洛斯等；底比斯人齐贝和西米等；麦加拉人欧几里德等。柏拉图却因病缺席。柏拉图为什么没有出现呢？我们可以猜测，他没有见证苏格拉底的死亡。这意味着在他心目中苏格拉底没有死，苏格拉底永远活在他的心中。

我们可以说这是柏拉图对老师的最好的辩护和歌颂。

对话地点是在监狱中，监狱的意向首先是现实的监狱。其次，监狱是肉体的象征，身体就是灵魂的监狱，人生就是在监狱中，死亡就是从肉体监狱中的解放。最后，“监狱”是政治生活的象征。监狱首先是政治性的产物。政治生活是礼法制度等建构起来的，可以说政治本身是对人的束缚。《理想国》中以洞穴比喻政治生活，这里则以监狱比喻政治生活。这是对政治生活的本质的揭示和含蓄批判。但是我们必须看到，没有政治和法律的束缚，我们作为人的生活就根本不可能。所以我们对政治本身的批判必须是有限度的，必须是隐秘的。公开的、无节制的“反政治”是无知和野蛮的表现。

斐多首先说明了苏格拉底迟迟没有被处死的原因。因为派往得洛斯朝圣的船刚好在审判的头一天出发了，在船返回之前不能处死犯人。朝圣是对忒修斯救人性命的感谢，这和苏格拉底将被处死形成了对比。这也再次说明了政治宗教事件对于一切人包括哲人的影响。苏格拉底因为政治宗教事件而被判处死刑，也因为政治宗教事情而缓刑。当然，这种政治影响对于哲人是无所谓的，因为哲人关注的是永恒不变的理念世界，因此是超出政治社会的命运束缚的。哲人超越命运，哲人没有命运。

伊奇要求斐多讲述一下当天的情形，斐多愉快地同意了。对他而言，“不论是我自己讲苏格拉底，或是听别人讲，借此能想起他，总是我莫大的快乐”①。斐多和《会饮》开篇阿波罗多洛斯的表现和观点是一致的。这说明了苏格拉底对于青年人的美好影响，哲人和哲学能够给人最高的快乐。这是由苏格

---

① 柏拉图：《斐多》，杨绛译，中国国际广播出版社，59d。

拉底的智慧和人格魅力决定的。如果我们不能对苏格拉底产生由衷的敬爱，我们就不可能真正进入哲学的殿堂。不能理解哲人就不能理解哲学。

斐多首先谈到了自己当时的感受。他并不为苏格拉底的死亡而难过，因为苏格拉底是怀着从容不迫、毫无畏惧甚至是快乐的心情在等待死亡，他的气度、神情都无法让人产生悲伤的感觉。斐多猜测苏格拉底肯定可以往生到更好的世界去，所以他没有了悲伤。但是他也没有感到讨论哲学的快乐，苏格拉底毕竟快要死去了。所以这次对话场景是一种悲欣交集的混合情感。他们一会儿哭，一会儿笑，快乐和痛苦交织在一起。正如《会饮》中指出的，哲人是同时善于悲剧和喜剧的，哲人剧是综合了悲剧和喜剧的新剧。苏格拉底用自己的最后时刻演出了一场悲剧和喜剧混合的戏剧。他以喜剧的形式演出了自己的悲剧性死亡。[①] 这可以说是苏格拉底对死亡的恐惧的“净化”。如果我们不能从死亡的恐惧中解脱出来，我们就不可能真正体验生命的快乐。所谓“未知死，焉知生”。因此，苏格拉底以喜剧的方式演出自己的死亡悲剧，这正是他的慈悲心的表现。慈悲来自智慧，或者和智慧是密不可分的。

## 二、第一次论辩：哲人乐死的证明

接下来，斐多开始回忆那天的情形。他们到监狱时，苏格

① 当然，死亡对于苏格拉底并不是悲剧，哲人是“齐生死”的。在哲人眼中，无生亦无死。如果我们把苏格拉底的死亡看作是悲剧，我们就低估或者降低了苏格拉底达到的人生境界。

拉底的枷锁已经被解开了。枷锁意味着政治，意味着政治对人的束缚。临死的苏格拉底即将从政治束缚中解放出来。苏格拉底的妻子任娣也在。苏格拉底和妻子的关系是他的政治关系的体现，因为婚姻关系也是一种政治法律关系。当然，苏格拉底和家庭的关系是非常疏淡的，正如他和政治城邦的关系一样。因此，他身体上虽然是已婚人士，但是精神上是未婚的超脱的。他一生也没能以哲学教化他的老婆，这也暗示了哲学的理性说服的有限性，因为哲学需要回光返照、明心见性，而这并不是任何人都能做到的。苏格拉底要求人把妻子送走，这意味着哲学让俗人走开，哲学对话必须避免俗人的干扰。

苏格拉底坐起来，抚摸着自己的一条腿谈起了自己的感受。大意是快乐和痛苦总是相伴而行，形影不离。现在枷锁被解开后，痛苦走了，快乐就来了。这意味着政治带来的痛苦和哲学带来的快乐交织在一起。但是这并不是苏格拉底的最终观点。在《斐莱布》中，苏格拉底试图寻找没有痛苦的纯粹快乐。一切动态的快乐都以痛苦为前提，静态的快乐才是纯粹的快乐。因此，不苦不乐的宁静状态最接近纯粹的快乐，这种快乐就是哲学生活的快乐，即对理念世界的凝视静观中的快乐，也就是古人所谓的“纵浪大化中，不喜亦不惧”的快乐。

因为苏格拉底提到了伊索，齐贝就插嘴说，他听说苏格拉底把伊索寓言改编成了诗歌，又作诗颂扬阿波罗。很多人例如诗人、智者艾凡（或译厄文努斯）对苏格拉底作诗的行为都感到迷惑不解。齐贝希望苏格拉底能够解释一下。苏格拉底说，他作诗是为了检验一下他的梦的含义。他在梦中总是听到一个声音要求他作诗，以和文艺女神结交。他曾经认为哲学就是最好的音乐或者诗歌，认为从事哲学就是在作诗。但是现在他对这种观点感到怀疑。

对于这一段话，我们可以这样理解。首先，梦意味着人生本身。所谓人生如梦。人的灵魂进入肉体后，只能通过感官去认识事物，感官对事物的认识是模糊的，只能看到事物的影像。在哲人看来，这种感官认识就是像是梦一样，不能认识真理。所以在《理想国》中，苏格拉底曾经用洞穴比喻政治社会，并且说俗人一生都在梦中。可以说，苏格拉底在此是以梦来比喻自己的尘世人生。

其次，梦中的声音应该是指理性的呼声。苏格拉底的精灵应该是纯粹理性本身。他对梦中的声音的服从就是对理性本身的服从。哲人除了服从理性，不能服从任何东西。哲人对法律的服从也是因为法律是理性的产物，只是法律的理性是僵化的片面的理性。我们要知道，对于日常意识而言，理性本身也是神秘的，纯粹理性本身应该是一种空灵清明的遍知境界，而不仅仅是一种依靠概念、推理进行认识的活动。在纯粹理性中万事万物的实相都清晰无蔽地呈现出来。因此，达到纯粹理性认识境界的哲人是遍知一切的。

再次，纯粹理性要求苏格拉底和政治生活和解。这种和解是一种纯粹理性的要求。因为真正的理性精神恰恰是消除了一切对立和冲突的圆满和谐。他要和文艺女神的结交可以说也就是和政治的“和解”。我们知道，在古希腊，诗人是政治生活的奠基者，诗是政治社会的构成因素。而古希腊哲人总是和诗人以及政治生活发生冲突。苏格拉底也不例外。但是他始终认为哲学本身就是诗歌，就是最高尚最优美的音乐。这种观点在其他对话例如《斐德若》中也反复提出过。哲学不能仅仅是理论或者言词，哲学的最高成就应该是哲人的人生本身，哲人真正实现了人性的最高完善。哲人的生命本身才是最好的音乐和诗歌。但是哲人的生命之歌却往往得不到政治生活的承认和接受。因为哲学所要达到的至善和圆满的程度要远远高于政治所达到的至善圆满的程度。哲学和政治的冲突从某种意义上讲是不同等级的完善和圆满的冲突。因此苏格拉底回顾自己的一生，认为自己坚持和政治生活的对立冲突是片面的、狭隘的，应该以更好地方式改善政治。也就是说，哲人应该以自己的人格存在本身，而不是以理论教诲的方式来完善政治。他写诗本身就是他和政治社会和解的表现。

最后，这种和解不同于黑格尔意义上的和解。黑格尔意义上的哲学和政治的和解是政治和哲学的同一，是哲学的政治化和政治的哲学化。而苏格拉底并不追求这种同一性，这种同一性在他看来是不可能的。因为人性的自然的差异性是不可能通过历史的进步或者后天的教化所能消除的。他要求的和解是包含了哲学和政治的紧张和冲突的和解，即孔子所说的“君子和而不同”意义上的和解。现代性追求的哲学和政治的同一性只能导致对哲学和政治的双重损害，既损害了哲学的神圣性，也危害了政治的稳定性。如果说，在《申辩》中，他表现的是和政治社会的冲突，那么在此他想要留下一个和政治和解的最终形象。这是他对后人的最终遗教，也是哲人的最后的政治行为。

苏格拉底接着说，自己不会写诗。这表明苏格拉底本人是非诗性的。他擅长的是思辨，是以理性的论证和洞见引导自己和他人。写诗则需要想象力，需要跟着灵感或者情感走，所以他无能写诗。这也是对人的天性自然的差异性的确认。人和人的天性是不同的。这种差异也同时意味着人的各种天性是有高下之分的，并不是平等的。具体而言，人的天性的差异在于人的理性能力的高低。理性的差异性、等级性就是人的自然的等级性的根据。一个人的理性能力越高，他的自然天性等级就越高。这意味着哲人的天性高于一切其他人的自然，包括诗人的自然。只有哲人才能完全实现人的理性本质。当然，柏拉图似乎具有很高的艺术才能，弥补了苏格拉底的片面性。

苏格拉底说他只能改编伊索寓言。伊索据说穷苦出身，相貌丑陋，曾经在希腊各地流浪，后来被卖为奴隶。他是哑巴，后来神奇地恢复了说话能力，善于讲寓言故事。大家都喜欢伊索说故事，也都敬佩他过人的聪明。伊索曾经靠机智救朋友和主人的急难；凭机智避免敌人的伤害，解除奴隶的桎梏。他后来被德尔菲人陷害致死。后来的大多数民间故事都归于伊索名下。伊索寓言大多是动物故事，其中有的用豺狼、狮子等凶恶的动物比喻人间的权贵，揭露他们的专横、残暴，虐害弱小，反映了平民或奴隶的思想感情；有的则总结了人们的生活经验，教人处世和做人的道理。伊索生活的时代是古希腊民主制建立和发展的时代，伊索寓言是古希腊民主制社会的平民精神的体现。在这个民主化的过程中，荷马史诗中的贵族道德逐渐被平民道德取代了。

虽然伊索寓言更多表达了底层人民对统治者的批判和揭露，但是苏格拉底并不是借助伊索寓言表达自己对政治生活的悲愤，因为苏格拉底对于政治生活没有任何非理性的过高期望。而且我们也不应该以他的出身来理解他对伊索寓言的态度，因为他已经完全超出了自己的政治身份。或许在他看来，伊索寓言比荷马史诗包含了更多智慧，他试图以伊索的智慧取代荷马的智慧。因此，苏格拉底对伊索寓言的推崇是对其中的智慧的肯定。

接下来，苏格拉底要求西米转告艾凡，希望他能够听从劝告，跟随自己去死。这里他似乎是在劝告爱好哲学的人都跟随自己去自杀。这应该是对哲人乐死的暗示。也就是说，哲人并不害怕死亡，因为哲人是依据自然而生活。自然是大全，是整体性。整体性对应的是理性，局部性对应的是感性。服从整体性就是服从理性，服从感性就是服从非理性。哲人并不会执着于局部性的事物，而是始终处于整体性之中。就生命而言，生和死构成了一个整体，单纯地贪生就是脱离了整体性。因此当哲人站在自然整体性中的时候，他超越了生死的感性分别，以整体性的自然视野宁静而乐观地对待生死的整体性，这就是所谓的“生死一如”的境界。当然苏格拉底的这个劝告更多是对这个智者的嘲弄和反讽，我们不要当真。

因此苏格拉底接着说，任何国家的法律和道德都认为自杀是绝对不允许的。他以奥尔菲斯教的教义来说明自杀的非法性。在这个教义看来，人是监狱的囚犯，囚犯不能擅自打开牢门逃走。这里把肉体比作灵魂的监狱，灵魂不能杀死肉体获得自己的解脱。这似乎也是对他在《克里同》中的不能逃跑的论证的补充。然后他又接着说，我们是神的仆人，诸神是我们的主人，我们不能未经诸神的允许就自杀。只有诸神同意了，我们才能结束自己的生命。这种观点和《法律篇》中的观点接近，而反对自杀也是各大宗教如基督教、佛教的共同教义。

齐贝立刻反驳说，既然如此，哲人乐于去死就是渎神的、错误的，傻子怕死反而是服从诸神的。这也暗示了苏格拉底的死亡事件中的自杀倾向。也就是说，苏格拉底是自愿赴死的。因为按照色诺芬的《申辩》中的说法，苏格拉底更多是因为年老不能继续从事哲学，活着也没有意思了，所以正好借此机会一死了之。这表明苏格拉底把哲学看作自己的生命，他热爱哲学胜过热爱生命。在他看来，单纯活着是没有意义的，我们应该追求生命的质量，而不是长度。因此哲人乐死本质上是对哲学生活的颂扬。这也意味着苏格拉底的死亡不是一个错误的悲剧，而是一个偶然性导致的喜剧。换言之，苏格拉底的死并不是为哲学而死的殉道，因为哲人的存在是最高的，所以哲人无道可殉。如果把苏格拉底的死看作是一种殉道，就是没有真正理解哲人和哲学。

苏格拉底回应说，他把对这个问题的答复看作是新的自我辩护。他必须很好考虑如何给世人留下一个好印象，因为他在法庭上给世人留下了不好的印象。这也是他要和政治和解的一种暗示。当然两次辩护的主题是不同的，面对的对象也是不同的。前者是面对政治性的民众，而后者是面对哲学的门徒。但是苏格拉底只是简单地表示自己之所以乐死，是因为死后可以到更好的诸神那里去，并不是摆脱诸神的监管。因为好人好报，他一定能够往生更好的世界，所以他乐于死亡。这里苏格拉底暗示了哲学生活是最美好的生活，不论生前还是死后，他都能够过最美好的生活。

西米对这个简短的回答并不满意，要求苏格拉底给出进一步解释。这时克里同表示，狱卒要求苏格拉底少说话，话说多了会影响毒药药性。但是苏格拉底对于多活一会儿毫不在意。他接着解释哲人乐于死亡的原因。

> “许多人不懂哲学。真正的追求哲学，无非是学习死，学习处于死的状态。他既然一辈子只是学习死，学习处于死的状态，一旦他认真学习的死到了眼前，他倒烦恼了，

这不是笑话吗?”①

如何理解他的这种哲学观呢？学习哲学就是练习死亡，就是处于死的状态。这种死的状态应该是指一个人只根据理性支配自己的生命活动，而摆脱了肉体欲望的支配的状态。在这种状态中，哲人表现得是无欲的、无情的，或者他的欲望是微弱的，他的欲望完全服从他的理性认识。这样哲人就表现得缺乏一般人的七情六欲，没有对世间的财富、权力、爱情等之物的追求和爱欲。这种无欲的状态也就是无为、无我的状态。这种无为、无我的状态就类似于死人的状态。但是哲人毕竟还是活人。那么哲人还能做什么呢？哲人只是理性地静观。哲学是纯粹理性生活，纯粹理性的哲学生活就是只静观觉知而没有任何欲望和造作的生活。哲学的这种练习死亡就是“只觉知，不造作”。因此哲学生活的根本特点就是做“活死人”，是内心安住不动而又无所不知的状态。这种理性的静观类似于佛教的禅定和涅槃，也类似于宋明理学提倡的“存天理、灭人欲”的境界。相反，如果一个人被欲望和激情所支配，往往就不会有真正的理性认识。

但是现代哲学家却否定了古代哲学的这种真理，试图为欲望辩护。例如近代哲学奠基人霍布斯就认为欲望而不是理性才是人的本质。“幸福不在于心满意足而不求上进，旧道德哲学家所说的那种终极的目的和最高的善根本不存在。欲望终止的人，和感觉与映象停顿的人都同样无法生活下去。幸福就是欲望从一个目标到另一个目标不断地发展，达到前一个目标不过

① 柏拉图：《斐多》，64a。

是为后一个目标铺平道路。”① 他认为没有欲望的人就不是在活着，因此他试图为欲望进行“平反”，依此建立了现代政治哲学的基本原则。可见，霍布斯以来的现代哲学是和古典哲学完全对立的。

西米被苏格拉底这种说法逗笑了。他当然不理解这种说法。于是苏格拉底又进行了解释。哲人是安贫乐道的。在物质生活方面，哲人对吃喝玩乐、饮食男女、衣食住行都漠不关心，哲人根本瞧不起这些事物。哲人不愿把自己贡献给肉体，而是尽可能离开肉体，使灵魂摆脱肉体。在求道方面，哲人认为感觉是不可靠的，灵魂带着肉体去追求真理是不可能成功的。因此灵魂要认识真理，必须尽可能摆脱肉体的干扰。

> “如果思想集中，不受外物干扰——一切声音、形象、痛苦、喜乐都没有，尽量撇开肉体，脱离肉体的感觉，专心一意地追求真实，这该是最适于思想的境界的吧。”②

这里苏格拉底说明肉体欲望对于认识真理是不利的。要认识真理就必须摆脱肉欲的干扰。所以哲人特有的“沉思”（meditation）就是要消除欲望情感对于人的理性认识的干扰，最终达到无偏见的绝对真理。在《会饮》中，柏拉图曾经两次展示苏格拉底的出神沉思的状态。在《斐德若》中，苏格拉底在“哲人的迷狂”中诗意地展示了灵魂理性对理念世界的直接直观。这就是灵魂的上升过程。在这种上升中，灵魂摆脱了肉体，并且在直观理念世界中获得了净化和至善。

苏格拉底的沉思和佛教的禅定（meditation）观念非常相

---

① 霍布斯：《利维坦》，梨思复译，商务印书馆，1985年版，第72页。
② 柏拉图：《斐多》，65c。

似。没有这种禅定沉思，就无法消除身体对于理性的干扰，也就不可能达到对实相的直接认识。而完全寂灭的状态就是既扬弃了肉体和欲望，也扬弃了一切言语概念的状态，在这种寂灭状态中，灵魂才能只凭借理性如实直观事实本身。智慧只有在灵魂看到理念实相之后才能出现，否则就只能是俗人的意见。沉思就是扬弃概念分别，返回自然事实本身的活动。这就是“由定生慧”的含义。这种沉思也和老子的“致虚极，守静笃，万物并作，吾以观复”的认识论思想是一致的。

我们还可以结合庄子的“心斋”或者“坐忘”的观念来理解。心斋也指一种排除思虑和欲望的精神修养方法。《庄子·人间世》有寓言说：颜回向孔子请教游说专横独断的卫国国君的方法，孔子叫他先做到“心斋”，并指出这不是祭祀之斋，而是精神上的斋戒。“回曰：‘敢问心斋？’仲尼曰：‘若一志，无听之以耳而听之以心；无听之以心而听之以气。听止于耳，心止于符。气也者，虚而待物者也。唯道集虚。虚者，心斋也。’”① 心斋就是抛弃了感官，用虚无之心去对待万物。“坐忘”是指：“堕肢体，黜聪明，离形去知，同于大通，此谓坐忘。”② 也就是说，忘却自己的形体，抛弃自己的聪明，摆脱形体和观念的束缚，与大道融通为一，这就叫坐忘。郭象注：“夫坐忘者，奚所不忘哉？即忘其迹，又忘其所以迹者，内不觉其一身，外不识有天地，然后旷然与变化为体而无不通也。”

儒家的《大学》也阐明了这种认识论的真理。《大学》是“大人之”学，大人就是哲人，大学之道就是哲学之道。“大学

① 《庄子·人间世》。
② 《庄子·大宗师》。

之道，在明明德，在亲民，在止于至善。知止而后有定，定而后能静，静而后能安，安而后能虑，虑而后能得。物有本末，事有终始。知所先后，则近道矣。”《大学》在讲到修身时也指出：“所谓修身在正其心者，身有所忿懥，则不得其正，有所恐惧，则不得其正，有所好乐，则不得其正，有所忧患，则不得其正。心不在焉，视而不见，听而不闻，食而不知其味。此谓修身在正其心。”① 这都是指出了情感欲望对于人的理性认识的反作用，只有摒弃爱欲才能达到正确客观的认识。

苏格拉底接着指出，真正热爱智慧的人应该尽可能摆脱肉体，肉体是妨碍我们获得真理的重要原因。人们都是肉体和欲望的奴隶。肉体使我们充满了热情、欲望、恐惧、愚昧等，由此导致各种冲突、拉帮结派、战争等。这里苏格拉底强调了肉体爱欲对于理性认识的消极影响。我们看到现实生活中确实如此。所谓“利令智昏”。所以现代哲学家例如霍布斯、尼采等人为肉体和欲望的辩护是错误的非理性主义观点。这意味着把肉欲置于最高的地位，理性只是为欲望服务的工具。这都是没有真正理解理性的本质的表现。理性的本质就是静观，在这种静观中，哲人可以达到最高的幸福和真理。因此古典哲学中更多强调了灵魂理性对于肉体欲望的主导性和支配性，更多对于肉体欲望采取了消极否定的立场。当然，片面地否定爱欲也是不对的。所以在《会饮》中，苏格拉底强调了爱欲和理性的协调性，理性的增长是和爱欲的增长相关的。我们必须看到欲望和理性的同步性关系。因此关键不是消灭欲望或者为欲望平反，而是净化爱欲，以正确的方法引导我们的欲望去做理性认

① 朱熹：《四书章句集注》，辽宁教育出版社，1998年版，第6页。

识正确的事情，这样才能达到灵魂的至善。

苏格拉底指出，肉体对于认识真理是消极的，只有等到死后，我们才能真实地认识真理，获得纯粹知识。所以哲人是最不怕死的。这可以说是苏格拉底对哲人乐死的最终证明。哲人爱真理胜过爱生命。因为哲人最不怕死，所以哲人是最勇敢的。其他人的勇敢都是基于各种其他考虑或者激情，所以都不是真正的勇敢。同时，哲人也是最节制的。哲人的节制不同于一般人的节制。一般人的节制只是出于贪婪或者拮据，而哲人的节制在于他对生命欲望的超然。最后，哲人是最正义之人。一般人的正义都是出于各种外在利益顾虑，哲人的正义不是出于任何外在的考虑，而是出于哲人对真理本身的认识。哲人之所以具备了这些真正的德性，是因为哲人拥有智慧。哲人是出于智慧而获得了这些德性。

> "一切美德只可用一件东西来交易。这是一切德性的标准货币。这就是智慧。不论是勇敢或节制或公正，反正一切真正的美德都是由智慧得到的。"①

《会饮》展示了哲人苏格拉底具足这四种美德。

从体用关系看，智慧是体，其他美德是用。一般人没有智慧这个美德之体，所以不可能具有美德之用。一般人的这些德性只是对哲人德性的模仿，他们的德性都是出于恐惧和放纵，所以不配称为德性。这可以说是苏格拉底对政治德性的贬低。这和《普罗塔戈拉》的主题是一致的。也就是说，一切美德都依赖于智慧。没有智慧就没有美德。因为智慧是不可教的，所

---

① 柏拉图：《斐多》，69b。

以美德是不可教的。《普罗塔戈拉》的主题“知识就是美德”正是对这个洞见的说明和论证。

接着，苏格拉底提出了“美德净化说”的看法。

> “自制呀，公正呀，勇敢呀，包括智慧本身都是一种净化。”①

这个说法是苏格拉底从奥尔菲斯教中借用的说法，但是他把奥尔菲斯教哲学理性化了。一般认为这种净化的思想具有很强的宗教色彩。但是把净化和宗教联系起来是非常片面甚至错误的，是不符合古典哲学家的观点的。净化首先是一种哲学思想，意味着灵魂从肉体中摆脱出来，或者进一步说是理性从爱欲中摆脱出来。苏格拉底指出，哲学家就是努力使灵魂从肉体中获得净化的人，他的一生就是追求成为一个真正的哲学家。完全依据理性而生活，而不是依据欲望而生活，这应该是净化的基本含义。

我们也可以结合中国传统哲学来理解这种净化的思想。儒家的修身或“至诚”也是自我净化的一种思想。“所谓齐其家在修其身者，人之其所亲爱而辟焉，之其所贱恶而辟焉，之其所畏敬而辟焉，之其所哀矜而辟焉，之其所敖惰而辟焉。故好而知其恶，恶而知其美者，天下鲜矣。”② 修身的前提是诚意正心，诚意正心必须通过至诚的方式进行。至诚就是对自己的内心欲望和观念活动都观察地一清二楚，历历在目，通过这种自我观察，就逐渐使自己从这些欲望和观念活动中摆脱出来，最终才能“成己成物”。因此《中庸》强调“至诚之道”。“诚者物之终始，不诚无物。是故君子诚之为贵。”“唯天下至诚，

---

① 柏拉图：《斐多》，69b。

② 《大学》。

为能尽其性；能尽其性，则能尽人之性；能尽人之性，则能尽物之性；能尽物之性，则可以赞天地之化育；可以赞天地之化育，则可以与天地参矣。”王阳明的“致良知”也类似于这种净化思想。致良知就是限制和消除肉体欲望，使肉体欲望不会干扰我们的理性觉知。他认为“良知者，心之本体”。“心者，身之主也。而心之虚灵明觉，即所谓本然之良知也。”他把排除了“私欲”和外物干扰的“本心”称为良知，良知便是心的形而上的本体，它处在虚灵明觉和恒照的状态。因此，这个良知本身就是天道。“夫良知即是道。良知之在人心，不但圣贤，虽常人亦无不如此。若无有物欲牵蔽，但循着良知发用流行将去，即无不是道。”道教和佛教中的净化思想更是非常鲜明和突出，相关论述更是数不胜数。

总之，在这个论证中，苏格拉底揭示了哲学生活的本质和奥秘，学习哲学就是处于死亡的状态中。哲人是齐生死的。正如庄子所说：“古之真人，不知说生，不知恶死。其出不欣，其入不距。翛然而往，翛然而来而已矣。不忘其所始，不求其所终。受而喜之，忘而复之。是之谓不以心捐道，不以人助天，是之谓真人。若然者，其心志，其容寂，其颡頯凄然似秋，暖然似春，喜怒通四时，与物有宜而莫知其极。”① 哲人凭借理性的认识达到了绝对的道或者整体性，所以没有任何的偏好、分别和执着。所谓“生死一如”，哲人正是凭借这种认识和智慧达到了逍遥游的自由境界。但是哲人乐死，却并不求死，因为哲人处于“无可无不可”的自由自在状态，他没有“非如此不可”的局限性和有限性。求死或者自杀仍然是不自

① 《庄子·大宗师》。

由、没有解脱的表现。同样，哲人也乐生，但是哲人并不贪生。可以说，只有哲人能够真正体会到和享受到生命的乐趣。凡人始终处于各种烦恼的逼迫之下，也处于死亡的恐惧之下，这都妨碍了他们对于生命乐趣的真实体验。哲人超越了一切局限性，达到了整体性，不再受到各种欲望情感的支配和束缚，因此达到了绝对的自由，从而能够充分享受生命的乐趣。

苏格拉底的这个论证的基础是灵肉二元论。他借用了奥尔菲斯教的教义，认为生命是灵魂和肉体的结合，灵魂是一种不同于肉体的实体，灵魂可以在肉体死后继续存在。人死之后灵魂就从肉体中解放出来，再次转世投胎。但是在这里，灵魂不死的原则是没有经过论证的。或者正如后面的论证显示的，要证明灵魂不死是非常困难的。这也导致了后来人对于灵魂概念的批判。例如，康德认为灵魂只是一个理性理念，我们对灵魂本身没有任何经验，所以不能用知性范畴去描述界定这个理性理念，任何界定只是导致先验幻相。例如当我们说灵魂是存在的，这就是使用知性范畴去界定灵魂，这种界定只是一个先验幻相，和灵魂本身没有任何关系。尼采则以生命或者肉体概念反对灵魂的概念。他认为灵魂是虚构的概念，只有肉体才是真实的。

但是我们应该看到，苏格拉底的这种观点实际上是表示理性是灵魂的本质，理性对于欲望应该具有绝对的支配性意义。灵魂是主导性的主动性的东西，它决定了肉体的运动。肉体只有从属性的意义，肉体本身并不说话，并不思考，并不批判。只有灵魂本身才是思考的主体，任何依据肉体反对灵魂的批判也只是灵魂的自我批判。而且这种批判是错误的，其错误的根源在于根本不认识灵魂的本质，是一种基于无知的批判。同样，我们也可以说，任何对理性本身的批判也是理性的自我批判。只要我们在进行思考，我们就不可能摆脱理性的支配和指导。这也意味着“理性至上性”的原则是无法反驳的。

因此关键不在于否定理性的至高无上性，而在于如何理解理性本身，如何使我们的理性获得最高程度的发展和提升。因此我们要净化自己，不但要学会控制自己的欲望，而且还必须学会控制自己的思维。这就是所谓的“思维修”或者“善护念”。正确的思维是一种技艺。如果我们不能正确思维，我们就可能受到巨大的伤害，这种伤害比欲望带来的伤害还要大。对于正确思想的训练和控制更加重要。现代性的知识爆炸并不是思维的解放，而是思维的混乱。因为我们不会正确思维，所以才产生这么多的知识和学说。真理是唯一的，真理是简单的，真理是质朴的。现代哲学已经违背了真理的本质。

## 三、第二次论辩：灵魂不死的证明

苏格拉底的回答是以灵魂不死为前提的，因此遗留下来的问题是“灵魂是不是不死的”。只有在证明灵魂不死的前提下，苏格拉底的对死后灵魂可以去美好世界的希望才是可能的。所以齐贝指出，大多数人对于死亡的恐惧就在于他们认为肉体死后灵魂也会随之消失，苏格拉底必须对死后灵魂继续存在进行论证。

### （一）灵魂生前存在的证明

#### 1. 相反相生论证明（70c–72d）

苏格拉底首先谈到了一个灵魂轮回复活的古老传说，即活人是由死人转世投生的。接下来他对这个古老传说进行逻辑论证，也就是相反相生论的论证。一切东西都有对立面，一切东西都是从自己的对立面中产生出来的，也只能从自己的对立面产生出来。正如大小、动静、快慢等都是相反相成，生和死也是相反相成，因此生出于死，死出于生。

> “自然向来是周全的，不会在这一件事上只顾一面。”①

这个论证可以说是对自然本身的“中和之道”的揭示。自然本身就是“致中和”而已。自然整体的运动是周而复始、循环往复、永无休止。正如季节的循环往复，生命活动的循环往复等。自然本身就是对立面的相互转化，在这种循环往复中没有终结和开端，一切开端同时就是终结，一切终结同时就是开端，因此没有事物真正产生，也没有事物真正消失，一切开端和终结都是我们进行限定的结果。我们面对的是一个无限的周而复始循环往复的运动过程。所谓“一阴一阳之谓道”“生生之谓易”“反者道之动”。因此自然的运动不是单向性的运动，而是循环往复的。同样，灵魂的运动也必定合乎自然的运动，也是一种循环往复的运动。这样苏格拉底就证明了灵魂的轮回转世的真实性。可以说，这是“以自然为师”的外在的论证。

苏格拉底指出，如果自然的变化只是单向性的，而不是相互转化的，那么最终世界就会处于同一性状态，也就是死寂的状态了。这是不合乎自然事实的。因此他批判了阿那克萨戈拉的“万物混同为一”的理论。这种万物一体的理论肯定了一种

---

① 柏拉图：《斐多》，71e。

无差异性的同一性，否定了事物的本质差异性，因此不是真正的同一性。苏格拉底坚持一种建立在至善理念基础上的同一性。一切都是至善的显现，所以这种同一性是包含了差异性的同一性。这种至善论的同一性和我们古代哲学中的万物一体理论基本是一致的。

2. 回忆说证明（72e－77c）

接下来，齐贝又给出了一个从“认识就是回忆”的角度进行的证明。这是一个从灵魂内部进行的论证。

苏格拉底开始和西米进行对话。他首先从日常经验开始，一个人记得的东西必定是他从前已经知道的，从已经知道的东西获得的认识就是回忆。回忆不但是对相同事物的回忆，而且还是对不相同事物的回忆。也就是说，人们会通过一个事物回忆起另外的相关事物，例如“触景生情”之类的。接下来，苏格拉底指出，如果相同事物能够引起人们的回忆，那么人们肯定是对记忆中的事物和眼前的事物进行比较产生的。这种对事物的相同性的比较意味着人们已经对“相同性”本身有了认识。

> “我们开始用眼睛看，耳朵听，或者运用任何感觉的时候，我们已经从不知什么地方，得到这个相等的概念了。”①

但是相同性本身却并不是能够被人感知到的，因此相同性就是一种非感知的、抽象的东西。那么人们如何对这种相同性有所认识呢？在苏格拉底看来，我们只能假设存在相同性的理念，我们对相同性的理念的认识必定不是基于肉体的认识，因

① 柏拉图：《斐多》，75b。

为基于肉体感官的认识都不可能看到相同性本身。我们通过肉体感官认识的相同性都或多或少是不相同的。在他看来，我们对相同性的认识只能凭借灵魂。这意味着我们的灵魂在生前就认识了相同性的理念，我们在今生才能使用相同性的理念。所以认识就是回忆。如果认识就是回忆，那么灵魂肯定就是在肉体出生以前就存在了。这就是回忆说对灵魂生前存在的证明。

回忆说和理念论、净化说是相关的。在《斐德若》中，苏格拉底指出，只有看到灵魂的理念才能成为人的灵魂，没有看到过理念的灵魂就成为动物的灵魂。这是人的共业。所以理念先天地内在于人的灵魂之中。只有对理念的认识才是知识和智慧，人要获得知识并不是通过感官认识现象，而是回光返照，深入自己的内心，发现内心中先天存在的理念和真理。追求真理不假外求。这种返观内照的前提就是灵魂的净化。灵魂的本质是理性，只有把灵魂的理性从肉体欲望、情爱中解放出来，使理性成为老子意义上的“玄鉴”，才能最终认识理念、获得真理。灵魂对理念的认识之所以需要净化和回忆，原因在于肉体对灵魂的污染。灵魂在投入身体中后，耽于肉体的苦乐，蒙蔽了自己的眼睛，陷入无知、无明之中，遗忘了自己的内在真理。只有净化灵魂，使灵魂从肉体中解脱出来，才能真正回忆起理念。

所以哲学生活就是“自净其意”的生活。这和佛教的“自心本净，客尘所染”的说法是相似的。佛教也区分了真心和妄心，妄心就是受到肉体干扰遮蔽的感性认识，真心是摆脱了肉体干扰的纯粹理性的认识。真心是理性认识，妄心是感性认识，必须把感性认识上升到理性认识。因为我们忘记了真心，所以才在妄心中颠倒梦想。但是妄心也是真心的一种表现形式。所以一般凡夫都是忘却自家宝藏，向外驰求真理，真正的智慧和求道就是回到“本来面目”而已。理性就是灵魂的本来面目。

柏拉图的理念论和近代哲学中的天赋观念论非常接近。在苏格拉底看来，如果我们不首先具有了某些观念，那么我们就不可能进行任何认识。任何现实中的感性认识活动都是以某些非感性的认识为前提。例如动物也有感觉，但是因为动物没有概念，所以动物没有认识。概念是我们的认识活动得以可能的必要条件。近代的唯理论哲学就是在揭示和说明概念对于认识的必要性问题。康德的先验范畴学说也是在说明这个问题。一切经验认识都是直观和概念结合的结果，也就是以先天性、自发性的知性范畴去统觉感性杂多产生的活动。没有这种知性范畴，就不可能有任何经验性认识。所以人的认识活动不是单纯的感觉活动，而是直观和概念结合的结果，缺一不可。我们一般只是看到了认识的感性来源，忽视了认识的知性来源。

至于先天范畴的来源问题，康德把这种知性范畴看作是人的主体性的先天具有的。这和柏拉图通过论证灵魂生前看到理念的思路没有根本不同。胡塞尔现象学的本质直观也是为了解决认识中的范畴观念的问题。通过对相似性和可能性两个概念的说明，他认为本质或者范畴不能是感性的经验认识的产物，必须是直观认识的产物。和柏拉图、康德的解释思路不同，胡塞尔是要说明先天范畴的直观来源。他认为范畴概念可以通过直观的方式被给予，这种方式就是本质直观或者范畴直观。他以对“是”的直观和充实说明了范畴直观的真实性，以此确立了现象学的基本原则。在胡塞尔看来，只有把范畴的本质和来源归结为一种特殊的直观，才能达到科学的自明性和严格性，即必须把科学的一切概念和方面都归结为直观，要么是感性直观，要么是本质直观，这样才能实现严格科学的理想和原则。

因此，柏拉图提出理念论和回忆说的首要原因是对严格科学的追求，也就是他追求主体和客体的绝对一致性或者绝对真理的表现。理念论具有追求绝对性和严格性的科学的特征。例如几何学是严格的科学，这种科学是对几何图形的研究，但是几何学研究的几何图形并不是现实中的几何图形，而是几何图形的理念。几何图形的概念总是比一切现实的几何图形都要完美和严格，几何学的概念不能在现实中被绝对展示出来，几何学只是借助于现实中的几何图形研究理念的几何图形。所以几何学预设了几何理念的存在和理性认识的存在。通过几何学的事例，我们看到，我们拥有绝对的认识对象，绝对的认识对象要求绝对的认识主体即灵魂。理性认识也只能是灵魂的能力，而不是肉体的感官能力。所以严格科学要求灵魂的存在或者理性认识的存在。同样，理念论也是这样的严格科学。理念是真正的认识对象，灵魂是真正的认识主体。现象不是认识对象，肉体感官也不是认识主体。灵魂对理念的认识优先于感官对现象的认识。

当然，柏拉图并未否定感性认识的作用。感性认识的作用在于对理性认识的回忆的触发。灵魂忘记了自己曾经看到的理念，感性认识可以激发灵魂再次回忆起理念。这种激发论并不意味着感性认识决定了理性认识，理性认识产生于感性认识，而是肯定了理性认识优先于感性认识。

### (二) 灵魂死后存在的证明

西米指出，灵魂在出生前存在并不能证明在死后也存在，苏格拉底应该能够证明灵魂在肉体死后也继续存在，以便消除人们对死亡的恐惧。接下来苏格拉底重点从灵魂本身的性质进行证明。

苏格拉底指出，凡是能够分解的东西都是复合的，单一的东西不会分解。复合的东西时刻在变化，不能保持同一性，单一的东西始终不变，保持同一性。苏格拉底把这种思想和现象、理念的问题结合起来。他指出，理念是单一的、绝对的、不变的，现象则是复合的、相对的、变化的。理念是看不见的，是无形的，只能用理性去认识。现象则是能够感觉到的，是有形的，可以通过感官去认识。所以整个世界可以分为可见的和不可见的两个部分，不可见的是不变的，可见的是变化的。人同样是由两个部分构成的，一部分是肉体，一部分是灵魂。肉体和可见的东西相近，灵魂和不可见的东西相近。灵魂凭借肉体感官去认识事物时，就被带进变化不定的状态，不能认识事物的真相，糊里糊涂，迷失了方向。当灵魂不是凭借肉体感官而直接认识事物时，就能够获得智慧。

> "灵魂回归自身之际，它就上升到纯粹的、永恒的、不朽的、不变的王国，它们和灵魂具有同类的本性。灵魂一旦获得独立，摆脱束缚，始终伴随着理念而不再迷路漂泊，就通过和相同本性之物的交往，居留在那个绝对的、永恒的、不变的王国。我们把灵魂的这种境界称为智慧。"①

这是苏格拉底对智慧的最清晰的定义。智慧是对理念实相的直接认识。灵魂最根本的目标就是获得智慧。对智慧的追求

① Plato. *Phaedo*, Translated by Hugh Tredennick. In *The Collected Dialogues of Plato*, Edited by Edith Hamilton and Huntington Cairns, Princeton University Press, 1963. 79d.

才是一个人最崇高最伟大的事业。这样，苏格拉底就证明了灵魂是和神圣的、不朽的、智慧的、不可分解的、不变的东西相似，肉体和凡俗的、现世的、多样性的、分解性的、变化不定的东西相似。所以灵魂不会被吹散，在肉体死后也能够保持永恒的存在。

苏格拉底再次重申了前面的观点，即学习哲学就是摆脱肉体，处于死亡的状态，就是练习死亡。这样的灵魂在离开人世以后，就会到不朽的神圣的纯洁的世界去，脱离人世间的谬误、愚昧、恐惧、疯狂，以及一切罪恶，永远和天神相处在一起。这里和佛教的“出离心”的观点非常相似。佛教强调的出离心就是对这个世界的看破和放下，不要贪恋这个世界，这样灵魂才能获得净化和解脱。贪恋这个世界的灵魂则不可能获得解脱，总是迷恋肉体的欲望和享乐，认为看得见摸得着的有形体的东西才是真实的，能吃能喝能够满足肉体欲望的东西才是真实的。这种灵魂就逐渐获得了和肉体相似的性质，必定再次进入轮回。

苏格拉底列举了和佛教一致的具有贪、嗔、痴“三毒”的人的轮回命运，认为他们都会投生为动物。只有哲人的灵魂才能往生极乐世界。他们凭借智慧解救自己。学习哲学是拯救灵魂的唯一方法。因为灵魂通过肉体认识世界永远是不真实的，就好像从监狱的窗口向外张望，根本不能看到真正的世界。这样灵魂就沉溺于极端的无知愚昧之中。

> “哲学呢，让人明了，灵魂受监禁是为了肉欲，所以监禁它的主要帮手正是囚徒自己。这一点是最可怕的事。”①

---

① 柏拉图：《斐多》，83a。

也就是说，囚禁灵魂的正是灵魂自己。灵魂能够轮回就是灵魂没有获得净化的结果。净化的灵魂就不会再次轮回了。因为灵魂贪恋肉体，执着于有形有相的事物，所以它才再次轮回。灵魂被囚禁是灵魂自作自受的结果。灵魂的救赎也必须是自我救赎，自度自救。

具体而言，灵魂的本性是理性，如果理性被欲望支配，这就是灵魂的自我囚禁。人们越是沉溺于快乐、痛苦等情感中，就越是被肉体束缚，越是把这个世界看作是绝对的、真实的和唯一的，这样的灵魂就越是不可能从这个世界解脱，会再次投胎到这个世界之中。相反，理性支配欲望就是灵魂的自由状态。只有哲学能够提升理性，从而引导灵魂，解救灵魂，劝导灵魂尽量避开肉体，离弃感觉，宁静自守，只关注凝视理念本身，沉浸于对理念世界的直观，彻底摆脱欲望情爱的支配。所以哲人学习知识、自我节制和勇敢，都是为了追求摆脱轮回。可以说，哲学就是让灵魂重新回复自己的理性本性。哲学就是灵魂的净化，就是使理性重新获得对欲望的支配权。

> “哲学家的灵魂相信它应当摒弃欢乐和痛苦的情感，在平静中生存，应当追随理智，永远跟着理智走。它认识到什么是真实而神圣的，就单把这个作为自己的粮食。这是认识，而不是什么意见或主张。”①

也就是说，知识或者智慧决定了灵魂的来世的命运和归宿。人的灵魂的纯洁性也就在于对理念的直观，并且在这种理性直观中获得最高的幸福。哲人就是达到对理念的绝对直观的

---

① 柏拉图：《斐多》，84b。

人。哲人追求的就是对理念世界的凝视静观。灵魂只有在对理念世界的直观中才能获得最终满足。灵魂只有在这种智慧状态中才能获得绝对的安宁和止息，这也是爱欲的终极满足状态。所谓“寂灭为乐”。这种境界和佛教的“涅槃”境界是非常相似的，也类似于孟子所说的“不动心”的境界，或者庄子的“心斋”“坐忘”。一般人因为灵魂没有净化，不能看到理念，所以都没有智慧，这样他们的爱欲始终不能获得终极的满足，他们的人生也就是不圆满、不完美的。只有哲人达到了终极的圆满至善的境界。只有我们真正品尝到了哲学生活的美好，我们才能真正蔑视和摆脱尘世生活的诱惑。

在这种纯粹理性的生活中，我们彻底摆脱感觉和肉体的诱惑，摆脱死亡、快乐、痛苦等情感反应，进入彻底的理性主义的境界。在彻底的理性主义境界中，就没有了肉体上的出生或者死亡、快乐或者痛苦之类问题，也就没有了对这些现象或者问题的任何情感反应。一切贪恋、逃避、恐惧都是没有意义的。因为灵魂没有看到肉体的虚幻性，把这种虚幻的东西看作是真实的，并且把自己固定在肉体之上，所以一切灵魂的受苦正是灵魂自己的愚昧导致的。“娑婆世界，爱欲为本。”人对于这个世界的贪恋是他们的痛苦的根源。但是这个世界本质上却是无法执着的，因为这个世界的本质就是生灭无常的，我们对这个世界的执着就像是竹篮打水，只能失望而归。

所以我们必须以无常、无我的态度对待这个世界，才是如实地对待这个世界。智慧就是和这个世界的即生即灭的本质相一致的知识。如果我们以执着的不变的态度对待这个世界，就不是如实地对待这个世界。这就是一切愚昧和痛苦的根源。可以说，“一切皆空”是彻底的理性主义的必然结论。哲人充分认识到这个世界的虚幻性和无常性，不把这个世界看作是真实的，所以哲人表现得是无情无爱的。但是哲人并不是冷血动物，而是有更大的情爱。这种情爱就是对于真理的追求，就是对更真实和更美好的生活的追求，以及对于一切受苦的众生的慈悲心。哲人试图引导众生走向真实的哲学生活，最终摆脱生死轮回。

可以说，苏格拉底的观点和佛教哲学表现出惊人的一致性。佛教认为众生轮回的根本是无明。无明也就是无知。因为无明无知，灵魂不认识自己的真实本质，而把肉体看作是真实的，把自己束缚在肉体上。如果灵魂认识到自己的本质，不再执着于肉体和自我，那么灵魂就能够迅速从生死轮回中解脱出来。“云何无明？善男子，一切众生从无始来，种种颠倒，犹如迷人，四方易处，妄认四大为自身相，六尘缘影为自心相，譬彼病目，见空中华及第二月。善男子，空实无华，病者妄执，由妄执故，非唯惑此虚空自性，亦复迷彼实华生处，由此妄有轮转生死，故名无明。”① 所以最终的解脱是依靠智慧。智慧不是为了现世的利益，而是来世的解脱。

## 四、第三次论辩

苏格拉底讲完这些话后陷入了沉默，他似乎在回顾这个论证。他看到西米和齐贝窃窃私语，就问他们是不是认为自己的回答仍然不够周全。他鼓励西米把自己的疑惑说出来，不要有所顾

---

① 《圆觉经·文殊菩萨章》。

忌。他把自己比作临死时的天鹅，天鹅之歌是对自己要去美好世界的歌颂，并不是贪恋这个世界的哀歌，或者是对死亡的恐惧。他就像天鹅一样在临死前也毫无忧愁悲苦，乐于回答任何质疑。

### （一）西米的困惑

于是西米讲述了自己的困惑，他用琴、琴弦和音乐的关系进行说明。他认为肉体就像琴和琴弦，灵魂就像肉体的各部分的和谐。如果肉体有病，灵魂就会首先失调和消失，所以灵魂比肉体更加脆弱，先死的是灵魂。苏格拉底以笑鼓励西米。齐贝也说出了自己的困惑，他和西米的观点正好相反，认为灵魂比肉体更加坚韧和持久，但是灵魂仍然会死。灵魂就像是衣服，肉体就像是纺织工，纺织工当然比衣服持久，但是在最后一件衣服穿完后，纺织工也会死去。我们无法确定这一次的死亡是不是最后的死亡。如果这一次的死亡是最后的死亡，那么我们就仍然无法消除人们对死亡后灵魂会消失的恐惧。对灵魂的持久性的证明并不就是灵魂永远不死的证明。

这时，柏拉图突然打破了斐多的回忆模式，转而描述斐多和伊奇对这两个疑问的感受。他们表示这两个疑问对他们的打击很大。但是苏格拉底并未惊慌失措，他仍然不慌不忙地回答了他们的反驳。他首先鼓励青年人不要丧失对于论证的信心，不要变成“厌恶论证的人”，就像有人成为“厌恶人类的人”一样。他认为厌恶人类的人和厌恶论证的人有相同的原因。厌恶人类是由于对人性认识不足产生的。人性的基本特点就是极端的人很少，大多数是中间的普通人。即使进行坏蛋比赛，胜出的人也是极少的。如果我们对人性有了这样的认识，我们就不会对人性太乐观，因为极端高尚的完美的人始终是极其罕见的。但是我们也不会对人性太悲观，因为极端罪恶和邪恶的人也是少之又少的。这样我们就不会过于厌恶人类，也不会很爱人类。

在苏格拉底看来，凭借这种认识，我们就可以“超越人类”，以超人的态度审视人类，在和他人交往的时候就能够保持“平常心”了。相比，启蒙主义对人性过于乐观主义了，认为可以通过知识的传播和普及，实现全人类的普遍改善，从而最终建立地上的哲学天国。而存在主义又对人性过于悲观主义了，认为末人世界正在到来，高贵的神圣的东西都消失了，人类进入了普遍的虚无主义状态，世界进入了“世界历史的黑夜”。这些观点其实都是对人性的自然的无知。

苏格拉底接着指出，对论证的厌恶也是出于无知。我们必须首先认识“论证的本性”。厌恶论证的人首先是轻信了一些论证，后来遇到相反的论证，然后又遇到其他的论证，最后对所有的论证都不再相信，认为论证是毫无意义的，根本不能发现真理。有些人则喜欢到处和人争论，以为自己是天底下最聪明的人，他们也同样发现一切言论都是不确定的，最终只是以玩弄论证取乐，智者就是这种人。苏格拉底认为这些厌恶论证的人不怪自己的头脑不清楚，却怪论证本身没有意义。可以说，厌恶论证导致虚无主义、蒙昧主义的产生，这和教条主义一样是非常错误和危险的。

因此苏格拉底要求我们应该提防厌恶论证的危险，我们心中不能有成见，认为论证都是没准儿的。我们应该鼓起勇气，拿出大丈夫的英勇气概，努力寻找真正的论证。

“说不定真有一套正确的论证，而且是可以学到的，可是这个厌恨论证的人就永远求不到真理，没法儿知道事物的本质了。”①

这表明了苏格拉底对哲学论证的坚持。我们必须遵循逻辑论证的引导，并且把这种引导贯彻到自己的生活之中，而不是仅仅局限于耍嘴皮子。例如在《克里同》中，苏格拉底要求对是不是应该逃跑进行论证，并且完全遵守论证的结论。同时他也表明，放弃论证，就等于放弃对真理的追求。他认为真理始终是可能的。经验和历史不能肯定或者否定真理的可能性。哲学论证高于一切历史和经验。从逻辑论证本身看，否定真理本身也已经是真理了。所以真理是不能否定的，关键不是有没有真理，而是我们确定和追求什么样的真理。

我们必须看到，苏格拉底捍卫论证的目的和意图仍然是捍卫哲学生活本身。坚持论证不一定获得真理，但是放弃论证就一定不能获得真理。对论证本身的捍卫就是对理性认识的捍卫。对理性的捍卫就是对真理的捍卫。苏格拉底把自己的一生演绎成为捍卫哲学生活的典范。他用自己的人生完成了对于一切论证的辩护，他的人生本身就是理性哲学的化身。对于论证的坚守构成了他的生活的核心和他的人格的核心。

另一方面，苏格拉底也告诫自己不要变成“爱争论，没教养”的人。他指出：“这种人不理会事情的是非，只自以为是，要别人和他一般见解。我想，我和这种人至少有一点不同。别人对我的见解是否同意，我认为是次要的。我只是急切要自己相信。我的朋友，瞧我这态度多自私呀。”② 这话包含了几层

---

① 柏拉图：《斐多》，90d。

② 柏拉图：《斐多》，91a。

含义。首先是他对智者的批判。智者大多数都以言词论辩吸引人，对真理本身并不关心。例如普罗塔戈拉和高尔吉亚等。在《欧绪德默》中，柏拉图展示了智者沉迷于论辩的疯狂性。喜欢论辩的人大多数并不关心真理。这种洞见在孔子、老子、庄子、佛陀等人的言论中也经常可以看到。其次，这段话也表明苏格拉底把追求真理作为首要的目标。他不在乎自己的面子或者荣誉，我们应该关心真理胜过关心自己。真理并不是和我们自己的生命没有关系的，通过追求真理，我们可以使自己的生命获得完美和圆满。所以追求真理又是和自己绝对相关的。苏格拉底表明他的论证不是为了他人，而是为了自己，是为了说服自己，使自己的观点和真理完全符合一致。这仍然是孔子所谓的“古之学者为己，今之学者为人”。我们求知是为了完善自己，而不是为了向别人炫耀。哲人的自私是完全献身于对真理的追求，而真理本身不是无私的。所以哲人的自私是为了消除自私，这种自私绝不是一般的自私。因此苏格拉底要求学生“少想苏格拉底，多想真理”。如果学生因为害怕自己的问题会伤害到临死的苏格拉底，那么就是对真理的不诚实。正如亚里士多德所说的“吾爱吾师，吾更爱真理”。所以苏格拉底要求自己要打起精神，不要因为时间紧迫，而欺骗自己和学生，把对真理的追求进行到底。

从以上论述可以看到，我们必须同时看到逻辑论证的局限性。论证并不是真理。一切论证都是为了使事实本身显现出来。真理只是在论证中呈现出来。所以我们必须得意忘言，不能固执在语言文字之中。正如佛教指出的：“依文解义，三世佛冤；离经一字，即是叛道。”一切文字论证都是“文字般若”，但是文字只是指示性、引导性和中介性的，我们必须通过文字的意义进入“观照般若”中，观照若就是要求顺着语言文字的指示去看事实本身。所以我们必须学会观照的技艺。观照的技艺就是禅定止观的技艺。当我们最终看到实相后，我们就达到了“实相般若”。当我们达到了实相般若后，我们才能最终获得智慧。这就是佛教的戒、定、慧三学的含义。儒家传统中也强调这种原则。例如，颜回听到孔子的教诲，从来不会反驳，而是回去默默思考，最终反而能够有所获得。这都是依据言辞进行观照获得智慧的结果。相反，喜欢争论的人往往是迷失在言辞之中，无能进行观照。不能观照就永远不能看到实相，这样一切言辞都失去了最终的目标和意义。所以虽然很多人学习了很多知识，但是因为他们不能进行观照，所以他们永远没有智慧。“学道者众，得道者寡。”这也就是普及知识不能达到启蒙的原因。所以，言辞、观照和智慧是三位一体的。这三者要是脱节了，我们就不可能真正获得智慧。只有把这三者密切结合起来，我们才能真正获得智慧。

### （二）苏格拉底的“第二次远航”

在进行完了这些准备性工作以后，苏格拉底开始正式回复他们的疑问。

1. 对西米的回答（91b-95a）

首先，苏格拉底指出，在“认识是回忆”和“灵魂是音调的和谐”两个理论之间存在矛盾。因为“认识就是回忆”的理论表明灵魂是单一性的，不是复合性的。但是“灵魂是和谐”的理论却认为灵魂是复合性的。所以西米必须在这两个理论之间进行选择。西米肯定了认识就是回忆的理论，不赞同灵魂是和谐的理论。这样他就否定了自己的反驳。其次，从灵魂存在善恶差别的现象批判灵魂和谐论。和谐是对音调的调节恰当，音调调和得越好，和谐就越好。因此和谐是绝对的唯一的，和谐就是恰如其分，合乎自然，恰到好处。但是人的灵魂却是有差异性的，有的灵魂美好，有的灵魂邪恶。如果美德就是灵魂的和谐，那么邪恶就是灵魂的不和谐。如果只是把灵魂比作和谐，就忽略了灵魂之间的品质差异，或者否定了灵魂中存在邪恶，把所有的灵魂都看作是同样的。这是和日常经验事实不符合的。只有哲人的灵魂才是真正和谐的，凡人的灵魂或多或少都是不和谐的。所以把灵魂比作音调的和谐是错误的。最后，从灵魂统治肉体的现象批判和谐论。人有很多部分组成，只有灵魂才是人的主宰者。灵魂主管身体的各个部分，对肉体进行统治。灵魂并不总是顺从肉体的感觉，灵魂经常反对肉体，因此灵魂是独立的，并不依赖肉体。这样苏格拉底比较容易地反驳了西米的观点，确立了灵魂对于肉体的独立性。

2. 对克贝的回答（95a－107c）

接下来苏格拉底开始对齐贝的问题进行回答。齐贝的问题显然比西米的问题更加困难。所以他首先夫子自道，从自己学习哲学的经历开始讲起。

（1）前理念论时期

苏格拉底学习哲学的第一个阶段是自然哲学时期。他说自己年轻时喜好研究自然哲学，探究万物的生成和消失的原因。但是最后，他陷入了精神危机。

“我天生是不配做这种研究的。我可以给你一个充分的证据。我研究得完全糊涂了。我原先以为知道的事，别人也都知道的事，经过这番研究，我全糊涂了。”①

为什么苏格拉底认为这种自然哲学并不能告诉人们真理呢？我们知道，自然哲学是以自然事物来解释自然事物的起因，通过探究事物的起源来探究事物的原因。当自然哲学家把水、火、土、气、原子等作为万事万物的起源时，他们实际上只是以一种事物解释所有事物，以B来解释A，这种思想我们称为本原论。这种本原论就是形而上学。因为形而上学就是以某种事物解释所有事物，试图发现“多中的一”。但是这种本原究竟是什么，自然哲学家们众说纷纭，莫衷一是。事物为什么产生和消灭，为什么是这个样子，自然哲学不能给出任何有意义的回答。自然哲学破坏了传统的宗法观念，却不能为人们提供真实的人生指导。他们的解释对于我们认识世界，认识自己的生活意义没有任何帮助。因为自然哲学并不关心人类的精神需要。这是苏格拉底陷入精神危机的根源。现代自然科学也存在这个问题。现代自然科学试图发现世界的最终元素，提出了各种不同的学说。这些学说也是相互对立的，而且对于人类的现实生活几乎漠不关心。即使现代科学希望自己的理论能够对人类的生活有所帮助，也仅仅是限于控制自然，造福人类的物质福利方面。对于人类更高的精神需要来说，现代科学是漠不关心或者无能为力的。

第二个阶段是精神哲学时期。苏格拉底开始学习阿那克萨戈拉的心灵哲学。他认为既然阿那克萨戈拉认为世界是由智慧的心灵安排的，智慧的心灵是世界万物的起因。那么，阿那克

① 柏拉图：《斐多》，96c。

萨戈拉肯定会告诉他，智慧的心灵必然把世界万物都安排得各得其所、各尽其能，一切事物都处于最好的状态。因为心灵的本质就是追求至善。心灵和至善必定是一回事。因此至善是事物存在的根本原因。每个事物的存在都是为了促进整体性存在的至善。也只有在世界的整体性的至善中，我们才能理解每个事物的存在和原因。

> “如有人要追究某一件东西为什么出生，为什么破坏，为什么存在，他得追究这件东西在这个世界上什么样儿最好——或处于什么被动状态，或怎么样儿的主动。其他东西也一样。谁要追求原因，他只要追究什么样儿最好、最最好。”①

当我们确立了世界存在的至善的原因后，我们就能够理解什么是不好的、坏的状态和原因。这就是苏格拉底试图从阿那克萨戈拉哲学那里学到的智慧。但是苏格拉底最后发现，阿那克萨戈拉并没有把心灵或者至善确定为世界事物的原因，他仍然把世界的原因归结为物质本身，比如气、以太、水等。虽然他提出了努斯或者心灵的概念，但是却并未把心灵看作是至善，混淆了事物的原因和原因的条件。可以说，这种精神哲学和自然哲学没有实质性差别。这种精神哲学同样不关心善恶的问题，也就是说，虽然这种精神哲学对世界的本原提出了和自然哲学不同的答案，但是恰恰因此，这种精神哲学是作为对自然哲学的反动而出现的，它的精神和自然哲学中的物质没有本质的不同，最终仍然不可能真正克服自然哲学，仍然是一种不

---

① 柏拉图：《斐多》，97d。

识善恶的“瞎子哲学”。苏格拉底认为这种精神哲学不能解决他的精神困惑，不能给他提供生活的向导。

可以说，苏格拉底是在以道德哲学的思考方式探究世界的原因。我们对于世界本原的探讨不能脱离人类的道德生活。因为人是道德的动物，或者说，人是一种追求道德善恶的动物。人们总是在追求美好和善。如果我们不能对好和善有所认识，那么我们就无法真正追求任何东西。所以对至善的探讨是首要的。只有确立了至善的本质，我们才能真正生活下去。因为我们是追求善的动物，所以世界本身也必然是包含至善的存在。不但人是追求善的动物，而且一切事物也都在追求善。

因此对世界的起因的探讨就是对世界的至善的探讨。世界必须和必定是按照至善的原因制造和安排的。我们认识了世界的善，也就认识了世界的原因和本质。对世界的认识就是对世界的至善状态的认识。目的就是原因，目的就是本质。善是世界的原因和目的。世界的现实状态是由至善的原因决定的。一切事物都是按照至善的原因产生的。即使在我们看来是邪恶的错误的东西，也是根据至善的目的产生出来的。我们必须确立世界的至善状态，把这个状态作为世界的原因和目的。这样的状态和目的必然是唯一性的绝对性的。这就是苏格拉底的哲学目的论的思考方式。根据这种思想，他认为心灵的本性是目的论的，心灵必定是对至善的认识、选择和追求。这种至善论是一种理性主义的思维方式，也是一种乐观主义的思维方式。只有这种思想才能克服自然哲学带来的混乱。

（2）理念论时期（太初有理）

苏格拉底决定改变哲学研究的整个思路，他首先否定了自然哲学的感性认识方式。

“我不想追究真实了。我决计要小心，别像看日食的人那样，两眼看着太阳，看瞎了眼睛。他得用一盆水或别的东西照着太阳，看照出来的影像。看太阳是危险的。如果我们用眼睛看世间万物，用感官去捉摸事物的真相，恐怕我的灵魂也会瞎。”①

在他看来，感官不能认识事物的真相，凡是只相信感官认识的人都是粗俗的没有教养的。如果我们只是凭借感官认识事物，我们最终就会变得愚昧无知。

接下来，苏格拉底说明了他提出理念论哲学的经过。我们虽然对理念论耳熟能详，但是我们真正把握了理念论的基本精神了吗？即使在今天，理念论也仍然是一种需要我们努力理解的晦涩而又重要的哲学思想。我们尝试从四个方面解释理念论。

① 理念论和语言哲学

苏格拉底认为我们应该凭借概念去认识事物。凭借概念的认识方式才能认识事物的本质。这种方式就是理性主义的认识方式。

“我想，我得依靠概念，从概念里追究事物的真相。也许我这比喻不很恰当。因为凭概念追究事物的真相，绝不是追究事物的影子；这就好比说‘追究日常生活的细节’一样不恰当了。我绝不是这个意思。反正我思想里的概念，是我用来追究一切事物本相的出发点。”②

这可以称为苏格拉底的“语言学转向”。这种语言学转向

---

① 柏拉图：《斐多》，99e。

② 柏拉图：《斐多》，100a。

的核心也就是理性主义认识方式的确立。苏格拉底看到，我们在认识事物时总是不可避免地使用语言或者概念。那么语言或者概念的本质是什么？简单地说，概念或者名称就是对事物的异质性的确认。事物的名称来自事物的性质。名称和性质具有同一性。事物的性质是事物的“是其所是”的原因。我们对于事物的认识实际上是对事物的性质的认识。事实本身或者事实的构成是无法直接认识的。我们给不同事物不同的名称。这意味着事物之间存在本质性的差异性。世界是一个整体，但是这个整体是由各种不同的异质性的事物组成的。因此理念论是从事物的性质和名称问题开始的，是关于事物的性质的认识。苏格拉底的“凭借概念认识事物”的根本含义在于概念和事实的一致性。事物的本质就存在于事物的概念之中。黑格尔的思辨哲学可以说把这种思想发挥得淋漓尽致。概念比事物更加真实，事物只有合乎概念才有真实的存在。事物的存在和发展就是依据自己的概念。

自然哲学的错误就是忽视或者混淆了事物的差异性。自然哲学试图以一种事物解释所有事物，以“一解释多”。但是在这种解释中，自然哲学就把事物的差异性抹杀了。这样对事物的认识就不可能是真实的认识。我们不能只看到世界的整体性，而忽视世界的事物的差异性。自然哲学的这种错误的根源就在于自然哲学没有看到认识活动中的概念的介入。这种概念的介入就已经否定了事物的无差别的同一性。概念是人类的认识的必要部分，如果不对概念的本质有所认识，就不能认识认识活动的本质。理念论就是对概念的本质的揭示。

当然，如果我们仅仅凭借语言概念认识事物的认识，也不能完全达到真理。在《克拉底鲁》中，苏格拉底就指出，我们可以不依靠概念语言而直观地认识事物。这种超概念的直观认识方式才是更加合乎事物本身的认识。因为概念是人为之物，是对事物的一种指示。而且概念是固定化的，事物是流变性的。当我们关注于事物的概念时，流变的事物却正在不断地远离它的概念。事物似乎没有一刻能够和它的概念完全符合。所以，以不变的东西把握变化的东西是不可能成功的。如果我们要达到对事实本身的终极性的认识，那么我们必须最终采取超概念的理性直观的认识方式。

② 理念论与至善论

我们还应该进一步认识到，理念论是完美主义的目的论的产物。理念是完美之物。完美之物就是绝对之物。理念论的基本含义就是以完美之物解释不完美之物，以“完美的A”解释“不完美的A”。我们可以这样理解苏格拉底的这种假设。当我们以B来解释A的时候，就必须再对B进行解释，接着我们只能再用C来解释B，以此类推，以至无穷，最终我们无法得到确定的答案。为了防止这种无穷回溯，就必须假定一个最终之物，这就是绝对的理念。这个绝对的理念只能是至善的完美之物。

> “我建议那些从你们很熟悉的我的原则开始，也就是，我始终假定存在绝对的美、绝对的善、绝对的大以及诸如此类的事物。”①

这个原理我们可以称为苏格拉底的“第一原理”。

在他看来，语言或者概念本身就包含了理想和至善的元

---

① Plato. *Phaedo*. 100b.

素。正如几何学的圆的概念就包含了圆的理想状态，圆的概念比任何现实的圆都更“圆”。这意味着概念比现实事物更加具有完美性、精确性和严格性。所以在柏拉图看来，几何学是我们理解理念论的重要依据。依此类推，一切概念都比现实事物都更加完美和善。理念论就是对这种完美之物的确定，理念论是追求完美主义至善论的必然结果。语言学的概念是他提出理念论的最初出发点。在他看来，完美的理念是一切事物追求的目的。理念就是目的，理念就是原因。理念就是标准。理念就是尺度。这是理念论的最初含义和基本精神。理念论并不是以另外的非感性的事物解释感性事物，理念和事物的根本差别是完美性的差别。例如，他以红的理念解释红的事物，一切红的事物都不比红的理念更加红和纯粹。因此理念论就是旨在引导我们去观看和追求那个更加完美的存在，而不是关注这些不完美的存在。理念论是导向理想主义完美性的一种目的论学说。苏格拉底把绝对完美的理念看作是一切事物的原因，这意味着我们必须到至善事物中寻找现实事物的原因，而不是用另外的事物解释现实事物。所以理念论并不是形而上学。相反，理念论恰恰是反对本原论的形而上学的。如果我们仅仅只是把理念论看作是自欺欺人的“形而上学”，那么我们就完全不能理解柏拉图提出理念论的意图和目的，也就不能理解柏拉图的哲学对话。苏格拉底借助于理念论确立了至善论的世界观。理想主义至善论是理念论的首要精神。

苏格拉底的这种“概念实在论”本质上是至善论的目的论学说，也就是说，我们对概念的实在性的肯定实际上是对存在的完美性的肯定，或者是对绝对完美性的至善存在的肯定。真正的思考必须从绝对完美性开始。如果不首先确定这样一个绝对完美性的开端和基础，我们的所有思考都将无法进行。如果我们只是关注现实事物，而忘记了绝对完美性之物，不识本源，我们就缺乏最终的方向和目标，我们的认识将不会是正确的，我们的生活将是痛苦的。所以一切现实事物都是这种绝对完美性的显现。对绝对完美性的本源的回归就是我们人生的必然目标和道路。像柏拉图的回忆、庄子的坐忘、佛教的涅槃、儒家的参天地之化育都可以说是在不同程度上的向绝对完美之本源的回归。相反，现代哲学不再从至善完美之物开始，也就是不再从理性主义开始。从绝对完美性开始是一切彻底理性主义的基本原则。

黑格尔的唯心主义是近代哲学中概念实在论的代表，他认为概念是事物的本质和目的，事物必须符合概念。他的哲学似乎是对苏格拉底的理想主义的复兴。但是他的历史主义却偏离了苏格拉底理念论的基本精神。当他认为世界历史会按照绝对理念的目的论发展时，他就过高地估计了理念对于现实的统治力量。也就是说，事物对于概念的符合并不是一个历史过程。这种符合和历史没有任何关系。在苏格拉底看来，只有在哲人的沉思状态下，事物和概念的符合才是可能一致的。在这种沉思状态中，事实本身如其所是地呈现出来。而从世界历史的角度看，事物和概念的符合永远是不可能的。如果黑格尔不是在自欺欺人的话，那么他的这种观点应该是他为现代性立法的目的使然。

③ 理念论与分有说

在解释事物和理念的关系上，苏格拉底提出了分有说或者模仿说。在他看来，事物是不完美的，理念是完美的。事物在完美性上低于理念。理念是事物的本原，事物是理念的摹本。

我们必须根据理念解释事物的原因。事物的本质是对理念的分有和模仿。事物都追求合乎自己的理念，但是事物在完美性上永远达不到理念的完美性。这表明理念论同时也是自然哲学。

> “假如有人跟我说，美的原因是颜色可爱，或是形状好看等等，我都不理会，因为颜色、形状等东西，使我迷惑不解。我只简简单单、或许是笨笨地抓住这一个原因：为什么一件东西美，因为这件东西里有绝对的或沾染了绝对的美（随你怎么说都行），不管它是怎样得到了这绝对的美。”①

这里表明苏格拉底抛弃了感官认识，不用感官认识解释事物的原因。我们只能使用理念说明事物的原因，也就是说，事物对至善的追求是事物的原因。如果我们使用另外的性质解释美的性质，那么我们就错过了美的性质，这样我们还必须使用另外的性质解释这个性质，以此类推，以至无穷，所以这种解释思路不能使我们理解事物之所以如此的原因。如果我们把理念看作是事物的原因，那么事物之所以如此就在于它对完美至善的追求。事物之所以美就在于它对美的分有或者追求。这样苏格拉底就建立了一个以理念论的至善论的世界观。至善的理念则统摄其他一切理念，贯穿其他一切理念，是世界的最高最终的目的和本原。一切都导向至善。一切都是对至善的模仿和分有。

分有说是理性主义认识论的必然部分。如果我们只是关注对现象之物的认识，我们永远不可能达到认识的绝对真理性和

---

① 柏拉图：《斐多》，100d。

严格性。分有说实际上就是要求我们不要局限在感官认识的范围之内，不能满足于感官认识的相对性之中，使我们从对感官事物的认识转向对理性理念的认识。正如现实中的圆并不比不上圆本身。感官认识不可能满足严格科学的标准和理想。感官认识是粗糙的模糊的。正是出于这种严格科学的理想，苏格拉底才贬低了感官认识的重要性。但是理念论并不反对感觉自明性。当它用美本身来解释美的现象，而不是用其他原因解释时，理念论实际上恰恰忠实于感性的现象世界。而且它还要求我们超出不完美的美，去直接认识美本身。因此分有说提供了一条从感性现象上升到理性理念的道路和方法。

④ 理念论与相反相斥论

理念论的另一个重要特点就是绝对主义，是苏格拉底反对智者派相对主义的根本思想。相反相斥论体现了理念论的这种绝对主义。

苏格拉底对理念论进行进一步的解释。西米比苏格拉底大，但是比斐多小，那么西米到底是大还是小呢？还是大小在相互比较中产生的，因此就根本不存在大小呢？进一步类推，一切性质等都是在相互比较产生的，所以根本没有任何事物的确定性的，一切都是相对的。这就是相对主义的基本观念。而苏格拉底提出的相反相对论是反对相对主义的。他认为一切理念都是依据本身而存在的，并不是依据相互的关系而存在的。大就是大，小就是小，大小并不是在相互比较中才存在的。美就是美，丑就是丑，美和丑也不是在相互比较中才存在的。如果我们把一切理念都看作是相互依赖而存在的，那么最终我们就必然否定一切绝对性的标准和原则，陷入相对主义的泥潭之中。但是事物也确实存在相互依赖的情况，对此，苏格拉底认为当对立面出现时，这个理念就避开或者消失了，而不是转换为对立面。

“任何相反的两面，正面永远是正面，不是反面，也不能成为反面。反面出现，正面早就没有了，消失了。”①

这里，苏格拉底为了坚持绝对主义的立场，似乎就否定了前面相反相生论。所以有人就提出了异议。前面的相反相生论是为了证明生死相互轮回转化而提出的。苏格拉底回答说：“我们以前讲得是具体的事物，具体的事物，相反相生。我们现在讲得是抽象的概念，抽象的概念，不论在我们内心或是身外的世界上，正面绝不能成为反面。”② 也就是说，苏格拉底在理念和事物之间进行了区分。相反相生论适用于现实事物，相反相斥论适用于理念世界。两者适用的对象和范围是不同的。但是接下来他进一步指出：“不仅相反的概念相互排斥，一切具体的东西，尽管并不彼此相反，却往往包含相反的性质，某一种东西是某一概念的具体形式，另一种东西体现了相反的概念，这两件东西如果碰到一起，其中一件或是回避了，或者就是消灭了。”③ 这样苏格拉底又把相反相斥论扩展到具体事物之中。因为一切具体事物都是对抽象理念的分有，所以它们也必定具有理念的相反相斥的性质。不仅理念相互排斥，而且具体事物也相互排斥。这是因为具体事物从属于它们的理念的缘故。

我们看到，这种相反相斥论是为了确立理念论的绝对主

① 柏拉图：《斐多》，103a。
② 柏拉图：《斐多》，103b。
③ 柏拉图：《斐多》，104c。

义，以反对智者派的相对主义而提出的。但是在《巴门尼德》《智者》等对话中，苏格拉底也探讨了理念的相互转化问题，这就是所谓的“通种论”。通种论似乎要否定理念论的绝对主义。因为理念本身也是一种特定的规定性，所以理念本身也确实是相对性的。要达到绝对的认识，就必须扬弃理念的相对性。但是通种论似乎更多是在揭示一种不借助任何概念而直接认识事实本身的绝对主义的认识方式。在《克拉底鲁》中，苏格拉底就开始思考一种不借助概念的直接的认识方式。因为借助于概念的认识也是不真实的，概念或者理念仍然是“假名安立”的。真正的理性认识既要摆脱感性认识，也要摆脱一切知性概念范畴。

因此，理念是实相，构成了一切现象的本原。同时理念也是无相，即理念是不可能通过肉体感官去认识的，是不可见的存在。所以理念既是实相又是无相，是无相之相。既然理念是无相之相，理念论最终是无相的绝对主义。既然是无相的绝对主义，那么理念之间的相互分别和差异就是次要的。各种理念之间的至善的同一性才是更加重要的。这种至善的同一性才是苏格拉底最终要追求的真理。因此不论苏格拉底最终得出什么结论，他对绝对真理的追求是不变的，一切唯真理是从。

(3) 对灵魂不死的再次论证

根据理念论的相反相斥论，苏格拉底对灵魂不死进行论证。正如冷来时，热就跑掉了；大来时，小就跑掉了。当死亡来时，灵魂就跑掉了。身体并不具有生命，身体是凭借灵魂而具有生命。生命的反面是死，灵魂的本质和死是不相容的，所以灵魂是不死的。灵魂碰到死，就回避了或者逃跑了。一个人死了，就是身体死了，灵魂却跑掉了。这样苏格拉底就回答了齐贝的问题。

## 五、苏格拉底的大地神学

在证明了灵魂不死之后，苏格拉底讲诉一下灵魂在死后的命运就是自然而然、顺理成章的了。

### (一) 大地神话序曲

苏格拉底指出，假如灵魂是不死的，我们就不仅应该今生今世爱护我们的灵魂，也应该永生永世爱护我们的灵魂。如果疏忽了灵魂，那么危险是很大的。人死后，守护就会带着亡灵到亡灵聚集的地方，然后接受审判，每个亡灵都会得到相应的报应。死亡并就是终结，恶人也不能逃脱自己的罪恶。人死后只有“修养”（如同佛教的业）能够带走。灵魂必须通过追求智慧和美德净化自己，这样才能不受到惩罚，被天神带领到适当的“净土”去。贪恋肉体的灵魂会受到惩罚，继续轮回。罪恶的灵魂则接受更大的惩罚。不同的亡灵都会安排去往地球不同的地方。

### (二) 大地的真相

接下来，苏格拉底认为人们大多误解了地球的构造，没有真正认识地球。因此他开始描述地球的真相。第一，大地是球形的，位于天空中央。它不需要被其他东西托着，它有平衡力，借助四周相同的力量保持自己的位置。第二，大地是巨大的。我们只是居住在海边很小的一个区域。地球上还有其他各种各样的空间。其他人类居住在不同的地方。这和佛教认为的人类只是居住在四大部洲之一的“南瞻部洲”观点非常相似。地球本身是纯洁的，位于纯洁的天上。在苏格拉底看来，一般认为的人类生活在地球表面上是错误的。实际上我们生活在空气中间，但是我们却以为自己生活在地球表面上。我们因为体弱或者懒惰，不能上升到空气的表面上去。第三，接下来苏格拉底开始讲诉地球的真相。如果我们的灵魂上升到空气的表面，从空气上面看地球和我们现在看到的地球是完全不同的。那个地球是绚丽多彩的，非常明亮，地球上生长的东西也都是非常美好。地球上的各种东西比我们现在看到的任何东西都更加美好、纯洁和亮丽，没有任何的污垢。地球表面装饰着各种宝石金银等珠宝。那里的人类从不生病，寿命也比我们长得多。他们的视觉、听觉、智慧等都比我们优越得多。他们也有神庙，诸神就居住在神庙里。他们能够和天神直接交往，接受天神的启示和教导。

苏格拉底在这里描述的真实的地球和《阿弥陀经》中描述的西方极乐世界、《药师琉璃光如来本愿功德经》中描述的东方净琉璃世界是非常接近的。或者，这种净土和基督教中的天国形象也是非常类似的。这种相似性不能不令人感到惊奇。苏格拉底为什么要描述一种全新的地球形象呢？我们可以设想，在灵魂从肉体中解脱出来以后，灵魂获得了净化，一个获得净化的灵魂看到的世界将是全新的形象，受到污染后的灵魂看到的世界肯定是不同的。在一个获得净化的灵魂眼中没有污秽罪恶，我们之所以能够看到污秽和罪恶，原因就在于我们灵魂内在的污秽和罪恶。或者说，我们看到的外部世界的样子是我们灵魂本身投射其上的结果。

灵魂纯净则世界纯净。灵魂污秽则世界污秽。这和佛教《维摩诘经》中的“心净则土净”“秽土就是净土”的观点也是一致的。在释迦牟尼佛看来，娑婆世界是净土，而只是在我们看来娑婆世界是不纯净的。赫拉克利特也认为：“在神看来世界是完美的，只是在人类看来才是有好有坏的。”所以我们认为世界不美好时，这只是我们灵魂的不美好的表现。我们要净化世界，必须首先净化我们的灵魂。苏格拉底所说的上升到空气的表面也就是在暗示灵魂追求净化过程中的上升。没有获得净化的灵魂不可能上升到地球的表面。净化的灵魂上升到空气的表面后，就能够看到真实的地球、真实的天空、光明。没有获得净化的灵魂看到的世界就是败坏的，受到腐蚀的。

我们也可以说，这个故事是《理想国》中洞穴喻的翻版。正如我们在政治洞穴中不能看到事物的真相，我们的灵魂只有摆脱政治洞穴的假象才能看到事物的真相。《斐德若》中也描述了灵魂上升的过程，以及灵魂在上升到地球表面后对上方的理念世界的直观。理念世界处于现象世界之外，也处于诸神的上方。我们只有净化灵魂，努力上升，才能看到理念世界。在这里，苏格拉底描述的是对下方的地球世界的直观。两者都是灵魂获得净化后看到的真实形象。

在描述了地球表面的真相后，接下来苏格拉底描述了地球下面的地狱的真相。他描述到地球下面有很多河道、火河和巨大的裂隙即地狱。主要有四条大河，即大洋河、苦河、火河和冥河，还有一条河叫呜咽河。所有的河都流进地狱。这段描述我们也可以对比佛教中关于地狱的描述。

这样，苏格拉底就重新改造了我们关于天堂和地狱的认识。这是和他的关于灵魂不死的教导相关的。在我们确立了灵魂不死的思想后，我们必须进一步确立灵魂死后的命运。这就涉及对天堂和地狱的描述和想象。

### （三）大地的正义：灵魂的大地之旅

在讲完了大地的真相后，苏格拉底开始讲诉各种亡灵的末日审判。他说，在人死后，所有的亡灵都要按照生前的作为接受审判。和前面一样，他区分了四种灵魂。第一种是不善不恶的亡灵，他们进入苦湖，接受洗炼。第二种是做过好事的亡灵，按照功德给予报答。第三种是邪恶的亡灵。他们将接受惩罚，最终也能获得赦免。但是对于犯了大恶的亡灵就要进入地狱，永远不能出来。最后一种亡灵是哲人的亡灵。他们不到下界去，而是直接升到净土，住到地球的表面。在那儿没有躯体，一直住着，将来还会到更美好的地方去。因此，人的一生就应该努力修养道德，追求智慧，将来的收获是美好的。我们不要关心肉体的享乐，应该努力追求智慧，净化灵魂，以节制、正义、勇敢等美德装饰灵魂，这样他在离开这个世界的时候就会无忧无虑、往生净土。

最后，苏格拉底指出，一个有头脑的人不会把自己的这些话当真，但是他讲诉的灵魂的命运也是基本正确的。他认为这个信仰是值得的。

“我想敢于有怎么个信念并不错，也是有价值的。因为有这个胆量很值当。”①

这里，苏格拉底似乎诉诸于信仰。对于哲人或者圣人来说，灵魂的存在和不死是一种完全清楚明见的事实，他们无需诉诸于任何非理性的东西。但是对于俗人来说，只能依靠信仰来支持灵魂的存在和不死，通过信仰的引导，俗人最终也能够净化自己的灵魂，最终达到对灵魂不死的见证。因此相信和服从有智慧的人的话就是明智的。但是信仰并不是真实的得救的形式。我们可以说，信仰是智慧的模仿和分有。信仰只是意见，而不是知识，因为智慧是不可能通过语言传授的方式获得的。智慧必须回光返照，直观到理念实相本身才能获得。信仰是引导我们走向智慧的方式。只是我们在没有获得智慧之前，最好首先凭借信仰的形式，走上正确的道路。我们最终只有凭借智慧才能获得解脱。

但是在基督教以来，信仰似乎成为了独立的甚至更高的解脱方法，以至于有了理性和信仰的对立。应该说这是一个伪命题。信仰是意见，而不是真理。如果信仰不是迷信，信仰应该引导我们追求智慧。在我们达到了智慧后，信仰就完成了自己的使命。因此信仰本身没有独立的价值和意义。信仰只有指向智慧才是有意义的。这是我们理解信仰和理性的关系的基本立场。

我们还必须看到，信仰主义是宗教改革的产物，因此是现代性的意识形态的产物。信仰或者意见是民众的意识形态，抬高了信仰或者意见的地位就等于抬高了民众的地位。信仰主义

---

① 柏拉图：《斐多》，114d。

可以说是个人主义、自由主义和民主主义的一种表现形式。这是我们正确认识信仰问题的关键。在古典哲人眼中，根本没有信仰、意见或者虔诚的地位。

这个故事表明苏格拉底改变了理性论证的方式，而是采取了诗意想象的方式。这是把理性论证和诗意想象结合起来的典范。我们不论是采取哲学论证的方式还是诗意想象的方式，我们的目的都是追求智慧和真理。追求智慧和真理的目的都是为了美好的人生，两种方式我们最好结合起来使用。这样才能够达到对年轻人的教导，使他们能够走向哲学生活。哲学生活不论是从哪个方面看都是值得我们追求的，是最美好的生活方式。

## 六、尾声

苏格拉底讲完以后，克里同问苏格拉底关于身后事还有什么要交代的。苏格拉底说道："如果你放任自己，不能按照我现在和过去曾经展示的生活方式生活，那么不论你现在如何和我一条心，都不会有任何好处。"[①] 也就是说，在苏格拉底看来，如果他们能够按照他平时的教导过一种哲学生活，就是对他最好的报答。这也就是见贤思齐，从善如流的生活方式。我们"效法苏格拉底"，像苏格拉底那样生活，通过观想苏格拉底，达到和苏格拉底的人格同一性。但是他也感到自己无法说服克里同。克里同是凡夫，无能过哲学生活，对于哲学的论证也不能接受。苏格拉底告诉克里同，他对于自己的身体无所

① Plato. *Phaedo*. 115b.

谓，随便怎么处理都行。这个肉体并不是苏格拉底，他的灵魂将离开这个肉体。这里显示了苏格拉底对于肉体的蔑视态度，这正是哲学生活包含的超然忘我的自由境界。

然后苏格拉底去洗澡，学生们感到巨大的不幸就要来临了。他们一致认为苏格拉底就像是他们的父亲，他们从此就要成为孤儿，他们都感到了巨大的痛苦。最后狱卒送来了毒药。但是狱卒也哭了，认为苏格拉底是他见到过的最高尚、最温和、最善良的人。然后苏格拉底平平静静、高高兴兴地把毒药喝了下去。学生们终于忍不住了，眼泪哗哗地流了下来。苏格拉底要求他们不要哭，人最好在安静中死去，这样灵魂才不会受到干扰（佛教也如此认为）。他们赶紧制止了眼泪。最后苏格拉底躺下来，身体逐渐变冷，最后他告诉克里同，应该向医药神阿斯克勒皮俄斯（Asclepius）献祭一只公鸡，然后他离开了这个世界。

关于苏格拉底的最后遗言，后人有各种猜测。首先，这表明了苏格拉底和政治的和解，因为按照当时希腊习俗，人在治愈疾病后应该向医药神献祭，这表明了苏格拉底是遵从城邦政治习俗的，他没有在行为上和城邦对立。

其次，苏格拉底也是在暗示人生或者生命也是一种疾病。按照《斐德若》中的说法，人的投生就是因为灵魂的堕落。这种堕落也就是一种疾病，人被各种肉体的痛苦或者快乐所支配，这种状态是无知的愚痴的状态，并且由此引发了各种错误和不幸。因此生命也是一种疾病。因为肉体对灵魂的束缚和限制，灵魂不能如实地认识实相。只有在灵魂摆脱了肉体的限制和束缚之后，才可以认识世界的实相，才可以获得真正的智慧。对于哲人来说，死亡并不是可怕的或者不幸的，而是一种最大的快乐。所以苏格拉底并不是尼采所说的，好像是一个厌倦生命的悲观主义者，相反，他是一个超越了生命有限性的理性主义的乐观主义者。

最后，我们还可以说，死亡以及对于死亡的恐惧也是一种疾病。我们知道，医神阿斯克勒皮俄斯是太阳神与凡人女子所生。幼时他师从半马人克戎习得医术，技艺高超，具有起死回生之力。因此他触怒了宙斯，后者用雷将他劈死。在希腊神话传统中，人与诸神之间最大的区别就是人是有死的，而诸神是不死的。当医神的技艺掌握了凡人生死的奥秘，并有能力救死者重生时，他就消除了神和人的界限。这是他遭受惩罚的原因。如果死亡是最大的疾病，那么消灭死亡、起死回生就是最高超的医术。因此苏格拉底和医神的相似性就在于他也试图克服死亡的这种疾病。苏格拉底试图证明灵魂的不死，这就是要证明了人身上的不死性，从而消除人和神的传统区分。

准确地说，苏格拉底是旨在医治死亡引起的恐惧的疾病。我们不能克服肉体的死亡，但是我们可以凭借智慧克服死亡带来的恐惧。在古典哲人看来，七情六欲都是人生的疾病，对死亡的恐惧是最大的疾病之一。只有医治了死亡恐惧的疾病，人们才能更好地享受生命的乐趣。他通过证明灵魂不死，告诉世人死亡只不过是灵魂从肉体中的解脱，死亡是快乐的事情，而不是悲伤的事情。在此，苏格拉底试图取代医神的地位，净化人们对死亡的恐惧。

苏格拉底的这种做法和佛陀极其相似。佛陀在《佛遗教经》中说：“世实危脆、无坚牢者，我今得灭，如除恶病。此是应舍之身，罪恶之物，假名为身，没在老病生死大海，何有智者，得除灭之，如杀怨贼，而不欢喜。”① 换句话说，人的生命是一个过程，这个过程的核心就是修行，修行的方法就是学习哲学，学习哲学就是对灵魂进行治疗和净化。最终我们可以说，苏格拉底才是大医王，真正的医神。而佛陀也自比为医生：“我如良医！知病说药，服与不服，非医咎也。又如善导，导人善道，闻之不行，非导过也。”②

## 七、结束语

本篇对话的主题是非常丰富的。首先这篇对话是对灵魂不死的论证，就像其他柏拉图对话都各自探讨一个主题一样。当然在整个对话中，似乎没有得出灵魂不死的确切结论，这也和柏拉图的其他对话相似。最后苏格拉底诉诸于对灵魂不死的信仰，认为这种信仰是值得的冒险，比相信灵魂会死要好得多。如果按照《会饮》中的观点，苏格拉底曾经表示，人们希望死后灵魂存在，这就意味着灵魂本身就是不死的。欲望决定存在。或者说，灵魂的本性确实是不死的，只是我们对这个奥秘是无知的，所以我们才希望灵魂不死，害怕灵魂会死。所以我们应该根据智慧，相信灵魂的不死。

其次，相信灵魂不死有利于我们的尘世的道德生活。因为灵魂不死，我们在今生的所作所为就不会随着我们的死去而化为泡影。我们的善行会获得报答，我们的恶行会获得惩罚。虽

---

① 本篇对话和《佛遗教经》有很多契合之处。

② 《佛遗教经》。

然希求报答的愿望并不高尚，却可以有利地促进我们的善行。所以我们必须在今生弃恶从善。“诸恶莫作，众善奉行。”因此康德才指出，灵魂不死是实现和追求更高道德生活所必需的。

这篇对话是苏格拉底教导后人如何面对死亡。每个人都要死亡，如何面对死亡是每个人都必须面对的问题。认识或者相信灵魂不死对于我们的生命也是至关重要的。可以说，不能正确地面对死亡也就不能正确地面对生命。如果人们在生命中始终处于对死亡的恐惧中，他们就不能充分享受生命的乐趣。可以说不会死，也就不会活。“未知死，焉知生。”对死亡的超然态度就是对死亡的恐惧的净化，对死亡的恐惧的净化是我们充分体验到生命的纯洁性和神圣性的重要课程。如果我们不能超越死亡，生命对于我们就是一种疾病。通过对灵魂不死的认识和信仰，就能够克服死亡对于生命的伤害，使我们充满对生命的永生的希望和热情。

再次，这篇对话是苏格拉底教导我们如何面对不义的死亡，或者如何面对政治的不义。因为苏格拉底的死亡不是正常的死亡，而是暴死或者死于非命。面对政治的不义，我们现代人往往是倾向于抱怨、抗议、甚至造反或者革命。但是这种方式对于人生的完善和提升是极为有限的。因为政治生活的不义是政治生活的常态，我们不可能建立一个绝对正义的政治社会。所以我们必须学会面对和承担随时随地存在的政治不义。如果我们只想改造社会，却不想改造自己，那么我们永远也不可能建立完美的社会。自我改造的首要内容就是对不义的承担和超越。苏格拉底教导我们，应该学会超然地面对政治的不义，不要过于激愤地面对不义。这种超然来自于哲学生活的理想。哲学生活高于政治生活。但是哲学生活并不反对政治生活。哲学生活就寓于政治生活之中。我们应该更加关心的是哲学生活的可能性和完美性，而不是关注政治生活的不完美性。政治生活达到的完美性永远是低级的有限的，我们应该把自己的精力全力以赴地投入哲学生活中。当我们在哲学生活获得了充分的快乐和智慧后，我们就能够超越的泰然地面对政治生活及其不义了。或者说，如果我们以出世的哲学心态面对政治世界，政治生活的不义就不会显得特别严重和痛苦了。哲学生活给予我们的快乐是永恒的，不会随着政治生活的不义而消失和减弱，我们越是在哲学生活中感到了自足和快乐，我们就越是对政治生活的不义和缺憾“泰然处之”。政治首先和人的生命相关。如果不能超越生死，就不可能超越政治。可以说，苏格拉底对于生死的超越就是对政治生活的超越。他对政治的超越就表现为他和政治的和解。

苏格拉底和政治的和解并不是对政治的妥协，也不是像现代性那样追求的哲学和政治的同一性，而是真正超越了政治的有限性的表现。苏格拉底的死亡本身就是一个政治事件，他如何对待这个政治事件，同时就是他如何对待政治的表现。政治就是命运。但是哲学超越了命运，支配了命运。他对于死刑的顺从本身就是他的自由的体现，而不是他的局限性的体现。即使政治可以支配他的生命，但是不能支配他的精神。所以谋求政治的自由并不在于建立自由的政治制度，而在于对政治本身的超越态度。这也就是“随心所欲不逾矩”的含义。我们可以被迫承担自己的政治命运，也可以自由地承担自己的政治命运。自由地承担政治需要对政治的本质有所认识。只有在我们清楚地认识了政治的本质，我们才能更好地超越政治。以超越地态度对待政治，这本身就是最好的政治参与。通过这种超越，政治的重要性被贬低了，人们能够把更多精神专注于对自己人格的完善上，而不是对外在问题的关注上。“古之学者为己，今之学者为人。”他对于死亡的超然同时就是他对于政治的超然。我们必须把死亡和政治结合起来才能更好地理解苏格拉底的死亡。

最后，这篇对话是对苏格拉底的菩萨道和慈悲心的展示。慈悲心是智慧的重要果实和表现。没有慈悲心，就不可能有智慧。而智慧必然表现为慈悲心。因此我们不要执着于这篇对话中苏格拉底的哲学论证，不要急于指出苏格拉底的论证中的错误。我们必须善于透过文字去发现文字背后的东西，“意在言外，言不尽意”。当我们透过文字去理解这篇对话时，我们就会发现和注意到苏格拉底以自己的不义命运展示的那种慈、悲、喜、舍的“四无量心”。他面临着不义的死亡，但是他却没有表现出任何的悲愤和不安。这种不义的死亡对他没有任何的干扰和影响，他的心中没有任何对死亡的恐惧，反而努力消除他人对于死亡的恐惧和悲伤。这就是他对于死亡恐惧的净化，是他出于对世人的大爱和慈悲的“反向关怀”。当然这种大爱和慈悲来自于哲学生活。所以学习哲学，过哲学生活，这是苏格拉底的终极教诲。他似乎是在告诉我们：“你们看，我现在面临死亡，但是我并未感到愤怒和恐惧，我坦然地接受这种命运。这意味着我根本不关心自己个人的生死命运，我更关心的是对智慧的追求。”因此苏格拉底通过表现对死亡的无惧，而突出哲学生活的美好。和哲学生活的美好相比，死亡算不了什么。在哲人看来，对死亡的恐惧只是愚昧无知的一种表现。

# 参考文献

[1] Plato. *The Collected Dialogues of Plato*[M]. Edited by Edith Hamilton and Huntington Cairns. NJ: Princeton University Press, 1963.

[2] Plato. *Complete Works* [M]. Edited, with Introduction and Notes, by John M. Cooper, Hackett Publishing Company, 1997.

[3] Plato. *The Republic of Plato*[M]. Translated by Allan Bloom. A Division of Harper Collina Publishers, 1968.

[4] Leo Strauss. *Persecution and the Art of Writings*[M]. Chicago and London: the University of Chicago Press, 1952.

[5] 柏拉图. 柏拉图全集[M]. 王晓朝,译. 北京:人民出版社,2003.

[6] 柏拉图. 理想国[M]. 郭斌和,张竹明,译. 北京:商务印书馆,1986.

[7] 柏拉图. 普罗塔戈拉[M]. 刘小枫,译. 电子版.

[8] 柏拉图. 会饮[M]. 刘小枫,译. 北京:华夏出版社,2003.

[9] 柏拉图. 斐多[M]. 杨绛,译. 北京:中国国际广播出版社,2009.

[10] 柏拉图. 阿尔喀比亚德[M]. 梁中和,译. 北京:华夏出版社,2009.

[11] 李革新. 哲学的颂歌——柏拉图对话的现代解读[M]. 上海:同济大学出版社,2015.

[12] 施特劳斯. 论柏拉图的《会饮》[M]. 邱立波,译. 北京:华夏出版社,2012.

[13] 施特劳斯,等. 回归古典政治哲学[M]. 朱雁冰,何鸿藻,译. 北京:华夏出版社,2006.

[14] 施特劳斯，等. 苏格拉底问题[M]. 刘小枫，编. 北京：华夏出版社，2005.

[15] 施特劳斯. 霍布斯的宗教批判[M]. 杨丽，等，译. 北京：华夏出版社，2012.

[16] 泰勒. 柏拉图——生平及其著作[M]. 谢随知，等，译. 山东人民出版社，1996.

[17] 汪子嵩，等. 希腊哲学史(第二卷)[M]. 北京：人民出版社，1993.

[18] 色诺芬. 回忆苏格拉底[M]. 吴永泉，译. 北京：商务印书馆，1984.

[19] 亚里士多德. 政治学[M]. 吴寿彭，译. 北京：商务印书馆，1965.

[20] 苗力田. 古希腊哲学[M]. 北京：中国人民大学出版社，1989.

[21] 康德. 纯粹理性批判[M]. 邓晓芒，译. 北京：人民出版社，2004.

[22] 尼采. 悲剧的诞生[M]. 周国平，译. 北京生活・读书・新知三联书店，1986.

[23] 尼采. 权力意志[M]. 孙周兴，译. 北京：商务印书馆，2007.

[24] 尼采. 哲学与真理[M]. 田立年，译. 上海：上海社会科学院出版社，1993.

[25] 海德格尔. 海德格尔选集[M]. 孙周兴，编译. 上海：上海三联书店，1996.

[26] 海德格尔. 形而上学导论[M]. 熊伟，译. 北京：商务印书馆，1996.

[27] 程志敏. 阿尔法拉比与柏拉图[M]. 上海：华东师范大学出版社，2008.

[28] 朱熹. 四书章句集注[M]. 沈阳：辽宁教育出版社，1998.

[29] 杨天宇. 礼记译注[M]. 上海：上海古籍出版社，2007.

[30] 钱穆. 论语新解[M]. 生活・读书・新知，三联书店，2012.

[31] 老子道德经校释[M]. 王弼，注；楼宇烈，校释. 北京：中华书局，2008.

[32] 庄子今注今译[M]. 陈鼓应，注译. 北京：商务印书馆，2007.

[33] 余良年.孟子译注[M].上海:上海古籍出版社,1995.

[34] 坛经[M].尚荣,译注.北京:中华书局,2010.

[35] 李森.佛经精华[M].北京:时代文艺出版社,1998.

[36] 维摩诘经[M].赖永海,译注.北京:中华书局,2010.

[37] 龙树菩萨.中论[M].青目,释.黄山梓路寺印.

[38] 僧肇.肇论校释[M].张春波,校释.北京:中华书局,2010.

[39] 释印顺.杂阿含经论会编[M].北京:中华书局,2011.

# 后　记

刘小枫先生编辑的《柏拉图四书》是我们翻译和研究柏拉图对话的新作品。为了使莘莘学子能够更好地理解柏拉图对话，我从已经出版的《哲学的颂歌——柏拉图对话的现代解读》中抽出相应的四篇对话，单独出版，算是刘小枫先生的《柏拉图四书》的辅助读物。

在重新出版之际，我把相关四篇对话的解读重新修订了一遍，发现了很多不足之处，纠正了一些含糊不清的说法，删除了一些重复的地方，订正了一些错误的观点。我希望将来有时间和精力的话，重新把《哲学的颂歌》修订一遍，但这个繁重的工作只能看以后的因缘了。

在此，我对同济大学出版社丁会欣女士表示诚挚的感谢。丁会欣女士非常支持这个出版计划，没有她的帮助，本书的出版是不可能的。

柏拉图对话是我们研究和理解西方哲学乃至中国哲学的重要经典，希望本书的出版能够促进我们对柏拉图哲学的研究，本书中的观点和错误也希望各位师友不吝批评指正。

李革新

2018 年 1 月于上海